MONEY SHOW 2021

벼락부자 vs 벼락거지

일러두기

이 책의 내용은 '2021 서울머니쇼'에 참가한 각 분야 전문가들의 의견을 바탕으로 쓰였으며, 특정 투자처에 대한 매수·매도를 권하는 것은 아니오니 읽으실 때 참고하시기 바랍니다.

MONEY SHOW 2021

부의 전환기, 돈의 흐름을 잡아라!

벼락부자 vs 벼락거지

매일경제 서울머니쇼 팀 지음

매일경제신문사

벼락부자가 될 것인가,
벼락거지가 될 것인가

벼락거지와 벼락부자.

2021년 유독 많이 들리는 말이다. 하루아침에 부자가 되거나 거지가 되는 경우가 사람들의 일상에 파고들었다. 가상화폐에 투자해 몇 십 배를 번 사람, 아파트 청약으로 10억 원이 넘는 돈을 한 번에 챙긴 사람, 공모주 청약으로 '따상(공모가의 두 배에 가격이 형성돼 상한가까지 오른 경우)'으로 떼돈을 번 경우 등등이 뉴스에 오른다.

상대적으로 이런 기회를 얻지 못한 사람은 '벼락거지 신세'라는 자조 섞인 푸념도 들린다. 천문학적으로 풀린 돈, 오락가락하는 정부 정책, 머니게임 장으로 전락한 가상화폐 시장 등이 벼락부자와 벼락거지를 만들어냈다. 어제의 나와 오늘의 나는 달라진 것이 없는데, 남들이 바라보는 나의 모습은 천차만별인 것이 현 시대의 특징 중 하나다.

코로나19로 인해 많은 사람이 집 안에 갇혀 지내고 사람 간의 접촉도 줄었지만, 그 어느 때보다 돈을 벌고 불리는 재테크에 관심이 집중된 것도 이런 사회 현상과 관련이 깊다. 이런 시대에는 무엇을 해야 할까. 벼락부자는 못되더라도 벼락거지로 전락하는 것만큼은 막아야 한다. 경제 흐름을 나름대로 진단하고 여기에 맞는 전략을 세우는 것이 어느 때보다 중요하다. 향후 경제와 재테크 측면에서 몇 가지 새로운 흐름이 예상된다.

첫째, 온라인 일변도의 경제 패턴에서 온라인과 오프라인 간의 융합 시대로의 변화다. 백신 접종이 활발해지면서 코로나19에 지쳤던 사람들이 밖으로 조금씩 나오고 있다. 처음엔 서로 기피하던 백신도 이젠 먼저 맞으려고 경쟁하고 있다. '보복 소비', '보복 여행' 등 보복이란 말을 앞에 붙인 용어들이 속속 등장하고 있다. 오프라인 소비가 살아나면 유통업 등의 산업 성장이 예상된다. 아울러 사람들이 서로 만나는 빈도가 많아지면 다양한 전후방 연관 산업들도 성장할 전망이다.

코로나19로 비대면 산업에 치우쳤던 산업 구조가 오프라인 산업으로 어느 정도 옮겨올 경우 투자 전략도 수정이 필요하다. 한동안 창업 관련해서는 비대면 창업이 유행했지만, 앞으로는 온라인-오프라인을 융합한 창업이 유망해 보인다. 새로운 시대에는 새로운 아이디어가 필요한 법이다.

둘째, 경제 환경의 변화다. 사람들의 소비 지출이 늘어나고 경제가 활성화되면 물가는 오른다. 각국 정부가 나서서 코로나19 극복을 위해 천문학적인 돈을 풀었다. 이 돈들이 그동안은 금고에 잠겨 있었다. 시중에 나왔을 때도 부동산 주식 등 자산시장에서 주로 움직였다. 하지만 잠겨 있던 돈들이 소비 투자 등을 통해 실물 경제로 이동할 경우 물가 상승이 본격화할 것으로 예상된다. 바야흐로 인플레이션 시대가 전개되는 것이다.

인플레이션 시대라고 물건 값이 한꺼번에 똑같이 오르는 것은 아니다. 분야별, 종류별로 빨리 많이 오르는 것이 있고, 그렇지 않은 것이 있다. 재테크 관점에서 보면 이런 시기에도 투자 포인트가 생겨난다. 벌써부터 원자재 값이 급등하자 원자재 펀드로 돈이 몰리고, 금값이 더 빨리 오르면서 금에 투자하는 사람도 늘어나고 있다. '새로운 투자처를 포착하는 것'이 인플레이션 시대 재테크 전략의 핵심이다.

셋째, 금리 상승이다. 인플레이션과 밀접한 관련이 있는 것이 금리다. 물가가 오른다는 것은 시중에 돈이 너무 많이 풀렸음을 의미한다. 이럴 때 정책 당국은 기준금리를 올려 시중의 돈을 다시 흡수한다. 금리가 오를 때도 투자 방식은 달라져야 한다.

채권 값은 금리와 거꾸로 움직인다. 금리가 오르면 채권 값은 떨어진다. 채권에 투자하려는 사람은 시기를 조절할 필요가 있다. 금리가 오를 때는 주식 투자도 그리 재미를 볼 수 없다. 다만 종목별로 차이는 있다. 금융주들은 금리가 오를 때 유리한 측면이 있지만, 기술주 등은 금리와 거꾸로 갈 가능성이 높다.

금리가 올라 풀린 돈이 줄어들면 부동산 시장에도 악재로 작용한다. 채권, 주식, 부동산 등이 유동성 파티를 벌였을 때와는 사뭇 다른 상황이 전개될 수 있다. 금리 변화의 시기와 폭을 주도면밀하게 따져보고 재테크 전략을 세우는 것이 무엇보다 중요한 시기다.

넷째, 가상화폐란 새로운 투자 종목의 등장이다. 사토시 나카모토가 지난 2008년에 고안해낸 비트코인에 많은 사람이 열광하고 있다. 기초가 되는 실물 자산이 없으면서도 디지털 자산만으로 가치가 천정부지로 치솟을 수 있다는 것을 비트코인이 보여줬다. 새로운 시대의 가치는 어떻게 측정될 것인지에 대한 시대적 화두도 던졌다.

비트코인을 필두로 1만 개에 달하는 가상화폐들이 등장했다. 이런 코인들에 세계 각국에서 수천조 원의 돈이 몰리며 '머니 게임'의 장이 본격적으로 열리고 있다. 주식, 채권, 펀드, 부동산 투자 등과는 근본적으로 다른 논리와 기법이 적용되는 곳이 가상화폐 시장이다. 가상화폐에 투자할 때는 전혀 새로운 전략을 세워야 하는 것도 이런 이유다.

2021년 5월 12일부터 14일까지 코엑스에서 열린 '2021 서울머니쇼'도 새로운 환경 변화에 따른 재테크 전략을 모색하는 공간이었다. 260여 개의 부스와 37개의 세미나를 열어 관람객을 맞이한 머니쇼에서는 사회적 갈등 해소를 포함해 앞으로 있을 경제 환경의 변화를 진단하고 새로운 환경에 걸맞은 재테크 전략을 모색했다.

역설적이지만 갈증은 결핍에서만 오는 것이 아니다. '홍수에 먹을 물이 없다'는 말처럼 언제부터인가 인터넷 정보의 홍수 속에서 제대로 된 정보를 찾지 못해 갈증을 느끼는 사람들도 늘고 있다. 사람은 필요한 어떤 것이 모자라면 그것을 채우려고 한다. 하지만 인터넷 시대에 넘쳐나는 정보 속에서 옥석을 가리는 것이 어느 때보다 중요해졌다. 결핍과 과잉으로부터 어떤 전략을 수립할 것인가가 향후 재테크의 성패를 결정짓는다.

이 책에서는 '2021 머니쇼'에서 진행된 각종 세미나 내용 중에서 독자들에게 꼭 필요한 정보만을 엄선해서 담았다. 각 전문가는 머니쇼를 통해 거시적 경제 전망부터 부동산, 주식, 금융 상품, 가상화폐 등 구체적 종목에 대한 투자 전략을 제시했고, 매일경제 재테크 전문 기자들이 그 내용을 검증하고 소개하는 방식으로 구성했다. 금, 그림 등 실물 투자에 대한 유익한 정보도 담았다. 이 책이 부디 혼란의 시대에 '재테크 나침반'이 될 수 있기를 기대해본다.

노영우 매일경제 금융부장

CONTENTS

03 부동산   요동치는 시장에서 살아남는 방법

01

시장 전망

부의 전환기, 돈의 흐름을 잡아라

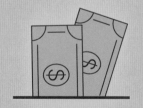

포스트 코로나 시대, 경제적 변화를 이끌 트렌드

김광석 한국경제산업연구원 경제연구실장

1930년대 대공황은 다시 오는가?

질문을 바꿔본다. 1997년 IMF 외환위기나 2008년 글로벌 금융위기가 다시 고개를 들고 있는가?

외환위기 당시 경제 성장률은 2.61퍼센트였다. 글로벌 금융위기 때는 -0.07퍼센트를 기록했다. 2020년 팬데믹 상황 때는 -3.3퍼센트였다. 1930년대 대공황에 버금가는 경제 충격. 다시는 경험해보기 힘들다는 그 무지막지한 위기가 우리를 덮친 것이다.

이와 같은 경제 대변동을 앞에 두고 어떤 자산이 더 낫고, 어떤 자산은 피해야 하는지 돌아봐야 한다. 똑같이 위기 상황에 처해 있지만 누군가는 별을 바라본다. 같은 위기 상황에서도 어떤 사람은 똑똑히 미래를 대비한다.

포스트 코로나 4대 트렌드		
백신 경제		**K자형 회복**
– 코로나 백신 보급에 따른 경제 회복 불균형 – 불균형에 따라 미국 금리 인상 결정 지연		– 국가별, 자산별 양극화 심화 – 자산 보유자의 부 극대화
재생 에너지 확대		**반도체 굴기 시작**
– 조 바이든 미국 정부 출범 – 향후 전력 공급의 100%를 재생 에너지로		– 차량용 반도체 공급 부족으로 산업 네트 워크 충격 – 국가적으로 반도체 산업 보호 및 연합 가속화

2021년은 코로나19가 헤집고 간 경제 및 사회 대변화를 다시 복구하는 과정을 겪고 있다. 경제 핵심 중 하나는 백신이다. 글로벌 경제가 선진국을 중심으로 백신 확보 레이스를 펼치는 와중에 최근의 경제와 사회는 그동안과 전혀 다른 양상이 펼쳐졌다. 한마디로 '불균형의 회복'으로 요약할 수 있다.

코로나라는 바이러스가 전 세계로 퍼지는 초기에는 모든 국가가 속수무책이었다. 전대미문의 사태 속에서 바이오 선진국들조차 '록다운(봉쇄)'이라는 궁여지책을 들고 나왔다. 그러나 시간이 갈수록 백신의 유무에 따라 국가마다 전혀 다른 양상을 보이고 있다.

코로나가 발병한 지 1년이 지나면서 백신 접종 속도가 감염 속도를 앞지르기 시작했다. 물론 G20 국가 중 선진국들에게만 해당되는 내용이다. 신흥국이나 저소득 국가와는 전혀 다른 양상이다. 100여

개 나라는 백신을 구경조차 못하는 상황 속에서 어떤 나라에서는 국민들이 마스크를 벗어 던지고 있다. 백신의 양극화 속에서 세계는 과거의 동일화된 모습에서 벗어나고 있다.

미국 등 이른바 선진국들은 코로나 이전으로 재빠르게 돌아가고 있다. 이외의 국가들, 대표적으로 인도 같은 곳은 아직 이 같은 회복 상황을 전혀 경험하지 못하고 있다. 이처럼 코로나는 전 세계를 불균형의 상태로 몰아넣었다. 따라서 상황에 따른 재테크 대응도 달라져야 한다.

먼저 돈의 가치 흐름을 살펴야 한다. 이 같은 머니 무브를 보려면 금리에 대한 판단이 우선이다.

2008년 충격적인 경제위기에 내몰린 미국. 메가톤급 위기에 미국 금융당국은 금리를 떨어뜨리는 처방전을 내놓는다. 금리를 떨어뜨려야 투자가 늘고 기업들이 투자를 활발히 한다. 이어 고용이 회복되면 많은 사람이 일자리를 잡을 수 있고, 소득이 늘어나 그만큼 돈을 쓰고 싶어 하게 된다. 소비가 늘면 기업들은 더욱 적극적으로 투자하려고 한다. 이것이 미국이 바란 경제의 선순환 구조다.

당시 미국은 금리를 인하하며 경기를 부양하겠다는 의지를 드러냈다. 글로벌 금융위기를 극복하기 위해 미국은 2015년 12월까지 낮은 금리를 유지했다.

이후 미국은 경제가 제자리를 찾았다고 판단해 금리를 인상했다. 간신히 균형을 찾았는가 싶었는데, 대공황 이후 최악의 팬데믹 충격이 찾아왔다. 미국은 역사상 가장 낮은 수준으로 금리를 내려 제로 금리 시대를 열었다. 우리나라도 따라서 금리를 내릴 수밖에 없었다.

코로나를 제외하고 보아도 전 세계는 금리를 내릴 수밖에 없는 상황이었다. 제로 금리라는 것은 은행에서 돈을 빌렸을 때 이자를 거의 내지 않아도 된다는 뜻이다. 이는 자산시장에서 부동산 투자 수요를 자극했다. 경제 교과서가 아닌 재테크 교과서라면 이렇게 쓰여야 한다.

**금리는 당분간 계속 낮을 테니 지금 바로
은행에서 빌릴 수 있는 만큼 빚을 내서 집을 사라.**

금리는 돈의 가치다. 돈의 가치가 이처럼 떨어졌는데 돈만 갖고 있는다? 이런 사람은 손해 보는 시대가 된 것이다.

앞으로의 관심사는 이처럼 전 세계가 낮은 금리를 유지할 것이냐 하는 문제다. 적어도 2021년까지는 다들 낮은 금리에 갇혀 살 수밖에 없다.

이런 판단을 내릴 수 있게 하는 근거가 무엇일까? 그중 하나가 바로 GDP(국내총생산) 갭이다. 꼭 살펴봐야 하는 지표다.

GDP 갭이란 잠재 GDP와 실질 GDP의 차이를 뜻한다. 이 수치가 플러스(+)면 경기 호황으로 코로나 이전으로 돌아갈 수 있을 만큼의 경제적 체력을 갖췄다는 뜻이다. 하지만 전 세계의 GDP 갭을 살펴보면 경기 회복은 되고 있지만 당분간 플러스로 돌아서기엔 어렵다는 전망이 나오고 있다.

GDP 갭만큼이나 고용지표도 회복이 어렵다. 과거처럼 우량한 고용지표는 좀처럼 달성하기 어렵다. 코로나로 인해 이제 '고용 없는 회복'은 대명사가 될 것이다.

고용 회복이 없는 한 미국도 금리를 쉽게 올리지는 못할 것이다. 금리를 단기간에 끌어올리면 미국 돈의 가치와 신흥국 돈의 가치는 벌어지게 된다. 그러면 머니 무브는 미국과 같은 선진국으로 쏠리게 된다. 이는 상대적으로 약한 나라에는 비극이다. 짧은 시간에 외국인 자금이 빠져나가는 흐름은 외환위기라는 이름으로 우리가 이미 겪은 바 있다.

비단 신흥국들의 비극만으로 끝나지 않을 것이다. 신흥국의 경제 충격은 다시 미국으로 돌아가는 부메랑이 되기 때문에 낮은 수준의 금리 유지는 명분을 얻게 된다.

이 같은 거시경제가 우리의 재테크에 시사하는 바는 무엇일까?

코로나 이후 불균형을 회복하는 과정에서 전 세계는 낮은 금리를 유지할 수밖에 없다. 이것은 자산 가치의 급등을 불러일으켰고, 한발 앞서 부동산에 투자한 사람들에게는 엄청난 기회가 되었다는 사실이다.

1980년대 자장면의 값은 500원 정도였다. 지금은 대략 5000원 정도라고 치면 그동안 10배 이상 오른 것이다. 과거에 자장면은 아버지 월급날에나 먹던 특별한 음식이었고, 그래서 어머니는 싫다고 하셨다. 그 당시에는 비싼 음식이었기 때문이다. 이제 아무 때나 사먹을 수 있을 만큼 자장면의 가치는 떨어졌는데 왜 가격은 10배나 올랐을까?

자장면의 가치가 10배 올랐다고 착각했기에 이런 질문을 하는 것이다. 자장면의 가치가 오른 게 아니다. 돈의 가치가 그만큼 떨어졌다. 다른 말로 구매력이라고 한다.

돈의 가치는 계속 떨어지고 있다. 전 세계가 무제한 양적완화라는 이름으로 '헬리콥터 머니'를 뿌리고 있기 때문이다. 헬리콥터에서 돈을 뿌리듯 하늘에서 돈이 뿌려지고 있다. 긴급 재난지원금, 소상공인 안정자금, 4차 추경 예산 등 갖가지 이름의 돈이 뿌려진다.

돈의 가치가 현격하게 떨어지는 동안 부동산의 가치가 오르는 건 당연한 일이었다. 이 때문에 그동안 빚을 내서 내 집을 사는 것이 재테크의 대명사로 여겨진 것이다.

전국 평균 아파트 매매 가격이 코로나 이후 약 13퍼센트 상승했다. 특정 지역은 20퍼센트 이상 오르기도 했다. 물론 가격이 떨어진 곳도 있긴 하다.

이를 개인적 관점에서 보자면 이렇다. 어떤 직장인이 월급으로 3000만 원을 모았다. 그런데 직업이 없는 옆집 사람은 집값이 3억 원이나 올랐다고 한다. 이 경우 직장인은 자신이 3000만 원을 모은 것이 아니라 옆집 사람이 번 3억 원에서 자신이 그나마 모은 돈을 뺀 2억 7000만 원만큼 가난해졌다고 생각할 것이다. 이처럼 회복의 양상은 우리가 생각하거나 바라는 방향대로 이뤄지지 않을 수 있다. 'K 자형 회복'은 바로 이런 식으로 불현듯 우리를 찾아왔다.

이처럼 고액 부동산 등을 보유한 고자산가는 엘리베이터를 타고 뒷짐을 진 채 자산 가격 상승을 즐기며 부자가 된다. 자산을 보유하지 못한 직장인 세입자들은 그만큼 더 가난해진 것이다. 집주인이 오른 집값만큼 임대료를 올리고 있기 때문에 이와 같은 상황은 당분간 지속될 것이다. 자산 가치 상승이 소득 증가보다 빠르기 때문에 K자형 양극화는 극대화될 것이다.

재테크 차원의 경제 전망은 어떤 자산이 유망한지를 봐야 한다. 나의 소득을 어떤 자산에 싣느냐 결정하는 것에 따라 달라질 것이기 때문이다. 부동산 차트나 주식 차트만 봐서는 답이 안 나온다. 이는 눈을 감고 운전하는 것과 다름없다.

산업 전반에 흐르는 키워드도 K자형 회복이다.

코로나 때문에 온라인 쇼핑이 증가하고, 오프라인 쇼핑이 감소한 게 아니다. 코로나 이전에도 오프라인 매장은 사람이 줄고 있었고 온라인 쇼핑에 사람이 몰렸다. 코로나는 방향을 바꾼 게 아니다. 속도만 바꿨을 뿐이다. 언택트조차도 코로나가 가져온 게 아니다. 원래부터 있었고 앞으로 더 강화될 전망이다. 이 같은 상황을 잣대 삼아 어떤 기업이나 어떤 산업에 투자할지를 결정해야 한다.

또 다른 잣대는 '바이든 경제'다. 조 바이든이 미국 대통령이 되면서 불확실성은 사라지고 확실성의 시대가 도래했다. 북미자유무역

협정, 유엔인권이사회, 유네스코, 파리기후변화협약 등은 도널드 트럼프 전 미국 대통령이 탈퇴했거나 거부한 협약이나 기구다. 그러나 바이든은 이들 협약이나 기구에 가입하려 한다. 미국이 다시 '세계의 경찰'로 돌아오고 있고 미국 중심의 질서를 회복하려 하고 있다.

바이든의 정치나 경제는 바로 불확실성의 해소다. 트럼프 때는 금과 같은 안전자산이 선호되었는데 최근에 다시 위험자산이 각광받는 것도 이런 관점에서 봐야 한다.

중장기적으로 유지될 트렌드를 파악해 유망 산업과 리딩 기업을 찾는 노력이 필요한 시점이다. 주식을 사는 것도 투자한다기보다는 그 기업과 동업하는 관점으로 봐야 한다. 그만큼 중장기적으로 투자해야 한다는 뜻이다. 단기 투자는 필패다.

또 하나 거스를 수 없는 대세는 재생 에너지 사용 확대다. 그린 뉴딜 사업은 갑자기 튀어나온 것이 아니다. 바이든의 공약집에는 향후 전력 공급량의 100퍼센트를 재생 에너지로 채우겠다는 내용이 담겨 있다. 태양광, 풍력 터빈, 친환경차가 부상할 수밖에 없다. 현대자동차는 앞으로 미국에 수출할 100대 중 15대 이상은 친환경차로 채워야 한다. 이미 전 세계 국가들은 이런 내용들을 다 약속했다. 미국은 이 같은 친환경 정책을 전 세계가 이행할 수 있도록 군기 잡기에 나선 것이다.

내연기관 차에는 200~300개의 차량용 반도체가 들어간다. 전기차에는 700개 이상, 자율 주행차에는 1000개 이상 들어간다. 글로벌 신냉전체제는 반도체 부족 현상을 가속화시키고 있다. 우리나라 수출 품목 1위는 단연 반도체다. 전체의 20퍼센트를 차지할 정도로 중요한 산업이다.

전 세계 차량 업체들은 코로나 때문에 반도체 재고를 줄였다. 수요 예측을 잘못한 것이다. K자형 회복으로 부자는 더 부자가 되고 자동차를 더 사들이는데 비싼 차 공급이 줄어든 것이다. 부품 공급이 안 되니 자동차 생산에 차질이 생기고 매출 손실이 발생했다. 전 세계적 충격이 발생하니 반도체 산업을 내재화하는 움직임이 펼쳐지고 있다. 미국, 중국, 유럽 등이 모두 반도체 굴기에 나서고 있다.

차량용 반도체 시장은 수익성이 낮아 국내 반도체 기업들도 그동안 등한시해왔다. 하지만 더 이상 효율성을 따질 상황이 아니다. 국가별로 이 시장을 장악하려는 움직임을 보이고 있다.

사실 코로나가 모든 분야에서 큰 충격을 주긴 했지만, 또 보다 분명한 전망을 안겨준 면도 있다. 원자재 시장이 그 대표격이다.

코로나 이후 원자재 가격이 폭등하고 있다. 이 중 구리는 이제 '구리 박사님'으로 불린다. 경제가 좋아질 것 같으니 구리 값이 뛴다. 경기 회복 전망에 따라 인프라가 깔리는데, 인프라의 기본은 전선이고 그 전선은 구리로 만들어진다.

2021년 하반기는 '백신 여권'의 보급으로 자가 격리 기간 없이 여행을 다닐 수 있을 전망이다. 코로나 충격이 집약됐던 항공업, 여행업, 면세업이 회복되고 있다. 이미 운동선수들이나 의료업 종사자들

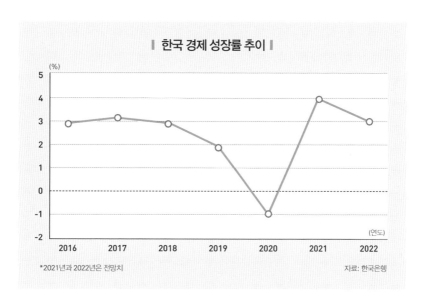

│ 한국 경제 성장률 추이 │

(%)

*2021년과 2022년은 전망치

자료: 한국은행

에게 백신 의무 접종이 이뤄지고 있다. 이는 코로나 충격을 받은 산업들의 회복을 예상할 수 있는 단초가 되고 있다. 코로나 확진자는 더 늘어나고 있지만, 이제 다시 사람들이 만나고 있다.

상업용 부동산은 공실이 늘어나고 있다. 대면 서비스와 소비 심리 회복으로 공실률이 최고치를 기록하고 다시 떨어질 수 있다. 폐업 열기보다 창업 열기가 다시 뜨거워지는 것은 백신이 얼마나 더 보급되느냐에 달려 있다.

코로나 이전에 세계 경제는 연 3퍼센트씩 성장해왔다. 그런데 이제는 2021년 6퍼센트 성장을 예상하고 있다. 이것이 바로 기저 효과다. 코로나도 이제 지나간 악재다. 확진자가 여전히 나오고 있지만 알려진 악재는 더 이상 악재가 아니며, 이제는 변화에 투자할 시기다. 변화를 이끌어 가는 기업에 투자해야 한다. 긴장하고 준비하는 사람에게 기회는 항상 열려 있다.

글로벌 경제에서
가치를 찾아라

스티브 브라이스 스탠다드차타드그룹 글로벌 투자 부문 최고투자전략가

시장에선 인플레이션 우려가 높지만 올 하반기에도 주식 투자는 매력적이다. 그 이유를 한번 살펴보자.

미국 공급자관리협회ISM 제조업지수가 회복되면 보통 24개월 간격을 두고 인플레이션율이 올라간다. 단기적으로 인플레이션율이 튀어오른다는 의미다.

하지만 인플레이션은 일시적 현상에 그칠 가능성이 높다. 디플레이션을 일으키는 구조적 이유 탓이다. 디플레이션이란 상품과 서비스 가격이 꾸준히 하락하는 현상이다. 디플레이션 원인으로는 크게 고령화와 높은 부채가 꼽힌다. 노후를 대비하느라 소비를 줄이는 것이 물가 하락 압력으로 작용한다. 인플레이션이 나타나도 2022년 인플레이션율은 미국 연방준비제도Fed의 목표 수준에 머물 것이다.

또 다른 변수는 10년물 미국 국채 금리다. 2021년 초만 해도 1퍼센트 수준에 맴돌던 미국 국채 금리는 2021년 중반 1.8퍼센트 수준으로 급등했다. 금리가 오르면서 자산 시장이나 주식에 부정적인 영향을 줄 것이라는 우려가 나왔다. 하지만 미국 국채 금리는 안정됐고 시장의 우려도 많이 줄어들었다. 인플레이션 우려가 생각보다 빨리 끝날 수 있다는 의미다.

달러 약세가 예상되는 점도 주식시장이 여전히 매력적인 투자처인 이유다. '달러 스마일' 이론이 있다. 경제가 나쁘거나 좋을 때는 달러가 강세를, 적당한 환경에서는 달러가 약세를 보이는 걸 의미한다. 경제 상황이 나쁘면 달러가 안전한 투자처가 되어 투자자들이 달러로 몰린다. 경제 상황이 너무 좋아도 사람들이 금리 인상을 예상하면서 달러가 다시 강세를 띤다. 이 달러 스마일 이론을 적용하면 Fed 금리 인상은 2023년이 되어야 가능할 것이다. 향후 약 1년간 달러가 지금보다 5~7퍼센트 정도 약세가 지속될 것이다.

미국 달러 시나리오에 따른 자산별 평균 수익률과 적중률을 한번 보자. 달러가 강세일 때는 자산군별 수익률이 미미하다. 달러가 강세일 때 평균 수익률은 채권 0.2퍼센트, 주식 0.4퍼센트, 금 4.2퍼센트, 대안투자 5.2퍼센트 등이다. 달러가 5~10퍼센트 상승했을 때 수익률은 채권 8.9퍼센트, 주식 14.2퍼센트, 금 17.8퍼센트 등으로 올라간다. 글로벌 전략적 자산 배분을 했을 때 수익률이 13.6퍼센트, 아시아 전략적 자산 배분을 했을 때 수익률이 14.7퍼센트다.

┃ 시나리오별 미국 달러 자산의 평균 수익률 및 적중률(플러스 성과를 기록할 확률) ┃

자산군	평균 수익률		
	달러 약세	달러 안정	달러 강세
채권	8.9	3.9	0.2
주식	14.2	9	0.4
금	17.8	9.2	4.2
대안투자	5.8	2.8	5.2
크레딧 물	10.8	7	5.6
금리물	11.3	4.2	0.8
글로벌 전략적 자산배분	13.6	6.1	1.7
아시아 전략적 자산배분	14.7	6	1.3

자료: 블룸버그, SC제일은행

기업 실적 개선도 증시에 긍정적이다. 과거와 비교하면 현재 밸류에이션이 높긴 하지만, 시장 전망이 긍정적이라 추가 주가 상승이 예상된다. 2021년 주당순이익EPS 성장률 컨센서스 전망치를 보면 미국이 20~25퍼센트, 유럽은 40퍼센트에 달한다. 투자 지역을 살펴보면 미국과 영국 증시가 유망하다. 내년 미국 기업들이 자사주 매입과 배당 등 주주 친화 정책을 펴면서 미국 증시가 강세를 띨 수 있기 때문이다.

미국의 대규모 경기 부양책도 미국 증시가 오를 것이라고 예상하는 이유다. 미국 바이든 정부는 코로나 위기를 극복하려 향후 10년간 5조 9000억 달러 경기 부양책을 추진하고 있다. 이미 개인 현금 지원과 실업수당 연장 지급 등을 포함한 1조 9000억 달러 규모의 '미국 구제 계획'을 시행하고 있다. 미국 경기 부양책은 미국 가계소득을 높이고 민간 소비를 개선할 것으로 기대된다. 한국은행에 따르면 주요 전망기관은 미국의 대규모 경기부양책이 백신 보급 확대와 함께 2021년 미국 성장률을 2.5~4퍼센트 높일 것으로 전망했다.

다만 포트폴리오에 담을 종목은 2020년과 다르다. 10년 가까이 스탠다드차타드sc그룹은 '기술주'를 확대해야 한다는 입장이었다. 특히 지난해 코로나19로 인해 재택근무가 활성화되고 홈엔터테인먼트 이용이 증가하는 등 기술주에 유리한 환경이 조성됐다. 하지만 2021년은 다르다. 미국 국채 금리가 정상화되는 상황에서 더 이상 기술주 랠리가 이어지긴 어렵다. 갑자기 기술주가 약세로 전환되는 건 아니지만 상승장은 끝났다는 의미다.

대신 이제 '가치주' 투자가 유망하다. 금융과 산업재, 에너지 등이 대표적인 가치주. 장기적으로 성장주 투자가 이어지더라도 일시적으로 가치주가 수익이 더 좋을 것이다. 지난 2007년 이후 성장주는 가치주에 비해 상대적으로 강세였다. 2020년 이 격차가 더욱 커지면서 성장주가 가치주보다 매우 좋은 성적을 거뒀다. 하지만 2021년에는 이 격차가 줄어들 가능성이 크다. 2021년 3월 22일 기준 글로벌 모건스탠리 캐피털 인터내셔널msci 지수에서 성장주 대비 가치주의 상대 수익률이 1년 이동평균선을 상향 돌파했다. 하지만 아직 3년

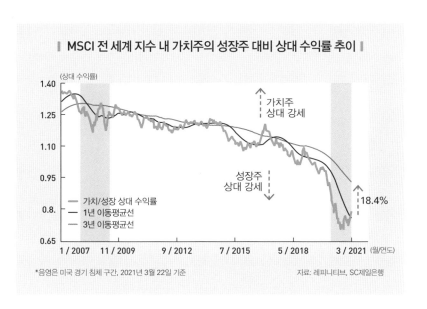

| MSCI 전 세계 지수 내 가치주의 성장주 대비 상대 수익률 추이 |

(상대 수익률)

1.40

1.25

1.10

0.95

0.8

0.65

가치주
상대 강세

성장주
상대 강세

18.4%

가치/성장 상대 수익률
1년 이동평균선
3년 이동평균선

1 / 2007   11 / 2009   9 / 2012   7 / 2015   5 / 2018   3 / 2021   (월/연도)

*음영은 미국 경기 침체 구간, 2021년 3월 22일 기준   자료: 레피니티브, SC제일은행

이동평균선 대비로는 상승 여력이 충분하다.

　일본 외 아시아 증시 투자 비중 확대도 고려할 만하다. 글로벌 증시 강세가 예상되기 때문에 아시아 증시도 오를 가능성이 크다. 달러가 약세인 점도 아시아 증시를 낙관적으로 예상하는 이유다. 달러가 약세면 신흥국 증시로 돈이 몰린다. SC그룹이 분석한 달러 시나리오별 주요 자산 평균 수익률(12개월 기준)을 보면 달러가 강세일 때 미국 주식 수익률은 3.5퍼센트다. 일본을 뺀 아시아(1.9퍼센트)를 제외하면 유로존 −7.5퍼센트, 영국 15.1퍼센트, 미국 10.5퍼센트, 일본 9.1퍼센트순이었다.

다만 인도 등 일부 국가에서 코로나 확진자 수가 급증하는 것이 변수다. 중국 정부가 긴축에 나서고 기술 기업을 대상으로 규제를 강화하면서 일부 기업 주가가 떨어질 수는 있다. 이 때문에 그동안 투자 비중을 꾸준히 늘려온 중국에 대해서는 '중립' 의견이다.

향후 10년 시장을 이끌 분야는 크게 두 가지, 기술 혁신과 기후 변화다.

기술 혁신과 관련해선 의료 기술, 전기 차, 사물인터넷IoT 등이 유망한 투자 분야다. 전기 차 판매량의 전년 대비 증가율을 보면 2012년 이후 꾸준히 증가 추세다. 2040년까지 35퍼센트가 넘는 유럽 국가에서 내연기관차 운행을 금지한다. 인도는 2030년까지 모든 차량을 전기 차로 교체한다.

사물인터넷도 마찬가지다. 오는 2023년까지 제조·공급 밸류체인과 에너지·유틸리티, 농업, 스마트홈 등 산업 사물인터넷의 연평균 성장률은 10퍼센트를 훌쩍 넘을 전망이다. 상업용 부동산과 스마트 리테일, 커넥티드 카 등 커넥티드 빌딩 관련 분야 연평균 성장률도 10퍼센트 넘을 것으로 예상된다. 특히 근로자들이 사무실로 돌아오면서 디지털 인프라 관련 투자도 계속될 전망이다. 분기별 클라우드 인프라 서비스 투자 규모를 보면 2016년 3분기 약 90억 달러였던 투자액은 2020년 3분기 330억 달러로 성장했다.

원격 의료와 디지털 헬스 관련 기술 혁신도 빠르게 진행되는 추세다. 특히 코로나19 팬데믹으로 의료 분야 기술 혁신을 막고 있던 규제들이 속속 사라졌다. 코로나가 전국적으로 덮친 미국에서는 각 주들이 원격의료를 허용하고 있다. 2020년 미국 원격의료 사용자가 전년 대비 두 배인 4100만 명으로 증가했다. SC제일은행은 미국 원격의료 사용자 수가 2023년에는 6400만 명에 이를 것으로 추산한다. 연평균 적게는 12퍼센트, 많게는 19퍼센트까지 증가할 것으로 보인다. 디지털 헬스 벤처 투자도 2020년 사상 최고치를 기록했다. 2019년 70억 달러였던 디지털 헬스 벤처 투자는 2020년 140억 달러로 두 배 가까이 커졌다. 그만큼 산업의 성장 잠재력이 크다는 의미다.

다만 기술 혁신 분야 투자는 밸류에이션 부담이 존재한다. 성장성을 반영해 높은 밸류에이션에 거래되고 있기 때문이다. 실적이 기대에 미치지 못하면 단기적으로 변동성이 확대될 가능성이 크다. 글로벌 증시에서 12개월 선행 PER(주가를 주당순이익으로 나눈 수익성 지표)을 보자. 2020년 12월 31일 기준 글로벌 주식 12개월 선행 PER이 24.5배다. 그런데 의료기술 12개월 선행 PER이 59.1배, 전기 차가 55.6배, 사물인터넷이 35.6배 등이다. 많게는 글로벌 주식 12개월 선행 PER의 두 배 수준이다.

하지만 2021년 밸류에이션 부담은 많이 낮아졌다. 2021년 3월 30일 기준 글로벌 주식 12개월 선행 PER이 20.3배다. 의료기술은 50.3배로 여전히 높지만 전기 차가 27.2배, 사물인터넷이 25배로 각각 떨어졌다.

기후 변화 관련 투자도 주목할 필요가 있다. 우선 각국 정부가 탄소 중립 선언을 잇달아 내놓고 있다. 지금까지 110개국 이상이 늦어도 2060년까지 '탄소 중립'을 선언했다. 조 바이든 미국 대통령은 탄소 중립을 공약으로 제시했다. 2030년까지 미국의 온실가스 배출을 2005년 대비 50~52퍼센트 낮추겠다는 계획도 선보였다. 유럽연합 역시 2021년 4월 온실가스 배출량을 2030년까지 1990년 대비 55퍼센트 감축한다는 법을 제정했다. 일본도 2030년까지 2013년 대비 온실가스 배출을 46퍼센트 줄이겠다고 밝혔다. 대기업들도 녹색 흐름에 발맞춘다.

재생 에너지 전환, 지속 가능한 패션과 식품, 수자원 관리 관련 투자도 눈여겨봐야 한다. 코로나를 겪으며 사람들은 지속 가능한 발전을 고민한 소비가 필요하다는 데에 공감대를 형성했다.

한국 증시에 대해서는 비중 확대를 조언한다. 한국은 코로나 확산세가 둔화되었고, 코로나 대응 역량도 세계적으로 높게 평가받는다. 게다가 최근 반도체 공급 부족 사태는 한국 시장에 호재로 작용한다. 코로나로 반도체 공급 부족이 이어지고 있다.

채권도 향후 매력적인 투자처로 떠오를 수 있다. 그동안은 채권 실적이 좋지 않았고, 그 손실을 주식시장에서 얻은 수익으로 상쇄했다. 하지만 앞으로 금리가 높아지면 채권은 다시 매력적인 투자처가 될 것이다. 특히 선진국 하이일드DM HY 채권, 신흥국 달러 표시EM USD 채권, 아시아 시장의 달러 표시 회사채 등을 꼽을 수 있다. 선진국 하이일드 채권은 선진국 경제가 회복되면 앞으로 좋은 수익률을

주식 ▲	채권 (금리물) ▼	채권 (크레딧물) ▼	대안 투자전략	현금 ▼	금 ◆
북미 ▲	EM 현지 통화표시 국공채 ◆	아시아 USD 채권 ▲	주식헤지 ▲	미 달러 ▼	
영국 ▲	DM IG 국공채	DM HY 회사채 ▲	이벤트 드리븐 ▲	유로 ▲	
일본 제외 아시아 ◆		EM USD 국공채 ▲	상대가치 ◆	영국 파운드 ▲	
일본 ◆		DM IG 회사채 ▼	글로벌 매크로 ▼	호주 달러 ▲	
유로존 ▼				중국 위안 ◆	
				일본 엔 ◆	

▲ 선호　▼ 비선호　◆ 핵심 보유

자료: SC제일은행

볼 수 있는 상품이다. 가격은 비싸지만 다른 채권에 비해 상대적으로 변동성이 낮은 점이 매력적이다. 아시아 시장 달러 표시 회사채는 아시아 회사채 금리 스프레드가 다른 나라 기업들 평균치보다 높다. 다만 미국이나 유럽 등 선진국 회사채와 비교하면 지정학적 이슈 등으로 변동성이 커질 수 있다는 것이 단점이다.

　금 가격도 낮은 실질 금리로 중장기적으로 강세를 이어갈 것으로 보인다. 대표적인 안전자산으로 꼽히는 금은 투자할 때 포트폴리오 분산 차원에서 접근해야 한다. 특히 아직 미·중 관계 등 여러 지정학적 리스크가 남아 있으므로 리스크 회피 차원에서 투자를 고려할 만하다.

산업계 3대 빅뱅과
주식 투자 전략

송선재 하나금융투자 연구위원
오린아 이베스트투자증권 수석연구원
이민아 대신증권 책임연구원

　코로나19 팬데믹이 위기이자 기회가 되었던 자동차, 이커머스, 인터넷 산업은 향후 몇 년간 시장 판도를 좌지우지할 강력한 펀더멘탈 Fundamental을 가지고 있다. 그런 만큼 해당 산업의 핵심 주를 선별하고 투자하는 전략이 무엇보다 중요하다. 과연 이 전도유망한 산업에서 우리는 제2의 테슬라와 아마존, 구글 등을 찾을 수 있을까?

　전통 산업으로 분류됐던 자동차는 이제 거대한 컴퓨터로 변모해 디지털 혁신의 놀이터가 됐다. 오프라인을 벗어나지 못할 것이라 생각했던 유통업 역시 온라인 혁명이라 불릴 만큼 그 판세가 뒤집혔다. 이러한 혁명을 가져온 인터넷 산업은 전통 산업과 오프라인 영역에 침투하며 빠르게 그 영향력을 확대하고 있다. 이제 더 이상 산업의 경계가 사라진 시점에서 잘하는 기업이 살아남는 게 아닌, 살아남는 기업이 잘하는 기업이 되는 시대가 열린 것이다.

제조업을 대표해온 자동차 산업 분야는 이제 디지털 혁신의 전쟁터가 되고 있다.

코로나19 바이러스의 여파로 2020년 글로벌 자동차 판매는 전년 대비 17퍼센트나 급감했다. 자동차 산업 전반에 위기감이 감돌았고, 투자자들 역시 큰 공포에 빠진 것이 사실이다.

하지만 1년이 지난 지금 상황은 또다시 반전되고 있다. 2021년 현재 글로벌 자동차 수요는 9퍼센트 증가할 것으로 예상된다. 중국 7퍼센트, 미국 10퍼센트, 유럽 10퍼센트 등 선진국과 주요국을 중심으로 수요 증대가 기대된다. 다만 이번의 반등 추세는 아직 절반의 성과로 보인다. 완전한 회복은 2022년쯤에 이뤄질 전망이다. 즉 2년에 걸쳐 서서히 회복될 것이다.

완성차 업체의 주가는 이런 기대감이 상당 부분 선반영되어 있는 상태다. 2021년 현재 주가는 2019년 초 대비 평균 70퍼센트 이상 상승한 상태다. 시장 수요가 완전히 회복되지 않은 상황에서 완성차 주가 및 가치는 이미 코로나 이전 수준까지 회복하며 선반영되었다는 것이 일반적 분석이다.

'위기가 곧 기회'라는 말은 현재 자동차 산업과 딱 맞아떨어진다. 바로 전기 차 산업의 약진 덕분이다. 현재 자동차 업계에서는 글로벌 자동차 산업의 패러다임 변화를 가속화시키고 있다. 미래 기술에 대한 투자 수요가 많은 가운데 수익성 차별화를 위한 투자도 활발히 이뤄지고 있다. 특히 완성차 간 경쟁이 아닌 테크 기업과의 협업도 눈에 띈다. 애플, 샤오미, 알리바바, 바이두, 구글 등 테크 기업들은 자율주행 기술, 카메라 인식 기술 등 고도화된 기술을 무기 삼아 자동차 시장을 두드리고 있다. 애플은 아예 애플카를 직접 만들겠다는 포부를 가지고 시장 영향력을 발휘하고자 애쓰고 있다. 결국 자동차 산업 내 신규 수익원에 대한 의존도가 중장기적으로는 더욱 커질 것이고, 새로운 개념의 자동차 업체들이 부상할 확률이 높다.

2021년 3월 미국 내 전기 차 판매량은 전년 동기 대비 171퍼센트 증가한 4만 9000여 대를 기록했다. 중국은 더욱 다이내믹한 변화를 보였으며 전년 동기 대비 241퍼센트 증가한 18만 5000여 대를 판매했다. 유럽 역시 전년 대비 170퍼센트 증가하며 전기 차 전성시대를 열었다.

한국은 어떨까? 한국의 2021년 3월 전기 차 판매량은 전년 동기 대비 27퍼센트 늘어난 8533대다. 타국에 비해서는 눈에 띄지 않지만 상당히 늘어난 것은 분명하다.

전 세계 각국의 친환경차 우대 정책도 쏟아지고 있다. 미국 바이든 대통령이 2조 2500억 달러 규모의 인프라 투자 안을 발표한 가운데 이 중 1740억 달러가 전기 차 산업에 투입된다. 전기 차 보조금 및 세재 혜택, 충전 인프라 확대, 정부 공용 차량의 전기 차 구매 등에 쓰인다. 완성차들에 대한 기업 평균연비규정도 강화한다. 이러한 정책적 지원과 규제책은 미국 전기 차 시장 활성화에 기여할 것이다.

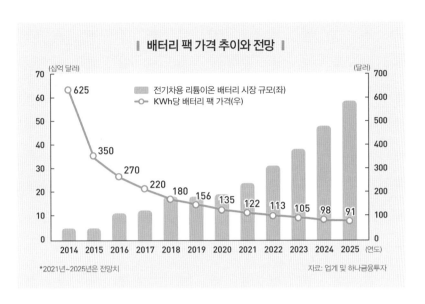

┃ 배터리 팩 가격 추이와 전망 ┃

전기차용 리튬이온 배터리 시장 규모(좌)
KWh당 배터리 팩 가격(우)

625
350
270
220
180
156
135
122
113
105
98
91

2014 2015 2016 2017 2018 2019 2020 2021 2022 2023 2024 2025 (연도)

*2021년~2025년은 전망치

자료: 업계 및 하나금융투자

    그렇다면 테크 기업들은 왜 전기 차를 만들려고 하는 걸까? 이들 기업은 정확하게는 전기 차보다는 '자율주행 전기 차'를 만들겠다는 목표를 갖고 있다. 전기 차라는 하드웨어와 자율주행이라는 소프트웨어 기술을 결합시키는 것이 핵심이다. 이는 결국 자동차가 스스로 운전하는 동안 운전자 및 탑승자에게 시간의 자유를 부여해 차량 내 소비자로 전환시키겠다는 의도로 풀이할 수 있다. 즉 완성된 자율주행 전기 차는 더 이상 운전을 해야 하는 대상이 아닌 소비의 플랫폼으로 변모한다. 지금까지의 자동차 개념을 뒤집는 혁신이 가능하게 되는 것이다.

    이미 전기 차는 대중화 단계에 진입했다. 주요 완성차들이 대량

▌ 글로벌 전기 차 시장 전망 ▌

(천 대) / (%)

- 글로벌 전기 차 판매(좌)
- 전기 차 침투율(우)

0.8 1.3 2.1 2.4 4.1 5.3 6.1 7.3 9.1 11.0

16' 17' 18' 19' 20' 21' 22' 23' 24' 25' (연도)

*2021~2025년은 전망치

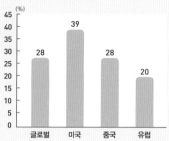

▌ 글로벌 전기 차 시장 지역별 성장률 ▌

(%)

글로벌 28 / 미국 39 / 중국 28 / 유럽 20

자료: 워즈오토, 북미전기차협회, 유럽자동차제조협회,
EV-세일즈, SNE리서치, 하나금융투자

양산형 전기 차 전용 모델들을 출시하기 시작했고, 전기 차 가격 하락과 모델 다양화로 자체 성장 동력을 갖춰나가고 있다.

글로벌 전기 차 시장은 향후 5년간 연평균 28퍼센트 성장할 것으로 예측된다. 2021~2022년 포스트 코로나 시대가 다가오면서 글로벌 자동차 수요가 점진적으로 회복되고, 이와 더불어 전기 차가 이끄는 패러다임 혁신이 이뤄질 것이다. 2025년에는 약 1070만 대의 전기 차가 판매되고, 전체 시장 침투율은 11퍼센트로 차량 열 대 중 한 대는 전기 차가 되는 시대가 올 것으로 기대된다.

대표적인 오프라인 산업으로 여겨졌던 유통업 역시 시대의 바람을 타고 빠르게 변모하고 있다.

과거 유통업은 점포라 불리는 오프라인 매장이 없다면 판매가 불가능했다. 하지만 온라인 유통이 상용화된 현재 유통업은 동네북이 되었다. 온라인 유통은 고정비용 부담이 상대적으로 적다. 당연히 판매 가격이 저렴해지고 소비자들은 오프라인에서 온라인으로 넘어갔다. 그렇게 오프라인 유통업 시장의 실적은 나빠졌고 사양길로 접어들기 시작했다.

온라인 유통업은 그런 식으로 오프라인 유통업으로부터 시장 점유율을 야금야금 뺏어왔다. 소셜 커머스라고도 불리는 이커머스 3사(쿠팡, 위메프, 티몬)는 2019년 영업적자 총합 8700억 원을 기록하고도 계속 시장 침투를 이어갔다. 그렇게 온라인 침투율은 30퍼센트 초반까지 상승했고, 소비자들의 만족도도 점점 높아지고 있다.

온라인 유통업이 급성장한 배경에는 블로그, 인스타그램, 페이스북, 유튜브 등 직·간접적인 마케팅의 힘이 작용했다. 각 회사들은 이러한 커머스 마케팅 경로의 확장성을 이용해 시장을 키웠다. 온라인 커머스 업체들은 이를 활용한 '플라이 휠' 전략을 펼치며 더 싼 가격에 더 많은 제품을 판매하며 시장 경쟁력을 키웠다.

오프라인 역시 그대로 무너지지 않기 위해 안간힘을 쓰고 있다. 가격 경쟁력을 내세우기 어려운 백화점은 식품 코너를 강화해 차별화를 꾀했고, 복합 쇼핑몰은 엔터테인먼트 요소를 강화해 체험, 경험, 취식 등의 기능을 강조하고 나섰다. 온라인에서 경험할 수 없는 체험 마케팅을 앞세워 고객들을 끌어모으고 있는 것이다.

온라인과 오프라인의 상반된 행보를 부추긴 것은 다름 아닌 코로나 바이러스다. 언택트 문화가 삶의 방식으로 자리 잡고, 이를 기반

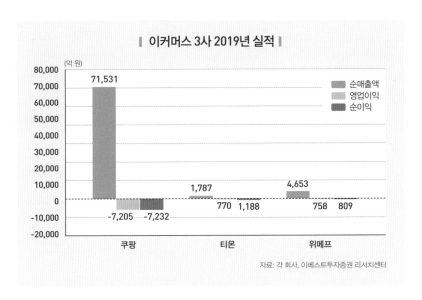

‖ 이커머스 3사 2019년 실적 ‖

(억 원)

자료: 각 회사, 이베스트투자증권 리서치센터

으로 다양한 서비스 판매 경로가 출현하며 새로운 지형도를 형성하
고 있다. 특히 온라인 시장의 성장과 온라인 장보기 문화의 정착은
코로나가 이끌었다고 해도 과언이 아니다. 마켓컬리, 쿠팡 등 익일
배송을 넘어 당일 배송 시대를 앞당겼고, 배달의민족, 쿠팡이츠, 요
기요 등 배달 서비스 경쟁 또한 가속화됐다. 뿐만 아니라 골판지 등
포장재 업체가 수혜를 입는 등 특정 산업군의 성장을 이끌어내기도
했다.

그렇다면 이러한 언택트 문화의 확산은 포스트 코로나 시대에도
유효할까? 사용자 경험의 무서움은 익숙함에서 나온다. 코로나가 앞
당겨온 온라인 유통 트렌드는 일시적 현상에 그치기보다는 이제 하

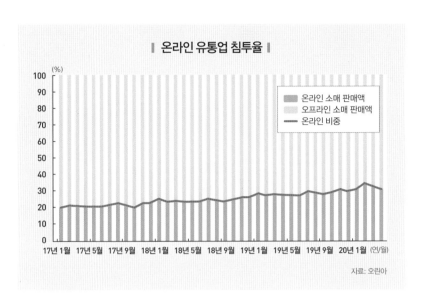

▮ 온라인 유통업 침투율 ▮

자료: 오린아

나의 소비 트렌드로 자리 잡을 가능성이 매우 높다. 이제는 일상이 된 당일 배송과 온라인 쇼핑에서 빠져나가기란 여간 쉬운 일이 아닐 것이다. TV에서나 가능했던 홈쇼핑 역시 스마트폰에서 구매가 가능한 라이브 커머스 문화로 탈바꿈했다. 처음엔 어색하고 익숙하지 않던 라이브 커머스 문화는 불과 몇 개월 만에 빠르게 자리 잡고 있다.

언택트 쇼핑은 새로운 블루오션을 창출하고 있다. 대표적으로 음·식료품 시장은 온라인 비중이 이제 막 10퍼센트를 넘어서고 있는 산업이다. 통상 소매 판매액 중 음·식료품 비중이 무려 30퍼센트 수준으로 가장 높은 비율을 차지한다는 점을 감안한다면 온라인 커머스 시장에서도 기회는 무궁무진해 보인다. 온라인 판매가 제한적인 의

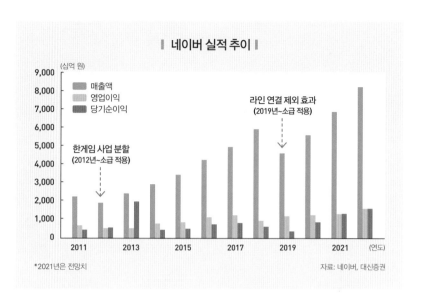

■ 네이버 실적 추이 ■

(십억 원)

- 매출액
- 영업이익
- 당기순이익

라인 연결 제외 효과
(2019년~소급 적용)

한게임 사업 분할
(2012년~소급 적용)

*2021년은 전망치

자료: 네이버, 대신증권

약품 산업도 주목할 만하다. 온라인 침투율이 낮은 데다 여러 가지 규제 이슈가 해결된다면 여전히 시장 확대 가능성은 열려 있다. 아마존이 2018년 의약품 업체 필팩PillPack을 10억 달러에 인수했다는 점을 봐도 시사하는 바가 크다.

자동차 산업과 유통업에 혁신을 가능케 한 인터넷 산업은 점점 더 그 영역을 확장해가며 다양한 분야에서 존재감을 과시하고 있다. 그리고 이 선두에는 국내 굴지의 IT 기업 네이버와 카카오가 있다.

닮은 듯 다르고 다른 듯 닮은 두 IT 기업 네이버와 카카오. 이들의 행보는 모든 투자자의 관심사다. 코로나 바이러스로 촉발된 산업 트렌드의 변화와 인터넷 기업의 도드라진 성장세는 두 기업에도 공

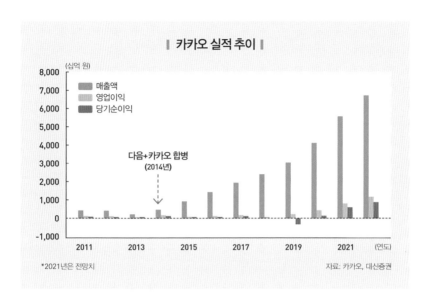

┃ 카카오 실적 추이 ┃

(십억 원)

■ 매출액
■ 영업이익
■ 당기순이익

다음+카카오 합병
(2014년)

2011 2013 2015 2017 2019 2021 (연도)

*2021년은 전망치

자료: 카카오, 대신증권

통적으로 보이는 현상이다. 네이버와 카카오 중 어디에 투자해야 할까?

두 기업의 매출은 꾸준히 성장하고 있다. 하지만 영업이익은 등락을 거듭하고 있다. 이 부분이 투자자들로 하여금 혼란을 불러일으키고 있다.

두 기업은 디지털 광고, 이커머스, 핀테크, 웹툰, 모빌리티 등 인터넷 기업이 할 수 있는 모든 분야에서 경쟁을 벌이고 있다. 디지털 광고 시장은 두 기업의 든든한 캐시카우이자 성장 동력이다. 디지털 광고 분야에서 네이버의 시장 점유율은 여전히 50퍼센트를 상회한다. 70퍼센트에 육박했던 과거에 비해서는 줄었지만 여전히 시장 지배

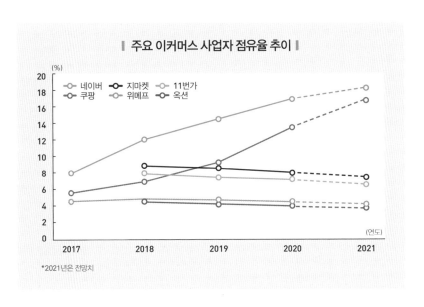

*2021년은 전망치

력을 행사하며 사업 성장의 든든한 버팀목이 되고 있다. 카카오 역시 모바일 강점을 앞세워 디지털 광고 매출을 늘려나가며 시장 경쟁력을 발휘 중이다. 디지털 광고 시장에서의 지배력을 유지한다는 전제하에 그 외 다양한 산업에서의 성장을 기대해야 한다.

이커머스 시장에서는 네이버의 활약이 돋보인다. 이커머스 시장 1, 2위 사업자는 네이버와 쿠팡이다. 두 기업의 독주가 지속되는 가운데 네이버가 이러한 1위 경쟁력을 얼마나 굳혀 나갈 수 있을지에 관심이 쏠린다. 미국 증시 상장을 시작으로 시장 영향력을 확대하려는 쿠팡의 도전 역시 거세다. 이를 어떻게 이겨내느냐가 네이버에겐 중요한 문제다.

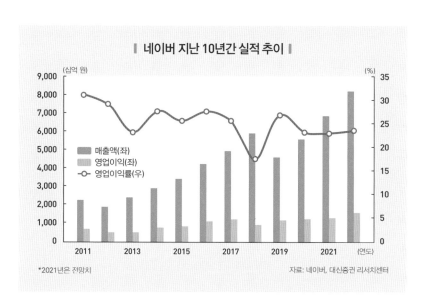

‖ 네이버 지난 10년간 실적 추이 ‖

*2021년은 전망치

자료: 네이버, 대신증권 리서치센터

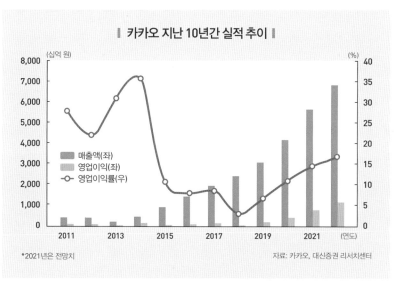

‖ 카카오 지난 10년간 실적 추이 ‖

*2021년은 전망치

자료: 카카오, 대신증권 리서치센터

핀테크 분야에서는 카카오의 선전이 눈부시다. 온 국민이 사용하는 국민 메신저 카카오톡을 앞세워 간편 결제, 인터넷 전문 은행, 증권사 등 금융 계열사를 꾸준히 확장해나가고 있다. 흩어진 개인 신용 정보를 한데 모아 상품화하는 마이 데이터 산업이 본격화되면 카카오의 발걸음이 더욱 가벼워질 전망이다. 네이버 역시 네이버파이낸셜을 자회사로 독립시켜 시장 경쟁력을 확보해나갈 방침이다.

콘텐츠 분야에서의 경쟁도 뜨겁다. 한국이 종주국이라 불리는 웹툰 시장은 글로벌 만화 시장을 대체하며 주요한 콘텐츠 산업으로 자리매김하고 있다. 뿐만 아니라 연예인 및 인플루언서를 앞세운 디지털 콘텐츠 제작 및 유통업은 카카오와 네이버의 대표적 미래 먹거리 사업으로 주목받고 있다. 콘텐츠 시장에서의 경쟁력을 확보하지 못하면 추후 시장 지배력을 잃을 수 있기 때문이다.

점차 가까워지고 있는 모빌리티 시대에 대한 기대감도 크다. 카카오모빌리티는 택시, 대리운전, 내비게이션 등 교통수단과 관련된 모든 서비스를 집대성하고 있다. 이제 모빌리티가 단순 운송수단의 개념이 아닌 하나의 인터넷 공간으로 활용될 것으로 기대되는 만큼 해당 분야에서의 경쟁력 확보는 매우 중요해 보인다.

결국 두 기업은 각 기업의 특성에 맞게 다양한 산업군에서 경쟁력을 발휘하고자 애쓰고 있다. 두 기업 중 어디가 더 낫다는 흑백논리보다는 각 사업별 특성과 장점을 잘 분석해서 기업을 바라봐야 하는 이유다. 그렇기에 둘 중 어디에 투자해야 하느냐는 질문보다는 두 기업을 어느 정도 비중으로 나눠 투자하느냐 하는 질문이 더 나을 수 있다. 두 기업의 미래는 어쩌면 대한민국 IT 산업의 미래와 맞닿아 있다. IT 기업들이 바꿀 일상의 혁신을 꾸준히 따라가 보면 어느새인가 일상의 큰 변화를 만나게 될 것이다.

부동산+주식 더블마스터 투자전, 어떤 전략이 필요한가

홍춘욱 EAR리서치 대표
채상욱 포컴마스 대표

2021년 하반기부터 주식과 부동산 시장은 어떻게 흘러갈까? 먼저 다음의 표(51쪽)를 보자.

도표에서 노란색 막대그래프는 미국 경제 내에 존재하는 유휴 설비다. 노란색 막대그래프가 마이너스면 물건과 사람이 남아도는 것이다. 2008년 글로벌 금융위기 이후 10년 동안 경제 내에 존재하는 유휴 설비가 해소되지 않았다. 올해는 플러스로 변화했는데, 이는 유휴 설비가 해소되고 있다는 뜻이다. 따라서 경제가 정상화될지도 모른다.

도표를 자세히 들여다보면 2020년에 발생한 충격이 2008년 글로벌 금융위기의 절반 정도다. 2001년 9.11테러 당시와 비슷하거나 더 큰 수준이다. 왜 전 세계 중앙은행이 제로 금리 정책을 펼치고 시장

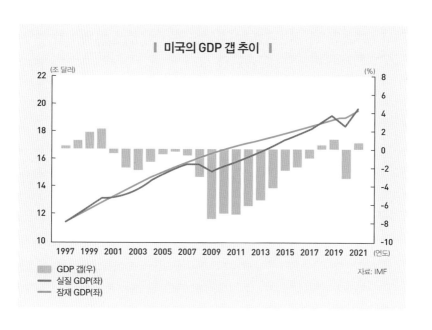

▌ 미국의 GDP 갭 추이 ▌

(조 달러) / (%)

1997 1999 2001 2003 2005 2007 2009 2011 2013 2015 2017 2019 2021 (연도)

GDP 갭(우)
실질 GDP(좌)
잠재 GDP(좌)

자료: IMF

에 돈을 뿌렸는지 도표를 보면 알 수 있다.

코로나19로 인한 경제위기는 2020년 3월에 발생했다. 미국 대통령 선거까지 8개월이 남은 시점이었다. 트럼프 행정부는 적극적인 대처를 펼쳤다. 그 결과 2021년 경기가 회복세로 돌아선 기반이 되었다. 운이 작용했다. 가을에 이와 같은 위기가 발생했더라면 대처가 쉽지 않았을 것이다.

최근 인플레이션 우려로 인해 금리가 오르고 있다. 52쪽 도표를 보자. 초록색 선이 시장 금리다. 10년 만기 국고 금리와 같은 게 초록색 선이다. 이 선이 1.7퍼센트까지 갔다. 실질 금리가 플러스라면 급

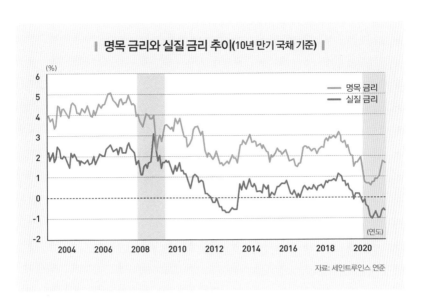

│ 명목 금리와 실질 금리 추이(10년 만기 국채 기준) │

(%)

— 명목 금리
— 실질 금리

(연도)

2004 2006 2008 2010 2012 2014 2016 2018 2020

자료: 세인트루이스 연준

등해도 경제가 타격이 없다. 실질 금리는 인플레이션과 상관없이 경기 성장에 대한 기대가 만드는 금리다.

실질 금리가 마이너스라는 뜻은, 최근 금리가 오른 건 경기 회복 때문이 아니라 물가 불안에 의한 상승이 발생하고 있다는 것이다. 지금 경제가 성장세인데 안 좋아질 거라고 믿는 사람이 많다. 비관론이 팽배한 상황에서 금리가 오르는 것은 좋지 않은 신호다. 경기는 안 좋은데 물가는 오르는 스태그플레이션 우려가 발생한다. 경제가 좋지 않은데 물가만 오르면 주식시장은 불안해진다. 경기가 아직 회복되지 않았는데 물가가 오르면 중앙은행은 금리를 올릴 수밖에 없다. 이 경우 시장은 충격을 버티지 못한다.

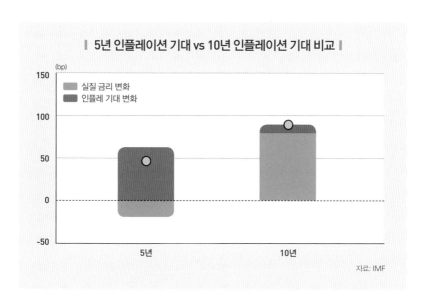

▌5년 인플레이션 기대 vs 10년 인플레이션 기대 비교 ▌

실질 금리 변화
인플레 기대 변화

자료: IMF

경제는 좋아지지 않는데 물가가 오른다는 공포가 엄습하고 있다. 그래서 주가가 떨어진다. 실질 금리가 오르면 성장률에 대한 기대감도 함께 오르니 금리가 오르는 것은 문제없다. 성장률 전망은 마이너스라서 인플레이션만 오고 있다. 초록색 선은 명목 금리인데 높은 수준이다. 시장 참여자가 인플레이션 공포를 느낄 정도인 2.5퍼센트다. 실제로 발표된 2021년 1분기 미국 소비자 물가 상승률은 4.2퍼센트로 높은 명목 금리를 반영하고 있어 충분히 공포를 느낄 만하다.

〈IMF 경제전망 보고서〉에 나온 향후 10년 인플레이션 전망치를 보면 인플레이션 기대가 0에 가깝다. 지금 당장은 인플레이션 때문에 힘들 수 있지만, 중장기적으로 보면 인플레이션 가능이 0에 가깝다. 국제 원유 가격과 원자재 가격이 상승함에 따라 생산량도 늘 것이라는 기대 때문이다.

요약하면 다음과 같다. 첫째, 경제는 회복된다. 미국 경제 내에 쌓인 재고가 해소될 가능성이 높다. 둘째, 안타깝게 구리와 원유 가격이 급등하면서 당장은 인플레이션 압박이 크다. 인플레이션이 발생되면 BBIG(배터리·바이오·인터넷·게임), 즉 성장주가 어려워진다. 단 성장주는 경기가 안 좋고 물가가 안정되었을 때도 성장할 수 있는 특징이 있다. 불황이 와도 성장주는 버틴다. 반면에 은행, 건설, 부동산, 화학, 건자재 같은 가치주는 인플레이션이 발생해야 좋다.

그렇다면 부동산은 어떨까?

55쪽 도표에서 초록색 선은 주택 가격 상승률이고, 빨간 선은 주택 건축 착공 증가율이다. 집값이 상승하면 분양가가 상승하고 경쟁률이 높아진다. 경쟁률이 높아지면 건설사 입장에서는 분양 불패가 된다. 이에 건설사의 착공이 늘어난다. 자연스럽게 주택 건축 착공 증가율이 높아진다.

집값이 상승하면 착공 물량도 늘어난다. 착공 물량이 늘어나면 1~2년 뒤 입주 물량도 늘어난다. 입주 물량이 늘면 공급 과잉 리스크가 발생하거나 전세 물량이 늘어 전세 가격이 안정된다. 경기가 안 좋으면 집이 남는다. 이것이 부동산 시장의 사이클이다.

그런데 지난 4년간 이 사이클이 망가졌다. 4년 연속 주택 건축 착공 증가율이 마이너스다. 집값은 계속 오르는데 착공이 늘지 않았다.

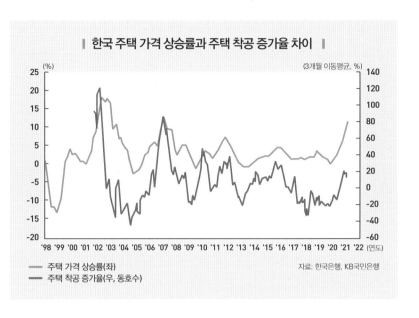

┃ 한국 주택 가격 상승률과 주택 착공 증가율 차이 ┃

자료: 한국은행, KB국민은행

— 주택 가격 상승률(좌)
— 주택 착공 증가율(우, 동호수)

두 가지 이유가 있다. 첫째, 정부가 신도시 개발을 중단했다. 박근혜 정부 때 신도시 개발이 전면 중단되었다. 둘째, 박원순 시장 재임 시절 행해진 뉴타운 해제다. 민간, 공공 주택 공급이 눌렸다. 택지가 없었다. 택지가 없는 상태에서 신축 주택이 희소해졌다. 자연스럽게 입주한 지 5~10년 된 집값이 올랐다. 집값은 오르는데 공급이 없으니 미래에 공급되리라 예상되는 재건축 예상 단지도 오르게 되었다.

안정된 전세가격을 급등시킨 것이 임대차 3법이다. 전세가가 급등하면 두 가지 문제가 생긴다. 첫째, 계약 갱신 청구권을 사용한 입장에서도 2년 후에는 결국 이사를 해야 한다. 2년 후에는 이사를 해야 하는데, 그때는 집값이 안정된다는 확신이 없다. 둘째, 2021년과

2022년 서울과 경기의 입주 물량이 감소했다. 신축 물량이 들어와야 주변 전세가가 하락한다. 입주 물량은 줄어드는데 임대차 보호를 강화하면 수급의 중심축이 임대하는 사람에게로 옮겨간다. 새로운 집이 공급되지 않는 상황에서 갈아타는 수요밖에 없으면, 새로 집을 구하는 사람 입장에서는 갈 데가 없다.

우선 지금 주택시장은 오를 것으로 전망된다. 공급이 이제야 늘어나는 상황에서 입주까지는 2년 걸리기 때문이다. 주택시장이 2021년 하반기부터 적어도 2022년 상반기까지는 오를 것이다. 그 후에 인플레이션 압박이 커지면서 주택시장의 탄력이 둔화될 것이다. 금리 인상 압박 때문에 2020년보다 오르기는 쉽지 않다.

이런 상황에서 향후 10년간 부동산 투자 관련해서 어떤 전략을 가져야 할까? 먼저 주택 가격의 흐름을 살펴보자.

주택 가격에도 시가총액이 있고, 한국은행이 발표한다. 주택시장이 과열인지 아닌지 판단하는 기준인 GDP 대비 주택 시가총액 비중(버핏지수)이 2001~2007년, 2017~2019년에 빠르게 올랐다. 통계에는 나오지 않았지만 2020년이 사상 최대 상승률을 보였다. 2010년대 들어서 주택 시가총액이 빠르게 올라 2020년 말 기준으로 6000조가 넘었다.

공교롭게도 2007년도부터 10년간은 GDP 성장률과 같은 속도로 주택 가격이 올랐다. 체감으로 접근 가능한 수준에서 상승한 것이다. 2017년도부터 가파르게 상승했고, 그 상승이 현재까지 이어지고 있

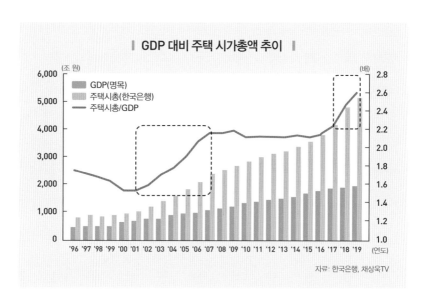

∥ GDP 대비 주택 시가총액 추이 ∥

(조 원)
- GDP(명목)
- 주택시총(한국은행)
- 주택시총/GDP

(배)

'96 '97 '98 '99 '00 '01 '02 '03 '04 '05 '06 '07 '08 '09 '10 '11 '12 '13 '14 '15 '16 '17 '18 '19 (연도)

자료· 한국은행, 채상욱TV

다. 초과 상승 원인에 대한 진단을 할 필요가 있다. GDP보다 높은 성장률을 보이는 것은 분명 문제가 있다.

대출이나 전세를 끼는 경우가 많은 주택시장은 대표적인 레버리지 마켓이다. 레버리지 마켓은 금융환경에 영향을 받는다. 금융환경은 크게 금리로 대표되지만, 거의 모든 나라가 주택에 대해서 담보가격, 상한기간 등의 대출 정책을 세워둔다. 금융시장이 완화되었는지, 강화되었는지도 주택 가격에 큰 영향을 미친다.

실제로 2014년에 박근혜 정부 부동산 활성화 정책을 보면 주택담보대출이 50퍼센트였는데, 2014년 7월 24일에 70퍼센트까지 올랐다. 2013년에는 주택담보대출 가계비용 전체가 9조 원이었는데, 대출 조건을 완화하면서 36조 원까지 네 배 가까이 가파르게 증가했다. 현재도 국가 전체로 보면 가계 대출 증가가 가파른 상황이다.

인구 사회 구조에 기반한 주택 건설과 수요 공급도 주택 가격에 영향을 미친다. 주택 공급은 사회 구조에 기반한다. 인구 추계는 50년, 가구 추계는 25년마다 하는데 추계와는 다르게 한국 사회가 다이내믹하게 변하고 있다. 1인 가구 증가폭, 가구 분파 속도가 예측을 벗어나고 있다.

주택 건설은 최소 시공만 3년, 인허가까지 합치면 7년을 넘어가는 경우가 부지기수다. 신도시 개발은 택지 개발부터 10년 이상 걸린다. 정부는 인허가나 분양을 공급으로 분류하는데, 시장은 완공을 공급으로 본다. 수요 발생 시기 대비 공급 시기는 자연스레 3년 이상의 지연이 생긴다.

2017년부터 가격이 오르며 공급이 수요를 못 따라가서 전문가들은 집값이 오른다고 전망했다. 2017년 5월 100대 과제를 정부에서 발표했는데, 당시에도 모든 지표가 주택 수요와 가격이 오른다고 예고했다. 2015년부터 국내 주택 가격이 가파르게 상승해서 그때부터 공급을 올려야 한다는 신호가 있었다. 하지만 국토부는 입주가 많아서 공급이 많다고 해석했다. 2017년부터는 인허가 감소로 인한 공급 문제 시그널이 있었다. 2017년에 공급이 많았다는 이유로 가격 상승을 투기라고 판단했다. 그래서 세금을 올린다는 식의 옛날 방식을 활용했다. 2018년 말부터는 공급 대책을 내놓기 시작했는데, 2018년 9월

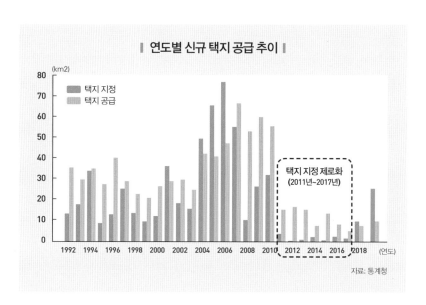

┃ 연도별 신규 택지 공급 추이 ┃

(km2)

- 택지 지정
- 택지 공급

택지 지정 제로화
(2011년~2017년)

1992 1994 1996 1998 2000 2002 2004 2006 2008 2010 2012 2014 2016 2018 (연도)

자료: 통계청

3기 신도시 대책을 발표하고 이후 5.6공급대책, 2.4공급대책 등이 이어졌다.

현재 주택 공급 계획은 200만 호 공급과 같이 어마어마한 계획이 있지만, 현실화되기까지는 빠르면 4년, 길면 10년 걸린다. 성장률의 궤도 안에서 주택 가격이 상승하는 것은 문제가 없지만, 그 이상 초과 상승이 발생하면 사람들은 조바심을 낸다. 뒤처졌다는 생각이 들고, 그 생각이 행동으로 나오면 전체적인 불안이 가중되기 때문이다. 불안을 야기시키지 않는 것이 중요하다.

공공 주택은 주택 공급이 불안할 때만 등장한다. 공공 주택은 주택시장 안정화를 목적으로 위기 상황에서만 등장해서 신도시를 짓는 식이다. 토지 재고가 있고 꾸준하게 공급되는 시스템이 아니다. 정부가 신도시를 지정하고 택지를 대규모로 공급한다. 1990년대 초반, 2000년대 초반, 3기 신도시를 지정한 2019년부터 신규 택지가 늘었다. 공공 주택은 선제적인 대응을 하지 못한다. 2011년부터는 7년간 신규 택지 지정이 7년간 멈췄다. 당시 중지된 신규 택지 지정의 충격을 현재 받고 있는 것이다.

시장에 대한 접근은 일본처럼 되는 것에 대한 두려움이 높아서 주택 구입을 꺼리는 사람이 많았다. 따라서 전세를 선택하게 되고, 전세가 주택가의 90퍼센트 가까이 오르는 경우가 속출했다. 자연스럽게 임차료를 보전하는 정책이 나왔다. 2014년에 법이 만들어지고 주택임대 사업자 제도가 등장하는 계기가 되었다. 이후 정부에서 적극적인 부양책을 썼는데, 기존 다주택자에게는 세 부담을 완화하고 신규 주택 수용에 대해서는 주택 청약제도를 완화했다.

2013년에는 심지어 미분양 주택을 매입하면 보유 주택 수에 상관없이 양도 소득세를 100퍼센트 감면하는 제도를 한시적으로 운영했다. 시장 부양을 위해 파격적인 세제 혜택을 활용한 것이다. 2013~2017년의 시장 주인은 다주택자였다. 이후 시장 내에 너무 많은 다주택자가 있어서 무주택자가 집을 사는 기회가 없어지니 2017년부터 다시 다주택자를 규제했다. 그렇게 해서 자연스럽게 무주택자 보호제도가 나왔는데, 그것이 청약제도다.

8.2부동산 대책 이후에는 종전에는 85제곱미터(34평) 이하 당첨자

선정 방식에서 청약 가점제 비중이 75퍼센트에서 100퍼센트까지 오른다. 청약에 당첨되기 위해서 최소 20년간 무주택자, 부양가족 수는 최소 3~4명 이상, 청약 통장 가입은 만점이 되어야 하는 일이 발생했다.

2017년 이전에 서울시가 주택 공급을 할 때 일반 공급을 할 100세대가 있다고 가정하면 30대 이하가 45가구를 가져갔다. 청약 가점제가 100퍼센트가 아닐 때 40대 이상이 55세대를 가져갔다. 하지만 바뀐 이후 30대 이하가 11가구만 가져가고 있다. 40대 이상에서 가점을 채운 경우가 89가구를 가져간다.

요약하면 2017년 8.2대책이 쏘아올린 풍선 효과가 2019년부터 시장을 지배하는 중이다. 다주택자는 8.2, 9.13, 6.17, 7.10 정책 등으로 시장에서 점차 설 자리를 잃어가고 있다. 다만 비아파트 주택임대사업자 제도를 활용해 빌라, 오피스텔, 아파텔 등 다양한 형태의 주거를 임대하면서 세제 혜택을 노리거나 취득세 중과 규정 배제인 공시 1억 원 이하 초소형 주택에 대한 매수로 외곽 비인기지역 투기 현상이 가속화되고 있다.

3040으로 대표되는 무주택 예비 1주택자들이 1주택을 취득하면서 청약, 기존 주택으로 양분되는 중에 특히 맞벌이 3040 가구들이 청약에서 원천적으로 도태되는 중이다. 이들이 기존 주택을 갭 투자하면서 투기적 양상으로 번져온 것이 2019년 하반기부터의 흐름이다. 12.16대책을 포함, 1주택 갭 투자를 방지하기 위한 정책이 존재

하나 원천적으로는 1주택 수요를 막는 것은 불가능하다.

3040들은 LTV(주택담보대출비율) 규제, 청약 도태 두 가지 이슈로 현 정부 정책에 대한 불신이 팽배하다. 3시 신도시 포함 누적 200만 호 주택 공급 정책의 특별공급 비중 확대와 가점제 100퍼센트(85제곱 미터 이하) 등의 기준이 3040 청약 좌절로 연결되었다. 8.2대책을 원점에서 재검토하고 청약제도를 대대적으로 개편해야 한다.

미래의 부,
가상화폐를 준비하라

데이비드 리 싱가포르 경영학 교수
차이 혹 라이 싱가포르핀테크협회 회장

디지털 경제와 블록체인은 앞으로 어떻게 흘러갈 것인가? 먼저 정부의 정책 방향을 살펴보도록 하자.

정부가 추진하는 디지털 경제는 분산과 공유에 초점이 맞춰져 있다. 현재 경제는 승자독식형이다. 정부가 원하는 방향은 아니다. 정부가 원하는 것은 블록체인 분산원장 기술Distributed Ledger Technology을 통해 금융 소외 계층을 줄이고 정보를 보호하는 디지털 경제다.

디지털 경제 관련 주요 키워드는 중앙은행 디지털 화폐CBDC, Central Bank Digital Currency와 스마트 계약, 포용적 블록체인, 디파이 Defi(decentralized와 finance의 합성어로 탈중앙화된 금융 시스템을 말함), 개인정보보호 등이다. 우선 CBDC부터 보자. CBDC란 블록체인에 기반한 디지털 법정 통화다. 지폐가 아닌 디지털화한 돈이라고 보면 된다.

비트코인 등 각종 가상화폐를 민간 회사가 만든다면 CBDC는 각국 중앙은행이 발행한다. 각 단위에 고유한 일련번호를 부여하고 위조를 막기 위해 암호화해 저장한다.

CBDC는 빠르고 효율적이다. 경제 성장과 디지털 혁신을 활성화하고 비용도 저렴해서 경쟁을 촉진한다. 금융 소외 계층을 끌어안는 포용성도 있다. 각국 정보가 통화 정책을 보다 효율적으로 할 수도 있다.

단점도 뚜렷하다. 가장 우려되는 부분은 '빅 브라더' 논란이다. 정부가 감시하고 사생활을 침해할 우려가 있다. 개인정보 보안이나 사이버 공격에도 취약할 수 있다. 여기에 은행의 중개 역할을 없애 금융 리스크를 높이고 '뱅크런'이 발생할 가능성도 있다.

이런 단점에도 불구하고 CBDC 개발은 전 세계적인 추세다. 이미 스웨덴과 홍콩, 태국, 아랍에미리트, 중국, 싱가포르 등이 CBDC를 추진하고 있다. 캄보디아의 '바콩' 프로젝트도 관심을 가질 만하다. 가장 흥미로운 부분은 기존 금융산업에서 소외된 업체들이 금융 서비스를 제공하도록 산업을 열어준 점이다. 거래 상대방의 리스크를 없애면 지급준비금 비율을 줄일 수 있다. 지급준비금이 줄어들면 산업 진입 장벽이 낮아질 수 있다. 바콩은 자금 능력이 제한된 업체들도 금융산업에 진출해 열린 금융을 실현하고 있다.

다음으로 스마트 계약을 살펴보자. 스마트 계약이란 특정 계약 조건을 블록체인에 기록해 조건을 충족하면 자동으로 계약이 실행되는 기술을 의미한다. 스마트 계약의 장점은 다양하다. 우선 종이로 할 일을 기술로 대체하기에 빠르다. 컴퓨터 코드로 된 스마트 계약은 전통적인 계약보다 더 정확하다. 거래 내역이 블록체인 기술로 저장되기 때문에 해킹하기 어렵고 수정할 수가 없어서 보안성도 높다.

물론 한계도 있다. 우선 복잡한 법률 계약을 할 수 있는지가 관건이다. 복잡한 법리 싸움이 필요한 계약의 경우 코딩에 모든 조건을 포함하지 못할 수도 있다. 중개인이 보유한 전문지식이 계약에 필요할 수도 있다. 특히 국경을 넘나드는 스마트 계약이 이뤄지면 이 같은 법 해석의 간격이 더욱 커질 수 있다. 이더리움은 코인과 코드 정보를 모두 블록원장에 기록할 수 있다. 이를 통해 확장성과 상호 운영성, 지속 가능성을 달성한다.

다음으로 포용적 블록체인을 이야기하겠다. 우선 가축의 토큰화가 진행되었다. 블록체인 기술을 활용해 가축을 토큰화해서 이를 기반으로 보험과 대출, 크라우드 펀딩 등으로 잇는 것이다. 예를 들어 농부가 보험사에 요청하면 보험사가 가축을 담보로 보험을 적용해 토큰을 만들 수 있다. 가축을 담보로 할 수 있어서 농부의 신용을 증명할 수 있다. 과거에 비공식적인 통로로 돈을 빌리던 사람들에게 큰 도움이 될 수 있다. 센티넬체인Sentinel Chain이 방글라데시아와 인도에서 이 모델을 실험하고 있다.

메시박스MeshBox와 스마트메시SmartMesh도 포용적 블록체인의 일환이다. 와이파이나 저장 공간을 토큰화하는 방식이다. 아세안 국가에선 인구 절반이 광대역 인터넷에 접속하지 못한다. 인도네시아에서 인구의 20퍼센트만 인터넷을 이용한다. 개인정보의 토큰화도 이뤄지고 있다. 싱가포르 국무펀드 테마섹Temasek이 투자한 에이드테크AID:Tech가 대표적이다. 개인정보를 토큰화해서 식품, 의료, 보건 서비스를 제공한다.

중개업체 없이 사람들에게 필요한 물품을 전달해줄 수 있다. 거래가 투명해져서 부정부패도 줄어든다. 문서화되지 않은 정보도 파일로 만들어서 암호화를 거쳐 보관할 수 있다. 이 같은 정보를 공공 데이터로 공개한다. 여러 프로젝트들이 디지털화로 시작해 중개자를 없애는 단계로 나아가는 상황이다. 블록체인 기술에 기반해 분산화하면 경제에서 정부의 역할이 줄어든다. 네트워크 효과로 성장이 이뤄지고 정보도 보호할 수 있다.

'디파이'도 화두다. 디파이란 블록체인 네트워크에서 작동하는 금융으로, 보통 가상화폐를 담보로 대출을 받는 방식이다. 디파이 중 가장 흥미로운 분야가 '대출'이다. 인도네시아에선 영세사업자의 74퍼센트, 중·저소득자의 71퍼센트가 금융사에서 신용대출을 받지 못한다. 그럼 이들에게 신용을 지원하는 동시에 자금 세탁을 막을 방법이 무엇일까? 바로 디파이 대출이다.

우선 대부업체가 법정화폐나 가상화폐를 예치하고 스마트 계약을 통해 플랫폼 토큰 대가로 이자를 받는다. 대출 신청자는 가상화폐 또는 토큰화된 자산을 담보로 정해진 공식에 의해 담보인정비율LTV

에 따라 대출을 한다. 스마트 계약에 의거해 대출이 자동으로 실행된다. 제3자 중개기관도 필요 없다. 디파이는 비용을 대폭 낮춰 비공식 금융에만 의존해야 했던 개인들이 도움을 받을 수 있게 해준다. 금융 서비스에서 소외되었던 사람들을 금융으로 이끄는 것이다. 거래 내역 변경이 불가능하며, 스마트 계약으로 투명성을 높이고 특혜를 없애준다. 금융 시장에서 횡행한 지대 추구도 막을 수 있다.

마지막으로 '개인정보 코인(익명성 코인)'을 살펴보자. 익명성 코인이란 본인 외 다른 사람이 거래 내역을 확인할 수 없는 코인을 의미한다. 대표적인 것이 지캐시다. 싱가포르 정부도 지캐시를 사용한다. 사람들은 익명성 코인의 기술이 자금 세탁을 유도하고 범죄자가 악용하기 쉽지 않겠느냐고 묻는다. 물론 그럴 위험도 존재한다. 하지만 그렇다고 이 기술을 외면한다면 기술이 빠르게 발전하는 마당에 더 큰 문제가 생길 수도 있다. 오히려 우리는 이 기술을 연구하고 이해의 폭을 넓혀야 한다. CBDC를 설계할 때도 익명성 코인 기술을 활용할 수 있다.

한국은 익명성 코인을 금지하고 있다. 유럽은 이 기술을 가치 있다고 본다. 실험을 통해 기술을 어떻게 활용할지가 중요하다. 기술 자체는 선도 악도 아니다. 문제는 인간 행동이다. 기술이 악용되는 것 말고 기술이 인간을 위해 일하도록 만들면 된다.

비트코인 등 가상화폐 가격이 오르는 이유는 뭘까? 투기는 언제나 존재하지만, 가격 상승은 네트워크 효과나 기술의 발전이 없다면 일어나지 않았을 것이다. 가격이 기술과 네트워크 발전보다 오를 경우엔 결국 무너지게 된다. 기술 혁신이나 네트워크 성장이 또 한 번 일어나면 가격은 또 오를 것이다. 이미 우리는 가상화폐와 관련해 여러 차례 비슷한 일이 벌어지는 것을 봤다. 기술 발전과 새로운 비즈니스 모델, 신규 자금 조달, 새로운 커뮤니티 편입, 추가 기간 승인 등으로 새로운 수요가 발생한다.

무엇보다 최고의 재능을 가진 인재들이 업계로 이동해서 그 산업의 경쟁력을 결정한다. 글로벌핀테크연구원은 대학과 손잡고 더 많은 인재를 키우려고 노력한다. 공인 핀테크 전문 자격증은 핀테크와 블록체인 취업을 꿈꾸는 다른 산업 전문가를 위한 기회를 준다. 시장에 대한 깊은 이해는 물론 사회 문제 해결을 위한 윤리 교육도 한다.

미래에 비트코인 가격이 어떻게 움직일지 예상하기 어렵다. 우리는 4차 산업혁명 시대에 살고 있다. 어떤 사람은 굉장히 부유해지고 어떤 사람은 전 재산을 잃을 수 있다. 하지만 분명한 건 이해하기 어려울 때 가장 하지 말아야 할 행동이 그것을 경멸하는 일이라는 점이다.

건실한 정부가 있는 국가의 국민들에게 비트코인은 가치 없는 것으로 여겨질 수 있다. 하지만 신뢰할 만한 정부가 없고 무질서한 상황에 있는 사람들에게 비트코인이 매우 중요할 수 있다. 지금 세상이 변화하는 모습을 보면 비트코인이 가치가 없길 바라겠지만, 사실은 훌륭한 '헤지' 수단일지도 모른다. 많은 사람이 비트코인이 쓸모없다고 여기고 관심을 두지 않았지만, 나중에 알고 보니 훌륭한 헤지 수단일 수 있다는 의미다.

가상화폐와 오픈 블록체인은 함께 움직인다. 물론 프라이빗 블록체인만으로 초당 더 많은 거래를 처리하고 생산 효율성을 높일 수 있다. 하지만 실제 사회 문제들은 하나의 블록체인이나 기술만으로 해결할 수 없다. 토큰을 일종의 인센티브로 활용하는 것이 생산관계를 개선하는 데 핵심이다. 또 상호 운용성이 없는 오픈 블록체인보다는 다른 블록체인 기술과 융합할 수 있는 블록체인이 더욱 좋다.

결국 가장 중요한 건 포용적인 생태계를 구축해 네트워크 효과를 창출하는 것이다. 가장 이상적인 생태계는 개방적이면서도 악성 바이러스와 부패, 독점에 대항해 회복력이 있는 상태를 의미한다. 소외된 계층을 포용하면서도 네트워크 수요에 기여해야 새로운 가치를 창출할 수 있다.

우리는 '탈중앙화' 초기 단계를 경험하고 있다. 제3자 중개기관에 대한 진입 장벽을 낮춘 글로벌 분산형 네트워크에 대응할 디지털 인프라가 필요하다. 기존 시장 참여자들과 중개기관을 보호하기보다는 새롭게 부상하는 중개기관을 위한 인프라를 마련하는 게 효과적이다. 예를 들어 은행은 인가받은 '전자지갑eWallet'으로 정의될 수 있다. 자산관리기관과 수탁기관은 개인키 보관기관으로, 거래소는 인가된 분산형 금융 시스템으로 거듭날 수 있다. 새로운 토큰 관련 법이 증권법을 대체할 가능성도 있다.

모든 규제기관이 직면한 공통적 현실이 있다. 이제는 새로운 디지털 인프라가 국가 경쟁력을 결정짓기에 인프라를 구축하는 것이 시급한 과제다. 따라서 규제 혁신성도 높아지고 있다. 대표적으로 국제자금세탁방지기구FATF가 가상자산 취급업소에 대한 가이드라인을 발표했다.

현재 200개 넘는 블록체인 기업이 싱가포르에 있다. 2018년 기준 전 세계적으로 가상화폐 공개ICO를 가장 많이 했다. 하지만 거래 규모는 적은 편이다. 싱가포르 가상화폐 거래 대금은 증권 거래 규모의 2퍼센트에 불과하다. 가상화폐 파생상품도 싱가포르 통화청 운용 펀드 중에서 0.01퍼센트로 미미하다. 가상화폐 펀드는 개인 투자자에게 판매할 수 없다.

싱가포르가 왜 디지털 자산에 주목하는지를 살펴보자.

싱가포르는 글로벌 금융 허브다. 핀테크 중심지로서의 위상도 강화되고 있다. 싱가포르가 차세대 금융인 블록체인과 디지털 자산에 관심을 보이는 것은 당연한 일이다. 싱가포르가 디지털 자산 규제에 나선 건 2017년 ICO 붐 때다. 당시 싱가포르 통화청은 'ICO를 통해 증권을 발행한 것으로 간주되면 규제 대상'이라는 성명서를 냈다. 이후 ICO에 대한 가이드라인을 발간하며 싱가포르 가상화폐 규제 방향성을 제시했다.

2020년 1월 싱가포르 통화청이 지불서비스법을 확대 시행하면서 싱가포르의 모든 디지털 자산이 정식 규제를 받게 되었다. 디지털 토큰이 증권으로 간주될 때에만 ICO가 금지된다. 지불서비스법에 따라 디지털 토큰을 발행하거나 거래를 할 경우 라이선스가 필요하다. 2020년 12월 DBS은행이 가상화폐를 포함한 디지털 자산을 거래할 수 있는 디지털 자산 교환소를 설치했다. 이 은행은 디지털 자산 토큰 거래와 수탁 등 다양한 서비스를 한다.

싱가포르는 기업 중 50퍼센트가 블록체인 기업이다. 규제 샌드박스란 새로운 제품이나 서비스를 출시할 때 일정 기간 동안 기존 규제를 면제, 유예해주는 제도다. 회사채와 주식을 토큰화해서 거래할 수 있는 곳들이 대표적이다.

스테이블 코인Stable Coin 논의도 활발하다. 싱가포르는 스테이블 코인을 어떻게 분류하고 규제할지를 논의하고 있다. 스테이블 코인이란 달러화 등 기존 화폐에 고정 가치로 발행되는 가상화폐를 의미한다.

블록체인은 인터넷의 뒤를 잇는 차세대 기술이 될 가능성이 있다. 역동적인 디지털 자산을 구축하는 건 싱가포르의 목표다. 민관 협력이 바로 디지털 자산 산업의 지속 가능한 열쇠라고 생각한다.

02

주식

너도 나도 주식 열풍 속에 필요한 인사이트

금융 문맹에서
벗어나려면

존 리 메리츠자산운용 대표이사

수년 전만 해도 주식에 대해 거부감이 있었지만 이제는 주식 투자가 대세가 된 시대다. 그러나 여전히 많은 사람이 주식 투자는 주가 맞히기라는 생각에 갇혀 있는 상태다. 주가가 얼마나 올라갈 것이냐 하는 것보다는 먼저 주식 투자는 왜 해야 하는지, 자신의 라이프 스타일에 있어서 왜 중요한지부터 알아야 한다.

어떤 종목에 투자하고, 어떻게 돈을 벌 것인지는 그리 중요한 문제가 아니다. 금융 문맹 탈출이 급선무다.

꾸준하게 투자해서 자신의 자산을 불리는 것이 중요하다. 수익률을 따지는 것은 오히려 카지노에서 다룰 문제다.

주식 투자 자체는 희망이요, 꿈이다. 경제적 자유를 위한 수단으로 봐야 하는 것이다.

우리는 자본주의 사회에 살고 있으며 자본의 증가 속도가 노동을 통해 버는 소득의 증가 속도보다 훨씬 빠르다는 사실에 집중해야 한다. 직장 등에서 노동을 통해 버는 돈에는 한계가 있다. 미국은 이러한 사실을 깊게 이해하고, 주식 투자를 통해 많은 사람이 백만장자가 되도록 문화를 이끌었다.

이처럼 자기 삶의 문화가 달라지고 좋은 기업에 투자해 자기 자산이 늘어나는 것이 중요하다.

주식에서 수익률을 이야기하는 것은 초보들이 흔히 저지르는 실수다. 이렇게 되면 수익률이 마이너스로 돌아섰을 때 밤잠을 못 자게 되고, 투자가 아닌 스트레스가 되어 버린다. 수익률이 아니라 자신이 어떤 기업에 투자해 그 주식을 얼마나 가지고 있는지를 뿌듯하게 여겨야 한다. 이런 발상의 전환이 투자자로 하여금 자연스럽게 우량주에 투자할 수 있는 계기를 만들어준다.

국내 삼성전자나 미국의 테슬라 주식 수익률이 중요한 것이 아니다. 보유 주식 수가 훨씬 중요하다. 주식 투자라는 것은 시간과의 싸움이기 때문이다. 시간에 따라 주식 수를 늘려 자신이 쉬는 동안 자산이 불어나는 선순환 구조가 되어야 한다. 기업에 투자하는 것은 기업이 돈을 스스로 벌기를 기다리는 것이다. 이것이 투자이며 투자자의 마인드다.

매일매일 주가를 들여다보는 것은 '주식 점쟁이'가 할 일이다. 미래를 알 수 없는데 이처럼 주가에 연연하는 것은 어리석은 일이다.

단기간에 가격을 맞히기 위해 주식 차트를 보는 것은 아무런 의미가 없다. 주식 투자는 마라톤이지만 사람들은 마치 50미터 단거리 경주에 나선 것처럼 행동한다.

1000만 원으로 20퍼센트 수익을 내면 200만 원이다. 이것이 자랑거리인가? 이 정도 돈으로는 노후 준비가 되지 않는다. 노후 대비 목표 자산은 10억 원 이상 되어야 한다. 이 정도 자산을 불리려면 갖고 싶은 회사에 투자해야 한다. 이런 회사에 흥분해야 하며 이런 주식을 찾아야 한다. 주가를 맞히려 하는 것은 바보이며, 교만한 사람의 마인드다.

주식은 지나치게 변동한다. 맞힐 수가 없다는 뜻이다.

투자자가 갖고 싶은 회사는 돈을 잘 버는 회사다. 이런 우량주를 10년 보유하면 자산이 10배가 되고 100배가 된다. 주가가 올라가면 그것대로 걱정이 된다. 떨어지면 떨어지는 대로 마음이 다급하다. 이 같은 마인드는 올바른 주식 투자자의 마음가짐이 아니다.

투자가 실패하는 이유는 타이밍을 맞히려 하기 때문이다. 우리는 시장을 예측하려고 하지만 이는 불가능하다. 알 수 없는 것을 예측하는 것이야말로 도박이다.

변동성과 리스크는 투자의 친구들이다. 변동성은 투자자가 맞힐 수 없는 영역이다. 그러나 리스크는 예측과 관리가 가능한 영역이다.

모든 상장사는 3개월마다 자기 회사 보고서를 공시하게 된다. 공시 보고서를 읽으며 자신이 투자하고 싶은 회사에 대해 꾸준히 공부해야 한다.

투자에 대해선 주변의 어떤 누구의 말도 믿어서는 안 된다. 단기 투자용 정보가 넘쳐나는 시대다. 카지노에서 한두 번 맞혔다고 해서 카지노에서 중장기적으로 돈을 벌 수 있다고 생각하는 사람은 극소수다. 우리 주변의 전문가로 불리는 여러 사람이 우리를 카지노로 유인하려고 한다.

작년 코로나19 사태 때 자칭 똑똑한 기관 투자자들은 모두 주식을 내다 팔았다. 그러나 희망을 보고 중장기 투자 철학을 지킨 일부 비전문가들은 막대한 시세 차익을 얻었다. 이처럼 전문가가 돈을 잃고 비전문가가 막대한 돈을 버는 시대가 되었다.

그렇기에 항상 100퍼센트 투자 상태가 되어 있어야 한다. 위기는 기회고, 투자를 안 하고 있는 사람은 절대 큰돈을 벌 수 없다. 단 레버리지(대출)가 아닌 여유 자금으로 중장기 투자에 나서야 한다.

가장 어리석은 패턴 중 하나가 부자처럼 보이려고 하는 행동들이다. 명품을 사고 비싼 차를 구입해 순간의 '보여주기'에 만족하는 사람들이 많다. 부자처럼 보이려 하지 말고 '진짜 부자'가 되어야 한다. 부자처럼 보이려는 모든 소비를 투자로 바꿔야 하는 시점이다.

항상 투자 준비가 되어 있는 사람은 주식이 폭락했을 때 '바겐세일'이라며 눈을 빛낸다. 하지만 대부분의 사람이 주식이 폭락하면 싼값에 주식을 처분하며 엄청난 스트레스를 받는다. 주식이나 펀드는 반드시 모으는 식으로 대응해야 한다.

한국의 주식에 대한 관념은 전 세계에서 뒤에서 두 번째다. 첫 번째는 일본이다. 일본은 주식 폭락에 대한 아픈 기억 때문에 아예 투자에 나서지 않는다.

성공한 투자자가 되려면 일정 시점에서 수익률에 연연하지 말고, 항상 10년 후를 봐야 한다. 주식을 샀다 팔았다 하는 것이 아니라 꾸준히 소유해야 한다. 우리는 재테크 하면 테크닉에 초점을 맞춘다. 이제 그래서는 안 된다. 투자는 테크닉이 아니라 라이프 스타일이다.

일본은 주식 투자를 불로소득이라고 부르며 부끄럽게 여긴다. 일본 경제는 새로운 기업이 나오기 쉽지 않은 상황이다. 한국도 비슷한 시기에 머물렀다가 이제 투자에 눈을 뜨고 있다.

가난한 것에 익숙해져서는 안 된다. 부자처럼 소비하는 것이 멋지다고 생각하겠지만, 이처럼 어리석은 일도 없다. 여기에 빠져 있다가는 노후 준비도 안 된 상태에서 노년을 맞이하는 경우가 생긴다.

유태인들이 부자가 되는 이유는 돈이 일하게 하는 방식을 이해했기 때문이다. 전 세계 인구의 0.3퍼센트에 불과한 유태인들은 전 세계 부의 30퍼센트를 장악하고 있다.

한국과 유태인의 금융 교육은 완전히 다르다. 유태인은 부자가 되라고 가르치고, 한국은 공부를 잘하라고 가르친다. 공부를 잘하는 사람은 절대 부자가 될 수 없다. 부자가 되려면 투자를 해야 한다. 유태인들은 열세 살부터 투자한다. 한국의 열세 살은 무엇을 할까. 일부는 사교육에 빠져 있고, 그 돈을 대느라 부모들은 등골이 빠진다. 사교육은 한국을 망치는 요소 중 하나다.

사교육에 돈을 쓰느니 차라리 아이들의 미래를 위해 주식이나 펀드를 들어 주는 게 낫다.

고급 자동차를 소유하려는 심리도 바꿔야 한다. 지금 당장 자동차를 팔고 소비적인 행태를 버려야 한다.

이처럼 금융 문맹은 무서운 전염병이다. 코로나보다 더 심각한 명품 전염병이 한국에 퍼져 있다. 프랑스의 패션 브랜드 샤넬은 한국에서 독특한 정책을 편다. 한국에서는 가방 가격을 올릴수록 샤넬 백이 잘 팔리기 때문이다.

한국에서는 소득 상위 10퍼센트 사람이 전체 배당 소득의 90퍼센트를 차지할 만큼 주식에 따른 소득 편차가 심해지고 있다. 별로 소득도 없으면서 샤넬 백을 구입하는 사람들이 많은데, 지금 당장 그런 소비를 줄이고 투자에 나서야 한다. 많은 시간을 소비하는 데 쓰고 단순히 월급에 치중하는 삶은 결국 가난한 삶으로 가는 지름길이다. 주식을 소유한다면 상장사 임직원들이 투자자들을 위해 열심히 일할 것이고, 투자자들의 자산은 불어날 것이다.

혹시 망하는 기업에 투자하면 어쩌지 하고 겁내는 사람들도 있다. 하지만 이는 지나치게 비관적인 생각이다. 망하는 기업을 고르는 일도 그리 쉽지만은 않기 때문이다.

긍정적으로 부자가 될 생각이라면 투자를 하거나 창업을 하면 된다. 미국은 조 단위 부자가 끊임없이 나오는 곳이다. 국가와 투자자

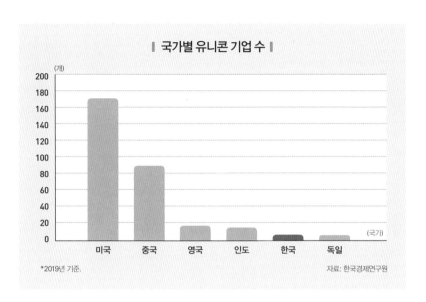

■ 국가별 유니콘 기업 수 ■

(개)

*2019년 기준.   자료: 한국경제연구원

들을 부자로 만들어줄 수 있는 유니콘 기업이 계속 생겨나고 있기 때문이다.

유니콘 기업이란 기업 가치가 10억 달러(한화로 약 1조 원) 이상이고, 창업한 지 10년 이하인 비상장 스타트업 기업을 말한다. 미국은 이런 유니콘 기업이 전 세계에서 가장 많은 나라다. 2019년을 기준으로 173개로 조사되었다. 압도적 1위다. 2위는 89개의 중국이다.

한국은 8개로 애매한 위치다. 일본은 아예 이런 기업이 나오질 않는다. 그런데 한국이 자꾸 일본을 따라가려고 한다. 일본이 아니라 미국이나 유태인들을 따라가야 한다. 한국은 엄청난 잠재력이 있는 나라지만, 정작 한국 사람만 이를 모르고 있다. 한국처럼 좋은 나라가 없는데 요즘 젊은 친구들은 한때는 '헬조선'이라 지칭할 만큼 미래가 없다고 말한다.

국내 연기금들은 한국 기업에 투자하지 않는다. 자꾸 미국 기업에 투자하는 난센스가 벌어지고 있다. 한국 기업 쿠팡이 미국에서 상장해 50조 원이 넘는 가치를 인정받고 있다. 우리가 갖고 있는 기업의 주식을 이해하지 못하고 있다. '한국은 미래가 없다', '한국 기업 주식은 단기적으로 해야 한다' 등의 말을 믿어서는 안 된다.

한국은 지나치게 부동산에 집착하고 있다. 개인 자산의 80퍼센트가 부동산에 집중되어 있다는 것은 크게 잘못되었다. 일본이 부동산에 집중 투자했다가 지금 얼마나 힘든 시기를 보내고 있는지를 반면교사로 삼아야 한다.

'4퍼센트 룰'을 기억하자. 1년 생활비로 자산의 4퍼센트를 쓴다면 노후가 30년 이상 길어져도 걱정할 필요가 없다는 뜻이다.

연간 생활비로 4000만 원을 쓰는 사람은 노후 대비를 위해 10억 원 이상이 필요하다. 이런 수치가 달성될 때까지는 소비를 가급적 줄여야 한다. 외식비나 생활비, 여행 경비 등을 아껴야 한다. 소비를 줄이는 것은 누구나 할 수 있다. 그러니 이것부터 실천하는 것이 중요하다.

돈이 생기면 무조건 투자에 나서는 철학이 필요하다. 이것은 자신에게 투자하는 것이다. 지금 아낀 1만 원이 나중에 엄청난 자산으로 돌아온다.

복리의 마법은 무섭다. 지금 당장 10억 원이 있고 한 달간 매일 두 배로 늘어나는 100원이 있다고 가정해보자. 누구나 10억 원이 탐난다. 매일 두 배로 늘어나는 돈은 금방 10억 원을 훌쩍 넘는다.

1000만 원의 종잣돈이 매년 6퍼센트씩 수익이 난다면, 그 두 배인 2000만 원이 될 때까지 12년이 걸린다. 모두가 여기서 좌절한다. 그러나 복리가 무서운 것은 똑같은 조건으로 다시 1000만 원이 되는 시기는 12년의 절반인 6년밖에 걸리지 않는다. 이 돈을 계속해서 투자하면 나중에는 매일 1000만 원씩 생긴다.

처음에는 보잘 것 없지만, 투자를 시작한 것과 시작하지 않는 것의 차이는 엄청나다. 이제 이 법칙을 깨달은 사람은 쇼핑을 하라고 해도 못 한다. 돈을 쓰는 것이 아깝고 무서워진다. 하루라도 일찍 투자를 시작하고 하루라도 늦게 주식을 팔라는 얘기가 이제 이해되기 시작할 것이다.

한국의 퇴직연금 시장은 잘못되어 있다. 2018년 OECD 주요국 퇴직연금 자산 중 주식 비중을 보면 호주가 43.7퍼센트, 미국이 30.7퍼센트인데 한국은 고작 2.7퍼센트다. 미국은 401K 제도를 통해 퇴직연금을 가지고 주식 투자를 한 결과 미국 증시가 역대급 상승을 보여왔다. 국민들도 부자가 되었다. 한국도 퇴직연금으로 주식 투자를 해야 하고, 하루라도 빨리 연금저축 펀드에 가입할 필요가 있다.

연금저축 펀드는 400만 원까지 세액 공제가 가능하고, 주식형 펀드에 투자할 수 있도록 설정할 수 있다. 개별 주식 투자는 세제 혜택을 받을 수 있는 연금저축 펀드에 가입하고 나서 해도 늦지 않다.

경제독립운동이 필요한 시기다. 노동자로 머물지 말고 자본가가 되고 돈이 나를 위해 일하도록 만들기 위해서 주식에 투자해야 한다. 이런 삶의 패턴을 실천한다면 부자의 꿈이 없었어도 부자가 된 자신을 발견할 수 있을 것이다.

불안한 2030 주린이의 자신감을 키우는 한국 반, 미국 반 투자 전략

린지 김신아 프리덤플래닝 대표

경기는 좋았다가 나빴다가 한다. 이런 현상을 '경기 순환', 영어로는 '사이클'이라고 한다. 어떤 투자를 해도 궁금한 것은 두 가지다. '지금 사도 괜찮을까'와 '뭘 사야 할까'다. 이 질문에 대한 답을 찾을 때 경기 순환을 생각해야 한다.

2017년도만 해도 주식 투자를 하면 위험하다고 했지만 지금은 모두가 주식 투자를 한다. 옆에 있는 사람이 돈을 벌었기 때문이다. 최근 1년 사이, 모든 자산이 미친 듯이 상승했다. 조급한 마음에 많은 사람이 투자에 뛰어들었다. 누구는 많이 벌고, 누구는 조금 벌었다. 하지만 우리는 벌어도 벌어도 만족하지 못한다. 옆에 있는 사람이 더 많이 벌었기 때문이다. 그래서 또 조급해진다.

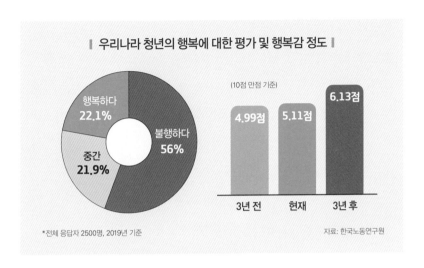

▌우리나라 청년의 행복에 대한 평가 및 행복감 정도 ▌

(10점 만점 기준)

행복하다 22.1%

불행하다 56%

중간 21.9%

4.99점 3년 전

5.11점 현재

6.13점 3년 후

*전체 응답자 2500명, 2019년 기준

자료: 한국노동연구원

　　돈이 없는 MZ세대는 더 많이 벌기 위해 더 많이 끌어와야 한다. 시드가 많았다면 더 많이 벌었으리란 생각이 든다. 투자를 통해서 인생 역전한 사례를 몇 번 보고 나니 영끌(영혼까지 끌어 모음, 가진 돈을 모두 끌어모았단 뜻으로 빚까지 포함)을 하게 된다. 이러니 영끌에 대해서 걱정하는 어른들이 많다. 우려를 표하는 기사도 많다.

　　삼시세끼를 못 먹어본 어른들은 젊은 층을 이해하지 못한다. 2030은 왜 불행한가? 우리는 일요일보다 금요일이 더 좋은 사람들이다. 금요일은 일을 하고 일요일은 쉬는데, 금요일이 더 행복하다. 우리는 미래를 통해서 행복을 느낀다. 5060은 미래가 더 나을 것이란 희망이 있었다. 지금 2030은 부모보다 더 배웠는데 가난한 세대가 됐다. 이미 한물간 표현이지만 '단군 이래 부모보다 가난한 세대', '부러진

계층의 사다리', '헬조선'이란 말이 이들 가슴속에 머물고 있다.

비단 한국만의 이야기가 아니다. 미국의 사례를 봐도 임금은 계속 오르고 있지만 구매력은 그렇지 않다. 물가가 올랐기 때문이다. 옛날에는 과자 한 봉지에 200~300원이었다. 요즘은 기본 1000원은 훌쩍 넘는다. 물가는 올랐는데 임금은 그만큼 오르지 않았다. 그래서 우리는 부모보다 가난한 세대가 됐다.

요즘 60대는 할아버지, 할머니라고 부르기 힘들다. 20~30년 전을 생각하면 40대도 할아버지 같았는데, 요즘은 60살이라고 해도 20~30년은 더 산다. 결국 우리는 투자를 해야 한다. 문제는 주식이든 코인이든 부동산이든 투자를 해야 한다는 사실은 알겠는데, 지금이 투자 타이밍이 맞는가 하는 고민이 생긴다는 것이다.

위기를 기회로 만들기 위해서는 상황 파악을 잘해야 한다. 한마디로 말하자면, 비빌 때를 보고 비벼야 한다는 것이다. 그걸 어떻게 알수 있을까? 사이클을 통해서 파악하면 된다. 자본주의 사회에서는 신용에 따라 사이클이 만들어진다. 2020년에 삼성전자의 주가는 계속 올랐지만, 2018년에는 계속 떨어졌다. 그 1년간 매출과 영업이익이 역대 최고치였음에도 불구하고 말이다. 사이클 때문이다.

월급이 200만 원이라고 할 때 우리는 500만 원까지 사용 가능하다. 신용카드나 대출이 있기 때문이다. 이걸 신용이라고 한다. 덕분에 우리는 가진 것보다 더 많이 쓰는 것이 가능하다. 자본주의 사회에서는 신용으로 소비를 할 수 있다. 신용 때문에 경기 사이클이 생긴다. 대출을 받아서 돈을 쓰면 필연적으로 나중에는 돈을 적게 써야 한다. 따라서 사이클이 생긴다.

세상에 공짜는 없다. 우리가 주로 사용하는 '땡겨쓴다(당겨쓴다)'라는 표현을 보자. 우리는 대출을 받으면 은행에서 받는다고 생각한다. 실상 대출은 미래의 자기 자신에게서 가져오는 것이다. 언젠가는 갚아야 하는 것이지 공짜로 주는 것이 아니다. 신용에 의해서 경제는 더 빠른 속도로 성장한다.

카페에 가서 5000원짜리 커피를 사먹었을 경우, 내 입장에서는 5000원을 쓴 것이지만 카페 사장 입장에서는 5000원이란 소득이 생긴 것이다. 나의 지출이 누군가에게는 소득이 된다. 내가 돈을 많이 쓸수록 누군가는 부자가 된다. 1만 원을 쓰면 그만큼 누군가가 더 부자가 되는 것이다.

OECD 부동산 평균 가격 상승률을 보면 2015년 대비 2020년에 평균 약 30퍼센트가 올랐다. 한국은 6~9퍼센트, 중국은 40퍼센트, 미국은 30퍼센트가량 올랐다. 우리나라도 많이 오른 추세지만 다른 나라는 더 올랐다. 금리가 낮았기 때문이다. 금리는 신용을 변화시킨다. 대출받는 사람들의 양과 수를 변화시키기 때문에 사이클에 영향을 끼친다.

경기는 좋을 때와 나쁠 때를 기준으로 네 가지 국면으로 나눌 수 있다. 확장기, 후퇴기, 수축기, 회복기다. 각각의 국면에서 인플레이션과 성장 정도에 따라서 퍼포먼스가 달라진다. 주식이 잘 오르는 시

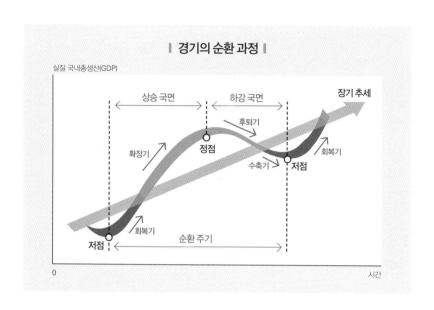

┃ 경기의 순환 과정 ┃

실질 국내총생산(GDP)

상승 국면　　하강 국면

장기 추세

후퇴기

확장기　　정점

회복기

수축기　저점

저점　회복기

순환 주기

0

시간

기가 있고, 채권이 잘 오르는 시기가 있다. 원자재 상품이 오르는 시기도 있다. 투자할 때는 지금 어느 국면에 위치해 있는지를 잘 알아야 한다. 그렇다면 어떻게 투자해야 할지 단서를 얻을 수 있다.

2020년은 코로나 때문에 갑자기 경기가 침체되었다. 침체기(수축기)에서 회복할 때가 주식이 가장 많이 오르는 시기다. '위기가 곧 기회다'라는 말은 회복기에 해당한다. 2020년에 침체기에서 빠르게 회복되는 과정에서 주식, 부동산 등 자산 가격이 미친 듯이 올랐다. 회복기에서 확장기로 가는 국면에서는 회복기보다 덜 오른다. 오르는 자산의 종류도 같이 변화한다.

경기 순환 시계는 통계청 홈페이지나 자산운용사 '피델리티' 홈페이지에 가면 확인할 수 있다. 순환 시계를 보면 지금 어디쯤 있는지를 알 수 있다. 앞으로 여러 증권사에서 의견을 내겠지만, 2020년만큼 빠르게 오르기란 힘들 것이라 여겨진다. 침체기에서 회복기로 넘어갈 때가 회복기에서 확장기로 넘어갈 때보다 더 빠르게 상승한다. 투자하기 전에 지금의 사이클을 반드시 확인해야 한다. 침체기에서 회복기로 갈 때, 회복기에서 확장기로 갈 때는 주식 투자를 해도 된다. 하지만 그 반대일 때는 금리 인상이 예상되므로 하지 않는 것이 좋겠다.

한국의 경우, 2021년 2분기에 회복의 조짐이 보인다는 자료를 확인할 수 있었다. 2020년에는 코로나로 좋지 않은 침체기였다. 하지만 이후 회복하며 주가가 올랐다. 미국은 한국보다 조금 빠르게 회복기에서 확장기 국면으로 가고 있다.

국내 투자를 할지라도 미국 시장을 확인해야 한다. 미국이 기침하면 한국은 감기에 걸린다. 2008년 금융위기도 꺼진 미국의 집값이 한국에 영향을 미친 사례다. 금융시장에서만은 확실하게 지구촌 사회다. 우리나라의 금리 인상도 미국을 따라간다. 미국 시장을 공부해야 하는 이유다. 미국에 대한 투자도 같이 하면 더욱 좋다.

2020년에 가장 각광받은 주식 중 하나가 테슬라다. 그런 테슬라가 2021년 초부터 조정을 받고 있다. 테슬라가 안 좋은 회사라서가 아니다. 금리 인상 등의 우려가 있어 그 영향을 받고 있는 탓이다. 테슬라는 좋은 주식이다. 계속 가지고 있어도 된다. 그런데 대부분의 사람들은 장기 투자를 그리 선호하지 않는다. 예를 들어 삼성전자는 좋은 주식이니 10년을 가지고 있어도 되지만, 1~2년 후에 성과를 내고 싶은 마음이 더 크다. 1년 정도의 기간으로 성과를 내고 싶다면 무엇보다 사이클에 맞춰 투자를 해야 한다.

금융이나 에너지 종목의 경우를 보면 코로나 시기를 맞아 가격이 빠졌다. 반대로 플랫폼 기업들은 빠르게 상승했다. 이미 2020년 중반에 코로나 하락 분을 뛰어넘었다. 금융이나 에너지는 다른 주식이 오를 때 오르지 않더니, 2020년 말부터 미국뿐 아니라 한국에서도 오르기 시작했다.

2020년에 침체기에서 회복기로 가던 시기에는 줌, 테슬라 등 성장주가 금리 하락과 더불어 빠르게 성장했지만, 금리 인상에 대한 우려가 나오는 최근(2021년 중반)에는 성장주가 부진하다. 대신 금융, 에너지 섹터가 오르고 있다. 만약 지금의 사이클이 침체기에서 회복기를 넘어, 회복기에서 확장기로 가는 단계라는 것을 알면 관심을 가졌을 것이다. 사이클이 어떻게 투자에 연결되는지를 알아야 한다.

미국은 우리보다 회복 속도가 빠르다. 미국의 금융주가 올랐으니 한국도 오를 것이다. 에너지도 비슷한 시기에 오를 것이다. 사이클마다 성과가 좋은 섹터가 정해져 있다. 마치 겨울에 붕어빵이 잘 팔리는 것과 같은 이치다. 그래서 각 사이클마다 맞는 투자 대상이 정해져 있다.

전 세계의 금융시장과 주식시장에서 미국이 절반 이상을 차지한다. 미국은 90퍼센트 이상, 한국은 1.4퍼센트다. 국내 주식만 한다는 것은 1등부터 100등 중에 50등 이내는 관심을 보이지 않고 90등 뒤에만 신경 쓰는 것과 같다. 아직 미국 주식이 어렵다고 두려워만 한다면 큰 기회를 놓치고 있는 것이다.

미국 투자가 어렵고 두렵다면 ETF로 시작할 것을 조언한다. 워런 버핏이 S&P 500에 투자하라는 말을 했다. 그러면서 굉장히 큰 인기를 끌었다. 사이클을 확인하고, 그 사이클에서 성과가 좋은 기업에 투자하는 게 좋다. 미국의 금융, 에너지 주가 많은데 그중에서 어떤 기업이 좋은지 모르겠다면 다 사면 된다. ETF면 뭉텅이로 다 살 수 있다.

부의 추월차선에
오르기 위한 진짜 주식

이남우 연세대학교 교수

　세상에 손해 보는 주식 투자를 하고 싶은 사람은 없다. 그런 만큼 신중해진다. 신중한 만큼 고민이 깊어진다. 이럴 때는 두 가지만 기억하면 된다. 첫째, 안정적 수익을 올려줄 진짜 기업을 찾는 것이고, 둘째, 주가의 진짜 가치를 알아보는 것이다.

　기업은 결국 수익을 내기 위해 존재한다. 수익을 올리지 못하는 기업은 결국 도태되고 만다. 투자자들이 수익 내는 기업을 찾아야 하는 이유다. 적자 기업이 생존하기엔 현재의 생존 경쟁이 너무나도 치열한 상황이다.

　수익을 내는 기업이라고 해서 전부 다 좋은 기업은 아니다. 수익을 내는 정도와 주가의 수준을 함께 고려해야 한다. 수익을 내는 것에 비해 주가가 상대적으로 낮게 평가된다면 그 기업은 성장 가능성이 있다는 뜻이다. 반대로 수익을 내는 것에 비해 주가가 너무 높다면 그 기업은 주의가 필요하다는 의미다. 결국 수익을 내는 기업 중 저평가된 알짜 주식을 찾는 것이 바로 돈을 버는 투자법이다.

주식 투자에는 애국심이 없다. 가장 좋은 기업을 고르고 가장 주가가 많이 오른 기업을 선택하는 것이 전부다.

주식을 1주만 사든 100주를 사든 그 회사의 주인이란 생각을 가져야 한다. 주주의 개념이 결국 주주총회에서 의결권을 행사할 수 있다는 의미이기도 하지만, 회사가 버는 이익에 대한 권리가 있다는 뜻도 있으니까 말이다. 이익에 대한 권리가 있으니 배당에 대한 권리가 있는 것이고, 그것이 바로 회사의 주인이 된다는 뜻이다.

그렇다면 이처럼 안정적인 수익을 올려줄 기업이란 어떤 기업일까?

우선 '패밀리 기업'을 주목해야 한다. 국내에서는 부의 세습과 재벌의 이미지로 뒤덮여 있지만 패밀리 기업은 전통과 신뢰를 상징한다.

크레딧 스위스라는 스위스 은행에서 2006년 이후 패밀리 기업과 일반 상장사의 주가 추이를 살펴봤더니 놀라운 결과가 나왔다. 패밀리 기업이 훨씬 더 좋은 주가 성과를 거두고 있는 것이다. 주인의식을 가지고 회사 경영과 관련된 의사결정을 내릴 수 있고, 장기적으로 투자할 수 있는 신뢰도를 갖고 있기 때문이다.

대표적 패밀리 기업이라고 한다면 프랑스 및 이탈리아의 명품 제조 업체를 들 수 있다. 명품 제조 업체는 아무도 모방할 수 없는 그

┃ 2006년 이후 패밀리 기업 주가 vs 일반 상장사 주가 ┃

패밀리 기업
일반 상장사

*2006년 1월을 100으로 지수화

자료: 크레딧 스위스, 톰슨로이터 데이터스트림

나라의 장인들만 만들 수 있는 제품을 가지고 있다. 2020년 말 기준 루이비통을 소유하고 있는 루이비통 모에 헤네시LVMH의 시가총액은 한화로 340조 원에 달한다. 에르메스는 121조 원, 케어링은 96조 원 규모다. 이러한 패밀리 기업의 또 다른 특징은 바로 충성 고객층이 두껍게 형성되어 있다는 점이다. 일종의 팬덤 문화와 같이 패밀리 기업에 대한 높은 충성도loyalty는 이러한 기업의 가치를 드높이는 경쟁력이 된다.

미국에서도 이러한 패밀리 기업을 손쉽게 찾아볼 수 있다. 대형 유통업체 월마트는 월튼 패밀리가 50퍼센트의 지분을 가지고 있는데, 이로 인해 위기관리에 능하고 현금 흐름이 우수한 비즈니스 모델

인터브랜드 선정 2019년 '베스트 글로벌 브랜드'

로 많은 미국인의 사랑을 받고 있다. 현금 배당도 좋은 편이라 매년 10퍼센트씩 오르고 배당을 2퍼센트씩 주고 있다. 초콜릿으로 유명한 허쉬 역시 허쉬 가문이 설립해 운영하는 패밀리 기업이다. 영업이익률이 20퍼센트가 넘는 우량 비즈니스를 운영하며 높은 기업 가치를 보여주고 있다.

패밀리 기업에 이어서 안정적 수익을 올려줄 또 다른 기업은 브랜드 가치가 지속적으로 증가하는 기업이다.

브랜드 컨설팅 업체 인터브랜드가 2019년에 발표한 '베스트 글로벌 브랜드'를 살펴보면 애플, 구글, 아마존, 마이크로소프트 등 IT 기업들이 눈에 띈다. 한국의 삼성전자도 인텔과 비슷한 브랜드 가치가 있는 것으로 평가받고 있다. 이렇게 브랜드 가치가 높은 기업은 당연하게도 주가 역시 비싸다. 즉 브랜드 가치가 주가이며, 주가가 곧 브랜드 가치란 뜻이다. 브랜드는 살아 있는 자산이다. 21세기의 경쟁력은 공장, 건물 등 유형 자산을 얼마만큼 가지고 있느냐로 판가름 나지 않는다. 인력, R&D, 신뢰 등 무형 자산의 규모가 더 중요하다. 그중에서도 브랜드의 영향력은 무시무시한 수준이다.

마지막으로 안정적 수익을 위해 살펴봐야 할 기업은 바로 R&D 경쟁력이 뛰어난 기업이다. 페이스북 초기 투자자였던 피터 틸은 "경쟁하지 말고 독점해라"라고 강조했다. 그는 경쟁은 패배자들의 것일 뿐 일반적으로 모든 뛰어난 기업은 독점한다는 사실을 명심하라고 조언했다.

인터넷 기업 구글은 전 세계적으로 검색 엔진을 독점하고 있다. 그 결과 지난 13년간 큰 성공을 거두고 많은 이익을 냈다. 구글 지주사 알파벳은 2019년 매출액의 16퍼센트에 해당하는 30조 원의 돈을 R&D에 투자했다. 이러한 투자 확대는 결국 독점적인 검색 엔진 시장 점유율을 유지했을 뿐만 아니라 자율주행, 헬스케어, AI 기술 등 미래 먹거리 산업에 재투자하는 원동력이 되고 있다.

이처럼 성공적인 기업은 성공적인 비즈니스 모델을 가지고 독점적으로 사업을 펼쳐나간다. 삼성전자는 최근 20조 원을 R&D에 투자하겠다는 발표를 했다. 반면 인텔은 R&D를 충분히 늘리지 못해 고전하고 있다. 초거대 기업과 거대 기업을 구분하는 결정적 차이가

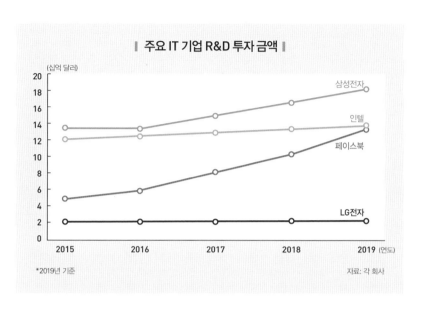

| 주요 IT 기업 R&D 투자 금액 |

(십억 달러)

삼성전자

인텔

페이스북

LG전자

2015 2016 2017 2018 2019 (연도)

*2019년 기준   자료: 각 회사

바로 R&D 경쟁력이다.

2019년 애플은 R&D에 162억 달러를 투자했다. 사업 포트폴리오가 훨씬 다양한 삼성전자와 불과 2조 원 정도밖에 차이 나지 않았다. 이를 통해 자체 개발한 반도체를 탑재한 맥북 시리즈를 선보였다. 인텔에게 공급받던 핵심 부품을 자체 생산해내는 데 성공한 것이다. 애플의 충성도 높은 고객을 대상으로 단순히 스마트 기기 및 PC만 공급하는 게 아니라 다양한 헬스케어 서비스도 제공할 예정이다. 애플의 미래가 더 밝은 이유다.

좋은 기업은 현금을 쌓아놓고 이를 즐기는 기업이 아니다. 번 돈을 재투자하고 연구 개발하는 기업만이 살아남는 시대다. 머뭇거림

없이 새로운 투자를 진행하고, 이러한 투자를 바탕으로 경쟁사와의 격차를 벌이는 진정한 1등 기업만이 살아남는다. 같은 의미로 R&D 진입 장벽이 높은 산업이나 기업들을 눈여겨봐야 한다. 당연히 IT 산업 분야에서 이러한 R&D 경쟁이 치열하게 벌어지고 있다. 하지만 그 외에도 다양한 분야에서 이러한 R&D에서 격차를 벌이려는 기업들이 경쟁적으로 등장하고 있다.

이렇게 안정적 수익을 올려줄 기업을 찾았다면, 다음으로는 그 주가의 진짜 가치를 알아보는 것이 필요하다.

주식 투자가 쉽다고 말하는 사람이 있다. 이런 사람은 아직 주식을 잘 모르는 사람이다. 특히 2020년에 처음 주식 투자를 시작해 아직 큰 실패를 맛보지 못한 사람들이 이러한 착각에 빠지기 쉽다. 그렇기에 주가를 움직이는 요소를 잘 파악하고 주가의 진짜 가치를 볼 줄 아는 능력이 필요한 것이다. 이러한 자기만의 관점이 있어야 위기가 와도 흔들리지 않고 주식시장에 오래 머물 수 있다.

주가를 결정하는 핵심 요소는 이익 성장률이다. 기업은 이익을 내기 위해 존재한다. 주가는 이러한 기업 이익을 반드시 따라간다. 고속 성장하는 기업을 찾는 것이 매우 중요한 이유다.

한국에서도 익숙한 대형 쇼핑매장 코스트코를 살펴보자. 최근 10년간 코스트코의 연간 수익률은 20퍼센트다. 배당까지 포함해서 살펴보면 삼성전자보다도 더 좋은 수익을 낸 것을 알 수 있다.

코스트코는 연 4만 원가량 하는 연회비를 내는 회원만 1억 명이

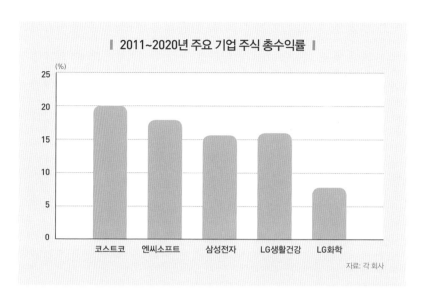

▌ 2011~2020년 주요 기업 주식 총수익률 ▌

(%)

자료: 각 회사

고, 회원의 90퍼센트가 재가입을 한다. 이런 고객들에게 좋은 물건을 저렴한 가격에 대량으로 공급하는 것이 코스트코의 판매 전략이다. 고객이 많다는 것은 자연스럽게 기업의 성장과 연결되고, 이는 주가 상승으로 이어진다. 결국 많이 팔고 많은 이익을 내는 기업을 당해낼 장사는 없다.

아마존 역시 매력적인 기업 중에 하나다. 유통 공룡 아마존은 주무기인 유통업 외에도 확장성이 뛰어나다. 헬스케어, 금융, 럭셔리 플랫폼을 바탕으로 해나갈 것들이 많다. 기본적으로 30~40퍼센트 더 성장할 여력이 잠재되어 있다. 결국 현재 이익을 내고 있고 앞으로도 더 낼 수 있는 기업을 찾고 발굴하는 것이 가장 중요하단 뜻이다.

가까운 예로, 국내 시가총액 1위 기업인 삼성전자는 세계 최고의 하드웨어 제조 기술을 가지고 있지만 애플의 시가총액의 4분의 1에 불과하다. 무엇 때문일까? 다양한 원인이 있겠지만 결정적으로 애플의 순이익은 삼성전자의 2.5배에 달한다. 결국 이익을 더 많이 내는 기업이 시가총액이 더 큰 법이다.

그렇다면 테슬라와 같이 전통적 방식의 주가 평가로는 설명되지 않는 기업은 어떨까? 주식시장은 항상 똑똑하고 합리적이다. 테슬라 주가가 7~8배 오를 때 시장에서는 말이 많았다. 월가 자동차 담당 애널리스트들은 테슬라를 전통적 기준으로 평가해봤자 도저히 설명할 수 없는 기업이라는 결론을 내렸다. 이들의 기준으로는 테슬라의 적정 주가를 예측하기 힘들기 때문이다.

결국 이럴 경우엔 단순히 기업의 가치뿐 아니라 산업의 전망을 같이 봐야 한다. 해당 산업의 성장성에 따라 투자 결정을 하는 것이 바람직하다. 실제 테슬라 역시 혁신 기업의 이미지와 더불어 전기 차 시장의 성장과 맞물려 기업이 나아가고 있음을 인지해야 한다.

재무 구조 역시 중요하다. 삼성이나 현대처럼 빚이 없는 기업들은 탄탄한 기본기를 지니고 있는 운동선수와 같다. 반면 대표적으로 빚이 많은 항공사 주가의 경우 아무리 실적이 좋다고 하더라도 더 위로 올라갈 여력이 부족하다.

마지막으로 주가를 결정하는 것은 거버넌스다. '코리아 디스카운트'라는 말이 대표적인데, 한국 주식은 유사한 글로벌 기업에 비해 저평가받는다. 한국 기업은 자본 집약적 비즈니스 모델을 기본으로 한다. 게다가 지나친 관치경영도 많았다. 한국전력이 대표적이다. 이러한 거버넌스 이슈는 다양한 투자자들이 들어오는 데 일종의 제동장치로 작용한다. 거버넌스 문제는 개인이 해결할 수 있는 문제가 아닌 만큼 정부와 관련 기관 간의 협조가 필요한 요소다.

주식이란 올라갈 수도 있지만 빠질 수도 있다. 그렇기에 양쪽을 다 바라봐야 하는 쉽지 않은 투자 승부다. 투자를 잘하려면 위험을 잘 파악하고 기회를 적절히 포착해야 한다. 테슬라를 예로 들면, 일론 머스크는 위대한 경영자이지만 또 언제 터질지 모르는 시한폭탄 같은 존재다. 이러한 리스크를 알고 투자를 결정한다면 이를 감내할 수 있지만, 그렇지 않은 경우가 더 많다.

즉 명과 암을 항상 염두에 두고 투자 결정을 한다면 크게 실수하는 일을 줄일 수 있을 것이다. 최저점에 주식을 사서 최고점에 팔겠다는 계획은 허황된 꿈이다. 항상 적당한 가격에서 좋은 기업을 사서 장기간 기다리는 장기 투자의 관점에서 주식을 대해야 한다.

진짜 부자는
해외 주식을 한다

정주용 비전크리에이터 대표
김동환 대안금융경제연구소 소장

투자란 희소한 자원을 배분하는 모든 의사결정을 뜻한다. 한정된 시간을 투입해 경제적 가치를 창출하는 행위가 바로 투자의 본질이다. 여기서 결국 얼마나 많은 시간을 투자해 얼마나 큰 수익을 얻느냐가 투자의 가치를 결정짓는 잣대가 될 것이다. 어떤 사람은 예금저축을 통해 이자 수익을 얻으려는 투자를 할 것이고, 어떤 이는 주식에 투자해 자본 수익을 얻고자 할 것이다. 부동산 투자자는 큰 레버리지를 일으켜 시세 차익을 얻기 위한 투자에 나선다. 이처럼 다양한 양태의 투자는 수익률이란 결과로 평가받는다. 투자는 결국 수익을 내는 치열한 경쟁이다.

아직도 왜 굳이 투자를 해야 하느냐고 묻는 사람들이 있다. 그렇다면 반문하고 싶다. 지금과 같은 제로 금리 시대에 투자하지 않는 이유는 무엇이냐고 말이다. 현재 예금 금리는 투자라고 할 수 없을 정도로 낮은 수준이다. 과거처럼 은행에 돈을 맡겨 두면 10~20퍼센트씩 이자를 쳐주던 시대는 끝난 지 오래다. 또한 코로나 바이러스로 급격히 팽창된 현금 유동성은 가만히 있으면 바보가 되는 시대를 만들었다. 직접 발로 뛰어다니지 않으면 월급 외 추가 수익을 얻을 수 없는 시대인 셈이다. 지금이라도 당장 투자에 나서야 하는 이유다.

돈에는 국적이 없다. 대부분의 사람들은 국내 투자에 집중한다. 정보의 비대칭성이 적어 보다 쉽고 수월하게 정보를 접할 수 있기 때문이다. 하지만 반대로 생각해보자. 글로벌 투자자의 관점에서 한국 시장은 매력적일까? 절대 아닐 것이다. 한국은 이머징 마켓, 즉 신흥 국가군에서 OECD에 가입한 나름 발전된 신흥 국가로 구분된다. 월가 투자자 입장에서 1순위 투자 대상은 미국 주식이다. 절대 한국이 아니다.

미국은 경제, 금융, 군사 등 모든 측면에서 세계의 패권을 쥐고 있는 국가다. 미국 다음으로 전 세계가 바라보는 시장은 다름 아닌 중국이다. 도널드 트럼프 전 미국 대통령이 중국과 경제전쟁을 벌일 때 중국 경제가 큰 위기를 겪을 것이란 우려의 목소리가 컸다. 하지만 이것은 지나친 기우다. 미국 증권거래소에 상장된 중국 기업은 수백 여 개에 달한다. 미국 기업 이외에 해외 기업 중 가장 높은 비중을 차지하고 있는 것은 바로 중국 기업이다.

즉 지난 20년간 미국 자본시장은 중국 기업에 엄청난 자금을 공급

해주는 돈줄 역할을 수행했다고 봐도 무방할 것이다. 실제 자본시장에서 미국과 중국은 긴밀한 공조관계를 지속하며 자본 동화 현상이 짙어지고 있다.

다시 말해, 합리적이고 이성적인 관점에서 자본 투자를 한다면 한국 주식이 아닌 미국 주식, 중국 주식에 투자해야 한다는 뜻이다. 기업들이 글로벌 경영 전략을 짜듯이 한국의 개인 투자자들도 월가의 투자자들처럼 우선순위를 정하고 투자 의사결정을 내려야만 한다. 조언하자면, 미국 주식과 중국 주식을 대부분 담고, 한국 주식은 10퍼센트 정도로 줄이는 것이 합리적이다.

미국과 중국의 혁신 기업에 투자하는 것은 전 세계에서 벌어지는 혁신 경쟁의 최전선에 뛰어드는 것이다. 또한 두 국가에서 벌어지는 메가트렌드를 파악하는 것이 바로 세계 경제의 미래 변화를 가늠하는 바로미터가 될 것이다. 이처럼 글로벌 G2의 주식에 투자하는 것은 단순히 주식 종목 하나에 투자하는 것과는 차원이 다른 의사결정이 되는 것이다.

미국과 중국이 더 강력한 경제 패권을 차지할 이유는 다름 아닌 데이터의 '규모의 경제 효과' 때문이다. 미래를 주도하는 산업을 장악하기 위해서는 10억 명 이상의 데이터를 확보해야 한다. 중국은 자국에서만 10억 명 이상의 사용자의 데이터를 확보할 수 있고, 미국은 실리콘밸리에서 전 세계 수십억 명을 지배하는 생태계를 구축할 수 있다. 실제 텐센트 사용자는 11억 명에 달하고, 페이스북의 글로벌 사용자는 27억 명에 달한다는 사실이 이를 뒷받침한다.

데이터는 현재 시대의 석유다. 이를 가공하고 상품화해 소비자들에게 판매하는 것이 현재의 서비스이기 때문이다. 많은 기업이 왜 데이터 확보에 열을 올리고 이러한 데이터를 저장하는 서버, 클라우드 사업 확장에 목을 매는지 잘 살펴보자. 데이터가 축적되면 사용자 맞춤형 서비스 제공이 가능하며, 이를 분석하고 운용하는 AI의 지능도 더욱 발전시킬 수 있다.

투자에도 기본기가 있다. 충분한 스트레칭으로 몸을 풀고, 튼튼한 코어 근육을 닦아야 한다. 처음 투자를 접했을 때 느낄 혼란스러운 감정은 이러한 기본기 훈련을 통해 극복해야 한다. 투자를 잘하기 위해서는 모든 경제 현상에 폭넓고 깊은 관심을 가져야 한다. 세계 경제, 미국 기준금리, 환율, 산업 전망, 기업 공시 자료, CEO의 철학 등 다방면에 관심을 가지고 공부해야 한다. 다만 단순히 이러한 정보를 기계적으로 습득하려면 소음이 된다. 수동적으로 받아들이지 말고 지혜롭게 습득해야 하는 이유다.

지혜롭게 습득하는 방법도 무궁무진하다. 간단하게 예를 들면 소비자의 습관을 바꾸는 기업을 찾는 것이다. 편리하고 좋은 걸 떠나 소비자의 습관을 바꾸는 기업에 대한 정보를 찾고 관심을 두는 것은 일상에서 가장 실천하기 좋은 방법이다. 공부를 위한 공부를 하기보다는 일상에서 쉽게 접하는 것들에 대한 공부가 일상을 풍요롭게 하고 더욱 흥미를 가지고 공부할 기회를 제공한다. 이러한 일상과 투자의 일치는 더욱 좋은 수익률로 이어질 수 있다.

중국 이야기를 하면 막연한 반감을 보이는 사람들도 많다. 일전에 미국에서 발생한 이항 공매도 리포트부터 시작해 중국 정부의 관치 행정까지 우려의 목소리가 크다. 하지만 중국은 전 세계에서 유일하게 미국과 견주어볼 시장과 기술을 가진 유일한 국가다.

중국의 데이터 혁신은 그 어느 때보다 빠르다. 코로나 바이러스의 발원지이자 가장 빠른 V자 반등을 이뤄낸 곳도 바로 중국이다. 바이러스 극복에 큰 역할을 한 것은 역시 데이터 플랫폼 기업이었다. 13억 인구에 대한 데이터 축적은 바이러스 확산을 효율적으로 차단하는 성과를 낳았다는 평가다. 중국 자산을 보유하지 않고 미래 10년을 대비하는 것은 핵심 자산을 홀랑 빼놓고 투자하겠다는 것과 마찬가지다.

중국의 미국을 향한 패권 결투 신청은 향후 5~10년간 계속 이어질 가능성이 크다. 특히 이러한 중국의 혁신이 젊은 창업자들을 중심으로 이뤄지고 있다는 점이 무척 고무적이다. 중국의 신흥 전자상거래 기업 핀듀오듀오의 경우 2020년 3분기 매출이 전년 동기 대비 89퍼센트나 증가했다. 유료 구매 고객 역시 2년 만에 두 배가량 늘어났다. 중국의 전자상거래 공룡 알리바바를 무섭게 추격하는 신흥 강자다.

중국의 1980~1990년대생 창업가들은 새로운 기회를 창출하고 창조적 혁신을 이뤄내기 위해 매일같이 노력하고 있다. 이처럼 경제 주도 세력 자체가 젊어진 것을 투자의 관점에서 절대로 놓쳐서는 안 된다.

코로나 바이러스의 위기 속에서 중국을 비롯해 미국, 유럽 등 글로벌 시장에 넘쳐흐르는 유동성을 눈여겨 살펴봐야 한다. 결국 그 돈은 수익을 창출하는 자산으로 모이게 마련이기 때문이다.

자산의 가치가 올라가기보다는 현금의 가치가 바닥으로 떨어지는 현재의 상황을 유심히 살펴야 한다. 이러한 글로벌 거시 경제 변화 속에서 결국 투자 포트폴리오를 어떻게 구성하고 배분할 것이냐가 핵심 과제다. 글로벌 분산 측면에서 중국 주식에 관심을 가져야 하는 결정적 이유이기도 하다. 중국의 젊은 기업, 데이터 혁신 기업, 스마트 테크 기업 등에 분산하여 투자한다면 2021년 말에는 분명히 행복한 수익률을 직접 접할 수 있을 것이다.

중국 내수 시장의 변화도 눈여겨보자. 중국은 지우링허우 세대 (1990년대생), 링링허우 세대(2000년대생)가 소비의 주축을 이루며 경제 지형도 자체를 완전히 탈바꿈시켰다. 이들은 과거 먹고살기에 급급했던 이전 세대의 고민과 달리 자신의 건강과 행복, 자존감 향상을 위해 과감한 투자를 아끼지 않는다. 이 역시 글로벌 트렌드이기는 하지만, 중국이 갖고 있는 경제 성장 잠재력과 풍부한 인구에서 쏟아져 나오는 데이터는 다른 국가와 차별화되는 경쟁력으로 작용하고 있다. 특히 화장품, 명품 등 젊은 층이 유독 좋아하는 브랜드와 산업의 경우 성장의 속도가 더욱 가파를 것으로 기대되는 만큼 이러한 특징을 잘 알고 있는 것 역시 중요하다.

아울러 시진핑 정권이 내세운 인터넷 플러스 정책은 다양한 데이터 플랫폼 기업들의 등장을 가속화시켰다. 대표적 기업이 바로 거대 인터넷 기업 텐센트다. 중국의 모든 젊은이가 제2의 텐센트를 꿈꿀 정도다. 텐센트는 지난 17년간 주가가 약 750배 상승했다. 특히 최근 5년간 네 배 이상 상승하며 2020년 11월 기준 시가총액만 한화로 800조 원에 달한다.

텐센트의 사업 모델은 크게 네 가지인데, 위챗으로 알려진 소셜 네트워크 서비스, 온라인 게임, 온라인 광고, 핀테크 및 비즈니스 서비스다. 위챗의 월간 사용자 수는 12억 명이다. 이러한 이용자를 기반으로 텐센트는 온라인, 미디어, 핀테크 등 다양한 플랫폼 사업을 펼치며 사업을 확장 중이다. 이 중 온라인 게임 부문의 매출은 전 세계에서 1위를 차지할 정도로 플랫폼에서 나오는 힘이 강력하다.

종합적으로 살펴보면 텐센트는 향후 안정적으로 지속 성장할 가능성이 높다. 그 중심에는 핀테크와 클라우드 사업이 자리 잡고 있다. 중국뿐 아니라 동남아시아와 인도에 투자한 수백 개 기업이 빠르게 성장하는 것으로 보아 향후 투자자산의 가치 상승에 따른 텐센트 주가 재평가의 가능성도 높다.

한국에 배달의민족, 미국에 도어대시가 있다면 중국엔 메이투안이 있다. 텐센트 계열인 메이투안은 기업 가치가 250조 원에 달하는 거대 데이터 플랫폼 기업이다. 중국은 내수 소비를 혁신하는 데이터 플랫폼 기업에 힘이 실린다. 미·중 갈등과 무관하게 성장이 가속화하는 분위기다. 향후 중국의 코로나 바이러스 상황 해소 국면 속에서 중국 내 여행과 외식 소비 성장의 혜택을 추가로 받을 기업이라고 긍정적으로 평가받는다.

메이투안은 음식점 배달 서비스를 넘어 간판 달린 오프라인의 모든 비즈니스를 통째로 모바일화한 기업이라고 볼 수 있다. 음식 배달, 음식점 예약, 할인 쿠폰, QR 주문 등 데이터에 기반한 음식 비즈니스 전반에 활용되고 있다. 특히 중국인들이 호평하는 댓글을 통한 식당 평가 기능은 빅데이터 기술을 활용한 대표적인 메이투안의 강점이다.

텐센트에 이은 중국의 거대 IT 기업 알리바바의 운명은 어떻게 될까? 중국 정부의 강력한 입김으로 입지가 좁아진 마윈 회장으로 인해 알리바바의 미래에 대한 우려의 목소리 역시 크다. 하지만 알리바바 역시 현재 상황에 만족하지 않고 거듭해서 혁신을 도모하고 있다.

알리바바가 창출하는 디지털 경제 규모는 중국 내수 소비의 약 6분의 1 수준이다. 알리바바의 비전은 2036년까지 20억 명의 소비자, 1억 개의 일자리 창출, 1000만 개의 이익을 창출하는 중소기업을 배출하는 것이다. 알리바바의 온라인 마켓에서는 물건 구매뿐 아니라 여행, 동영상, 신선식품 배송 등 라이프 스타일 서비스를 다양하게 활용할 수 있다. 또한 사업 유통망이 인도, 동남아시아로 확대되며 신항로 개척에 나선 상태다. 신규 비즈니스인 클라우드 컴퓨터 사업과 신선식품 30분 배송 서비스 역시 가시적 성과를 내고 있다.

중국의 테슬라라 불리는 니오와 엑스펑의 성장도 주목할 만하다. 중국의 전기 차 시장은 로컬 비즈니스로 성장하는 분위기다. 니오는 텐센트가, 엑스펑은 알리바바가 2대 주주로 참여하고 있다. 두 기업의 또 다른 공통점은 모두 미국 증권거래소에 상장되어 있다는 점이다. 상장 후 니오는 14배, 엑스펑은 세 배 이상 주가가 상승했다.

엑스펑은 중국이 발표한 뉴인프라 정책과 궤를 같이한다. 중국 정부가 전기 차 충전소 수십만 개를 새로 만들겠다고 발표하자 니오와 엑스펑에 정책 수혜에 대한 기대감이 반영되었다. 향후 중국 정부는 저탄소 친환경 에너지 분야에 정책적 지원을 확대할 방침이고, 이러한 기업들에게는 좋은 기회가 될 전망이다.

엑스펑의 소형 SUV G3에는 자체 자율주행 솔루션이 탑재되어 오토파킹과 AI 음성 인식이 가능하다. 상대적으로 저가 전략을 택하고 있는 엑스펑과 달리 니오는 소형 SUV 가격이 한화로 6000만 원에 달할 정도로 고가 전략을 펼치고 있다. 품질과 안정성 측면에서 높은 신뢰도를 얻으며 월가의 사랑을 받고 있는 브랜드가 바로 니오다. 니오는 충전의 불편함을 해소하기 위해 배터리 교체 서비스를 제공하기도 한다.

글로벌 주식시장에서
경제적 생존을 위한 투자 해법

박석중 신한금융투자 리서치센터 해외주식팀장

한국 시장과 미국 시장을 봐도 펀더멘탈과 무관하게 큰 흐름들이 계속해서 변화하고 있다. 이런 상황일수록 근시안적 관점에서 벗어나 중기적 관점으로 봐야 한다. 시장의 우려와 반대편에서 기회를 찾아봐야 한다.

경기 회복은 기업 이익 개선을 주도하고, 이는 주가 상승의 배경으로 작용한다. 2021년 명확한 경기 회복, 기업 이익 증가 구간에 진입했음에도 주식시장 변동성 장세 반복과 약세장 진입을 우려하는 투자자들도 다수 존재한다. 과거 경기 회복 실적 장세 구간에서의 주식시장 흐름을 되짚어볼 필요가 있다. 현재 구간의 위치와 과거와의 차이는 향후 장세 예측에 중대 의미를 가질 전망이다.

2021년 글로벌 경기는 팬데믹 충격 이후 회복에서 확장 구간으로 진입하고 있다. 과거 경기 순환 주기를 GDP 갭으로 산출해 주식시장 수익률을 연율화하여 주가 수익률을 산출하면, 경기 확장 구간에서는 주식시장 기대 수익률은 감소하지만 과도한 주가 조정이나 추세적 조정은 드물게 확인된다. 경기 저점 확인 이후 확장 초반에 들어선 구간에서 주가지수는 평균 11.3퍼센트에서 12.9퍼센트의 연간 수익률을 기록했다.

2021년 글로벌 경제는 팬데믹발 수요 충격 이후 복원 과정에 돌입했다. 국가별 차이는 존재하겠지만 GDP, 기업 이익 모두 2021년 하반기 코로나 이전 수준에 순차적으로 도달, 본격적 경기 확장 단계에 진입했다. 경기 순환 주기는 40~50개월을 반복한다. 과거 패턴을 보면 통상 30~40개월 확장, 10~20개월 수축을 반복한다. 정부 정책, 재고 순환, 금리·물가 사이클 모두를 감안해도 2023년 상반기까지 경기 확장 국면이 이어질 전망이다.

IMF, 기업 이익 전망치 추정에 따르면 2024년까지 글로벌 경기 이익 회복으로 이어질 전망이다. 경기 회복, 이익 복원의 온기는 미국과 중국에서 선진 신흥국 전반으로 확산될 전망이다. 특히 순차적 백신 보급에 따른 바이러스 커브 통제에 따라 국가별 반등 모멘텀 차이가 발생하며, 이것이 주식시장으로 이어질 것으로 보인다.

백신 보급 가속화와 대규모 재정 부양책에 가파른 경기 회복세가 나타나고 있다. 다만 회복 모멘텀 정점에 도달하는 것에 대한 우려도 존재한다. 주가와 상관관계가 높은 경제지표(경기선행지표, 구매관리

자지수, 무역지표)가 정점에 근접하는 것에 대한 우려와 중국의 출구 전략에 대한 우려도 증폭되고 있다. 주요국 경기 회복 모멘텀도 차례로 약화되는 양상이다.

현재 글로벌 백신 1회 접종률과 완료 접종률은 각각 7.1퍼센트와 3.1퍼센트로, 최근 10일 평균 접종 속도를 기준으로 글로벌 집단면역(접종률 75퍼센트) 형성 시기를 가늠해본다면, 1회 접종은 2023년 1월, 완료 접종은 2024년 8월로 추정할 수 있다. 2024년 6~8월은 글로벌 바이러스 확산세 진정의 정점에 이를 것으로 보인다. 이스라엘, 영국, 미국 등 집단면역 수준을 초과하는 백신 물량을 보유한 국가들의 타 국가 백신 지원을 고려하면 글로벌 집단면역 형성 시기는 단축될 공산도 크다.

현재 수요 회복을 생산이 따라오지 못하고 있다. 공급 부족 현상 심화로 가동률이 제한되고 있다. 재고순환지수는 중국의 4조 위안 부양책 집행 시기보다 상승했다. 공급 부족 현상 심화에 따른 설비 투자 사이클 재현까지 기대되고 있다. 제조업 경기의 중기적 호황을 예상할 수 있다. 투자 유인이 높아지면서 작년 하반기부터 주요국 자본재 수주가 반등하고 있고, 미래의 이윤을 창출하기 위해 지출한 비용인 CAPEX_Capital Expenditures의 컨센서스가 상향 동반 중이다. 바이든 정부는 고용 경기 회복과 공급망 정상화, 신산업 주도권 확보라는 명분까지 더해 인프라 정책을 추진하고 있다. CAPEX에 대한 기대가 확대되고 있다.

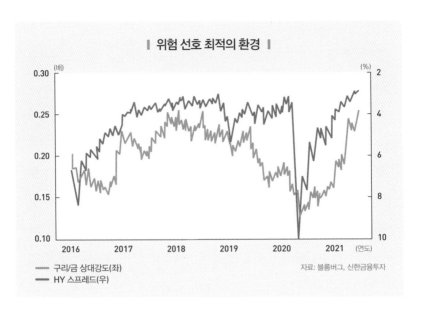

▌ 위험 선호 최적의 환경 ▐

(배)
0.30

0.25

0.20

0.15

0.10

2016   2017   2018   2019   2020   2021 (연도)

(%)
2

4

6

8

10

— 구리/금 상대강도(좌)
— HY 스프레드(우)

자료: 블룸버그, 신한금융투자

각종 위험 선호도 환경 역시 정점에 위치하고 있다. 구리와 금의
상대강도지수, 고수익 고위험 하이일드 스프레드가 2016년 이후 최
고점에 도달했다. 다만 투자자별 위험 선호 간 괴리는 존재한다. 팬
데믹 이후에 증시에 많이 유입되었던 개인 투자자와 자산 가격은 강
한 상방을 나타내는 반면, 기관 투자자는 기존 밸류에이션과 금리 잣
대를 근거로 보수적인 입장을 견지하고 있다. 따라서 가격, 개인, 기
간의 온도 차는 밸류에이션, 통화 정책에 관한 우려의 해석이 주된
요인이 될 수 있다. 향후 대면할 위험에 면밀한 판단이 필요하다.

S&P 500의 12MF PER(12개월 선행 주가수익비율)은 이익 회복이 완
료되고 미국 국채 10년 금리가 1.5퍼센트를 돌파한 이후에도 여전히

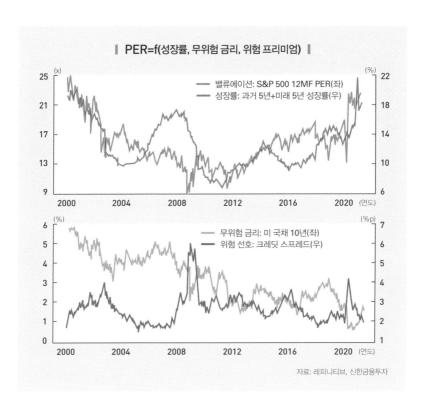

❙ PER=f(성장률, 무위험 금리, 위험 프리미엄) ❙

밸류에이션: S&P 500 12MF PER(좌)
성장률: 과거 5년+미래 5년 성장률(우)

무위험 금리: 미 국채 10년(좌)
위험 선호: 크레딧 스프레드(우)

자료: 레피니티브, 신한금융투자

22배를 상회하고 있다. 테크 버블 이후 처음 보는 밸류에이션 PER 뿐 아니라 PBR(주가순자산비율), PCR(주가현금흐름비율), 저점 대비 상승률로 본 다수의 가격 부담 지표가 주식시장 신규 진입에 저항으로 작용한다. 유동성이 밸류에이션 할증을 만들었다고 생각하는 투자자들은 금리 상승에도 유지되는 PER에 버블을 떠올렸을 가능성이 있다. 그러나 현 주가는 나름의 합리성을 가졌다는 판단하에 버블로 인식하기보다는 주가의 합리성을 만드는 요인을 점검하는 것이 유연한 대응에 도움이 될 것이다.

높아진 가격은 분명히 부담이지만, 이를 위험 요인만으로 인식하는 것은 현 주가의 합리성을 부정하는 것이다. PER은 성장률과 무위험 금리, 위험 프리미엄의 함수인데, 무위험 금리(국채 금리)가 상승하고 있으나 나머지 요인은 현 밸류에이션을 설명할 수 있는 구간에 위치한다. 첫 번째는 성장성이다. 코로나 이후 산업화 가속화로 기업 이익 성장성이 지난 20년 내 최고 수준에 도달한다. 두 번째는 위험 프리미엄이다. 무위험 금리 상승에도 충분한 유동성 여건에 크레딧 스프레드는 사상 최저 수준을 유지하고 있다. 실물에서는 기업 확장을, 금융에서는 위험 선호를 가져갈 수 있게 하는 동인이다.

현재 주식 적정 가치를 둘러싸고 합리적 할증이라는 의견과 비싸다는 의견이 시장에서 대립하고 있다. 현재의 밸류에이션은 기술 혁신, 성장성, 낮은 금리, 풍부한 유동성 환경과의 상대 비교에서 어느 정도 정당화가 가능하다. 그러나 적정 밸류에이션의 판단은 다른 차원의 문제다. 성장성과 금리를 감안하면 주가는 적정하나 성장 기대가 과도하지 않은지 의문이다. 반면 PBR, ROE(자기자본이익률)상 현재 주가는 분명한 고평가 특정 잣대로 밸류에이션의 적정성을 재단할 수 없다.

실적 장세 초입에서 진행된 금리 상승은 통제할 수 있는 위험이다. 다만 통화 정책의 방점이 물가에서 고용으로 이전되면서 고용 회복을 수반한 금리 상승은 추가 부양책 명분 훼손과 테이퍼링(Fed의 양적완화 정책이 점차 규모를 축소해나가는 것) 논의 본격화의 시작점이 될 수 있다. 빠르면 2021년 2/4분기 내 미국 고용지표의 급격한 개선을 예상하며, 같은 구간에 미국의 단기 금리 상승이 재현될 수 있는지 모니터링이 필요하다. 미국은 2021년 상반기 내 실업률 4~5퍼센트로 완전 고용에 도달할 수 있다는 전망이 나온다. '고용지표 개선 → 단기 금리 상승 → 달러 강세 연출'은 2021년 하반기 가장 큰 위협으로 작용할 수 있다.

과거 미국 경기의 강한 회복세가 야기한 자산 매입 축소와 기준금리 인상 우려는 미국 증시 약세장 진입뿐 아니라 신흥국 및 주변국 주식시장과 신용 위험에 중대한 배경으로 작용했다.

코로나 이후 자산 배분은 안전 및 위험 자산 간 양극화된 전술적 배분 전략에 방점을 두어야 한다. 안전자산의 수익률 차별화, 중위험 −중수익 자산의 위험 노출, 수익성 훼손 위험자산의 절대적 수익 우위가 점쳐진다.

2021년 자산 배분의 네 가지 중요한 변수는 '경기 복원', '리플레이션', '금리 상승', '위험자산 가격 부담 우려'이다. 이 중 리플레이션과 금리 상승은 자산 배분 전략의 변화를 가져올 것이다. 전통 배분 전략의 큰 틀에서 변화가 있어야 한다. 구간별로는 2022년 상반기는 선별적이나 위험자산 우위 전략을 유지해야 한다. 대체 자산의 재평가와 편입 비중 확대가 필요하다. 하반기에는 위험자산의 가격 부담 직면과 금리 상승 동반 이후 선진국채를 중심으로 채권을 통한 위험

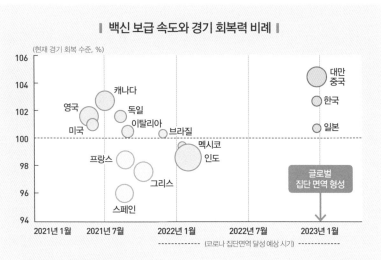

❙ 백신 보급 속도와 경기 회복력 비례 ❙

(현재 경기 회복 수준, %)

대만
중국
한국
일본

글로벌
집단 면역 형성

캐나다
영국
독일
미국
이탈리아
브라질
멕시코
프랑스
인도
그리스
스페인

2021년 1월 2021년 7월 2022년 1월 2022년 7월 2023년 1월

-------- (코로나 집단면역 달성 예상 시기) --------

*Y축은 19년 말 대비 21년 3월 경기선행지수 위치
*원 크기는 22년 실질 경제 성장률

자료: 레피니티브, 신한금융투자

관리 전략을 모색할 필요가 있다.

주요 선진국, 신흥국 내에서도 이익 추정치, ROE, 밸류에이션까지 감안해 국가 선별에 나서야 한다. 같은 관점에서 선진국 내에선 미국과 영국, 독일, 스페인이, 신흥국 내에선 한국, 대만, 인도, 러시아의 상대적 우위가 예상된다. 펀더멘탈과 리스크까지 감안한다면 미국, 영국, 한국, 대만이 국가 선별의 핵심 대안이 될 수 있다.

백신의 보급 속도와 경기 회복력은 비례한다는 것을 고려해야 한다. 미국, 유럽, 신흥국의 순으로 리오프닝 돌입과 경기 모멘텀이 부각될 것이다. 다만 통화 정책 정상화에 따른 금리 상승으로 대외 부채 부담이 가중될 수 있는 브라질, 칠레 등의 남미 신흥국들은 주의가 필요하다. 성장성, 이익과 밸류에이션, 가격 모멘텀, 리스크 등을 고려해 주요 국가별 투자 등급을 산출하자면 다음과 같다. 미국, 유럽, 중국 등은 A등급, 한국, 베트남, 대만 등은 B등급, 인도와 러시아 등은 C등급, 브라질, 일본, 인도네시아 등은 D등급이다.

백신 보급이 본격화되면 그간 소외된 경기 민감주의 반등이 예상된다. 가격 반등에 따른 기술적 부담이 높아진 만큼 압축 대응이 필요하다. 에너지, 금융, 산업재로의 압축을 강조한다. 특히 신산업으로의 구조 변화가 기대되고, G2를 중심으로 정책적 수혜까지 예상되는 산업재가 최대 수혜주로 주목된다. 항공, 국방, 인프라, 신재생 에너지 분야도 수혜를 입을 것으로 예상되며, 이들 기업의 비중을 적극적으로 높이는 전략이 필요할 것으로 여겨진다.

과거와 차별화된 주식 장세가 진행 중이다. 경기 복원 구간에 진입하면서 경기 민감주 이익 기여도가 높아지고 있지만, 이익 증가는 여전히 성장주와 기술주가 주도하고 있다. 성장주 이익 비중은 2013년 43퍼센트에서 2021년 50퍼센트로 확대되는 추세다. 실적 전망 개선과 구조적 성장을 배경으로 한 세 가지 섹터, 테크(반도체·IT·H/W·플랫폼)와 친환경(배터리·태양광 소재주)과 신형 소비재(전기 차·D2C·온라인 유통) 성장을 눈여겨보고 기술 테마 비중을 확대하는 전략을 이어갈 필요가 있다.

어떤 상황에서도
흔들림 없는 좋은 주식 고르는 법

염승환 이베스트투자증권 부장

2020년부터 2021년 초까지 글로벌 주식시장은 위기와 기회의 연속이었다. 2020년 초 중국발 코로나19 바이러스는 전 세계로 번져나갔고, 세계 경제를 마비시키는 큰 공포가 되었다. 이로 인해 2020년 봄, 미국과 한국 등 전 세계 주식시장은 두려움을 이겨내지 못하고 패닉 장을 연출했다.

2020년 3월 19일, 코스피는 1439포인트까지 곤두박질치며 제2의 IMF나 글로벌 금융위기가 도래했다며 낙담했다. 하지만 2021년 중반까지의 스코어를 살펴보면 '동학개미운동'이라는 용어를 낳은 개인 투자자들의 굳건한 버티기로 그 위기를 이겨낸 분위기다. 또 전 세계 중앙은행이 금리 인하와 양적완화 정책을 시행하며 본격적인 돈 풀기에 돌입함에 따라 전 세계는 경제위기를 극복하기 위한 공조를 펼쳤다. 그 결과 2020년 3월을 끝으로 글로벌 주식시장은 빠르게 안정을 되찾았고, 그렇게 한 해를 넘겼다.

2020년 말부터 2021년 초까지 코스피는 새로운 역사를 쓰는 3000포인트 시대를 열었다. 기대감이 지나친 탓이었을까. 2021년 초 상승장을 마지막으로 코스피 주가는 5개월가량 횡보를 거듭하고 있는 상황이다. 3000포인트가 마치 넘어야 할 하나의 고비처럼 자리매김하며 개인과 기관, 외국인 간의 지리한 줄다리기가 이어지고 있다.

위협적이던 코로나 공포도 서서히 잦아드는 분위기다. 전 세계가 백신 접종을 시작했고, 이제는 포스트 코로나 시대를 대비해야 한다는 목소리까지 커지고 있다. 실제 미국 10년물 국채 금리가 오름세로 전환되며 경제 회복에 대한 기대감과 동시에 인플레이션에 대한 우려가 공존하고 있는 상황이다. 반도체 공급 부족 사태와 여행 및 관광업 재개에 대한 희망의 목소리도 고개를 들며 이제 새로운 국면에 접어들었단 평가까지 나오고 있다.

반면 본격적인 회복 국면을 맞아 진짜 조정장이 시작될 것이란 반론도 만만치 않다. 코로나19의 여파에도 불구하고 그 이전보다 더 오른 주가에는 거품이 끼어 있으며, 이를 걷어내보면 빛 좋은 개살구일 수 있다는 지적이다. 너무 가파른 상승에 대한 피로감과 개인 투자자들의 우려 역시 심리적 측면에서 부정적으로 작용할 것이란 이야기도 나오고 있다. 거시적 관점에서 현재 주식장이 어디쯤 와 있을지 많은 투자자의 이목이 쏠려 있는 순간이다.

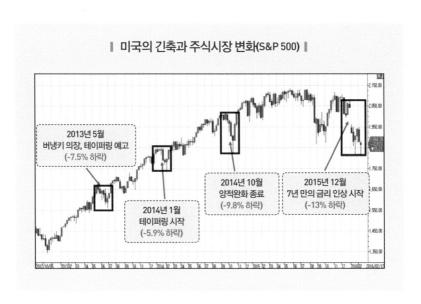

┃ 미국의 긴축과 주식시장 변화(S&P 500) ┃

2013년 5월
버냉키 의장, 테이퍼링 예고
(-7.5% 하락)

2014년 1월
테이퍼링 시작
(-5.9% 하락)

2014년 10월
양적완화 종료
(-9.8% 하락)

2015년 12월
7년 만의 금리 인상 시작
(-13% 하락)

그렇다면 변수는 무엇일까? 증시의 향방을 점쳐보기 위해 주식시장의 변수를 하나하나 점검해보자.

첫 번째는 각국 중앙은행의 긴축 시기다. 제롬 파월 미국 연방준비제도이사회FOMC 의장의 입에 관심이 쏠리는 것은 그 때문이다. 3월 FOMC 의사록에 따르면 그는 "최대 고용과 물가 안정 목표를 향한 상당한 추가 진전이 실현될 때까지 시간이 걸릴 것이다"라고 말했다. 파월 의장의 결단 시기는 여전히 먼 미래일까?

2013년 5월, 당시 버냉키 FOMC 의장은 테이퍼링을 예고했다. 그 결과 미국 S&P 500 지수는 7.5퍼센트 하락했다. 2014년 1월 테이퍼링이 시작되면서 추가로 5.9퍼센트 하락했다. 2014년 10월, 양적완화가 종료된 시기였음에도 9.8퍼센트 하락하는 등 미국의 긴축 결정은 주식시장에 큰 타격을 입혔다.

경기 침체가 시작되면 유동성을 공급해 경기 회복을 시킨 후 긴축을 시행하는 전형적인 경제 정책을 따를 경우, 이번에도 역시 주가 하락이 불가피하다는 우려가 큰 상황이다. 하지만 2015~2018년 미국의 금리 인상이 꾸준히 이뤄졌던 시기에도 S&P 500 지수가 68.1 퍼센트 상승했던 과거의 사례를 살펴볼 경우, 단순히 1차 함수적으로만 살펴봐선 안 된다는 의견도 존재한다. 다만 여전히 글로벌 경제가 완전히 회복했다고 보기엔 이르다는 의견이 상당수고, FOMC도 2~3년 이상 장기적으로 봐야 한다는 입장을 천명한 만큼 당장의 변수가 되기는 어렵다는 평가다.

두 번째는 증세 이슈다. 조 바이든 미국 대통령은 법인세를 현재 21퍼센트에서 28퍼센트로, 자본소득세를 20퍼센트에서 39.6퍼센트로 올리겠다는 입장을 밝혔다. 증세 부담이 커지면 결국 기업과 투자자들에게는 불리한 환경이 조성되는 만큼 주가엔 부정적인 영향을 미친다.

과거 미국의 사례를 돌이켜보면, 법인세와 소득세가 동시에 인상된 적은 1968년과 1993년 딱 두 차례 있었다. 하지만 이 경우 주식은 오히려 오르기도 했으며 시차를 두고 영향을 미치는 만큼 현재 상황에서도 직접적 하락을 가져오리란 주장은 설득력이 부족한 것이 사실이다. 또한 바이든 대통령의 의지 표명과 달리 실제 이러한 증세

법안 통과까지는 허들이 많은 만큼 단순히 볼 문제가 아니다.

업계에서는 넘치는 현금 유동성이 얼마나 줄어들지에 따라 주식 시장에 부정적 영향을 미칠 것으로 보고 있다. 실제 각국의 양적완화 정책이 유동성 확대를 불러일으켰고, 전 세계 부동산, 증권, 암호화폐 등으로 자본 자산이 흘러 들어오며 가격을 올려놨다. 2020년이 이러한 유동성의 중심이 되었다면 2021년은 그 유동성이 어느 시점부터 서서히 줄어들 것이냐가 중요하다. 다만 여전히 개인의 순매수 여력이 남아 있고 유동성 대비 코스피 시가총액도 상대적으로 높은 편이 아닌 만큼 아직까지 이를 우려할 필요는 없을 것으로 보인다.

결국 대외 변수 리스크가 아직까지는 위험한 수준이 아니라면 증시의 향방은 다름 아닌 '기업의 실적'으로 결정된다고 봐야 한다. 우리나라의 수출 데이터를 살펴보면 2020년 4월 수출이 전년 동기 대비 45.4퍼센트 증가했다. 이는 6개월 연속 증가하고 있는 수치이기도 하다. 4월 수출 실적부터 본격적인 기저 효과가 발생하며 수출 실적에도 탄력이 붙을 것으로 기대된다.

올해 코스피 200 영업이익 추정치를 살펴보면, 작년 10월 이후로도 꾸준히 상승하고 있는 것으로 확인된다. 2021년 말 기준 영업이익 추정치만 192조 원에 달한다. 이는 2022년에 225조 원으로 더욱 증가할 것으로 예상되고 있다. 코로나19가 불러온 업무 환경의 변화와 기업 효율화로 인해 기업 실적이 더욱 상승한 셈이다. 기업의 실

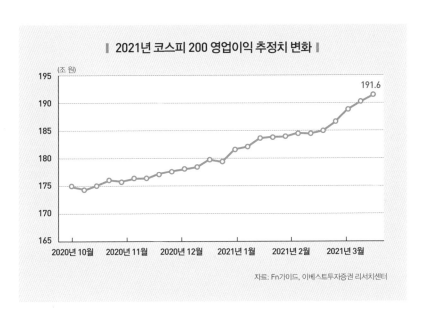

‖ 2021년 코스피 200 영업이익 추정치 변화 ‖

(조 원)

191.6

2020년 10월 　2020년 11월 　2020년 12월 　2021년 1월 　2021년 2월 　2021년 3월

자료: Fn가이드, 이베스트투자증권 리서치센터

‖ 코스피 영업이익 추이 ‖

(조 원)

■ 영업이익
■ 순이익

연도	영업이익	순이익
2016	128	97
2017	174	123
2018	177	121
2019	119	66
2020	126	79
2021	192	135
2022	225	160

(연도)

적이 개선된다면 당연히 그 주가 역시 더욱 상승할 여력이 생긴다는 건 너무나도 당연한 사실이다.

그렇다면 현재 국내 주식시장의 적정 가치는 제대로 평가받고 있을까?

시가총액 10위권 내 기업을 꼼꼼하게 살펴보자. 국내 코스피 시장의 24.3퍼센트를 차지하며 절대적인 지분을 차지하고 있는 삼성전자는 시가총액이 550조 원이다. 반도체와 가전, 스마트폰을 중심으로 한 IT 기업으로 과거 가치주로 평가받았다면, 현재는 성장주로 평가받는다. 국내 반도체 기업의 쌍두마차, 시가총액 96조 원의 SK하이닉스 역시 가치주에서 성장주로 완전히 탈바꿈했다.

그 외 네이버, LG화학, 카카오 등 태생부터 성장주로 불렸던 기업들이 현재 코스피 상위 시장을 차지하고 있다. 현재 코스피 시가총액 45.8퍼센트를 차지하는 상위 10개 기업은 모조리 성장주로 분류되고 있다. 주도주들이 성장주로 완전히 옷을 갈아입은 셈이다.

주도 산업군의 섹터 변화도 눈여겨볼 만하다. 신한금융투자 조사에 따르면 2001~2004년 한국 산업의 29.7퍼센트가 IT, 헬스케어, 커뮤니케이션이었다. 이어 산업재, 소재, 에너지 산업이 20.1퍼센트로 2위였다. 통신, 유틸리티 산업은 17.5퍼센트로 3위를 차지했다. 하지만 20년이 지난 2017~2020년 산업 비중을 살펴보면 통신, 유틸리티는 3.7퍼센트로 대폭 줄어든 반면, 신성장 산업으로 분류되는 IT, 헬스케어, 커뮤니케이션이 47.4퍼센트로 늘어났다. 기초 산업 중

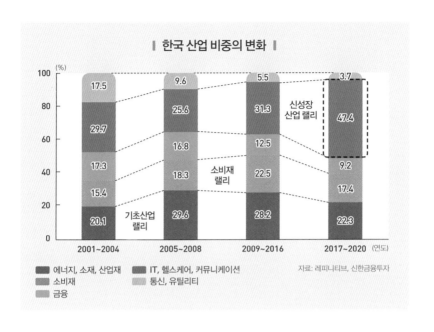

┃ 한국 산업 비중의 변화 ┃

(%)

2001~2004: 20.1 / 15.4 / 17.3 / 29.7 / 17.5
2005~2008: 29.6 / 18.3 / 16.8 / 25.6 / 9.6
2009~2016: 28.2 / 22.5 / 12.5 / 31.3 / 5.5
2017~2020 (연도): 22.3 / 17.4 / 9.2 / 47.4 / 3.7

기초산업 랠리
소비재 랠리
신성장 산업 랠리

자료: 레피니티브, 신한금융투자

■ 에너지, 소재, 산업재 ■ IT, 헬스케어, 커뮤니케이션
■ 소비재 ■ 통신, 유틸리티
■ 금융

심이던 2000년대 초반과 달리 2020년은 신성장 산업의 열쇠를 누가 잡느냐가 중요해진 것이다.

주가를 주당순이익으로 나눈 PER도 유심히 살펴봐야 한다. 128쪽 도표를 보면 현재 한국의 PER은 13.4다. 세계 최대 시장 미국의 PER이 22.7인 것에 비해 여전히 낮은 수치다. 선진국 시장으로 평가받는 일본, 홍콩, 프랑스보다도 낮을 뿐 아니라 같은 이머징 마켓으로 분류되는 인도, 대만, 인도네시아보다도 낮은 수준이다.

이처럼 글로벌 시장에서 비교해봐도 한국 시장의 주가 상승 여력은 어느 정도 있다는 뜻으로 풀이할 수 있다. 주식시장을 사계절

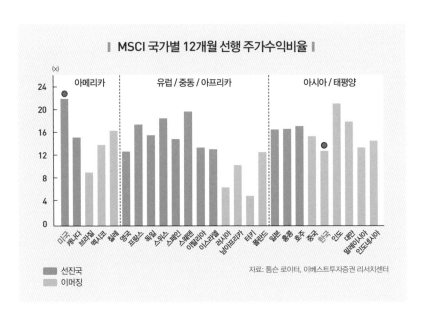

▮ MSCI 국가별 12개월 선행 주가수익비율 ▮

(x)

아메리카 / 유럽 / 중동 / 아프리카 / 아시아 / 태평양

■ 선진국
■ 이머징

자료: 톰슨 로이터, 이베스트투자증권 리서치센터

로 나눠본다면, 현재 시장은 '여름'에 위치한다고 볼 수 있다. 즉 아직 PER이 더 올라갈 여지가 있으며 주가가 올라갈 수 있다. 여전히 국내에서 옥석을 가리고 좋은 기업을 발굴하는 것이 필요한 이유다.

현재 전 세계에서는 100년 만의 혁신이라 불리는 디지털 포메이션이 발생하고 있다. 모든 산업군 영역에서 IT 기술이 접목되고 있으며, 모바일을 중심으로 한 개인화된 서비스가 준비되고 있다. 철저히 개인의 특성과 라이프 스타일에 맞춰 제공되는 서비스는 앞으로 제품 생산과 서비스 제공, 삶의 패턴을 완전히 뒤바꾸게 될 것이다.

우선 에너지 기술의 혁신은 독보적이다. 100년 넘게 사용해온 석유 에너지가 이제 신재생 에너지로 빠르게 대체되고 있다. 태양광, 풍력, 수소 에너지 등 친환경 에너지 기술들이 발전함에 따라 상용화 시기가 가시화되고 실생활에 적용되기 시작했다. 내연기관으로 운영 되던 자동차 등 각종 탈것들의 에너지 공급원도 이제는 전기 차, 수 소 차와 같이 배터리 기술로 대체되고 있다. 전기 차 회사 테슬라가 현 시대를 대표하는 혁신 기업으로 각광받으며 전통적인 기업 평가 기법으로는 평가조차 어려운 상황이 놀랍지 않은 이유다.

친환경이란 키워드는 단순 에너지원 공급 측면뿐 아니라 바이오 플라스틱, 탄소배출권 등 다양한 산업군과 영역에서 하나의 지표로 작용하며 기업을 평가하는 하나의 핵심 요소로 자리매김했다. 결국 기업들도 단순히 기술 경쟁뿐 아니라 회사가 품고 있는 가치를 생각 해야 하는 시점인 것이다.

또한 AI 기술의 발달은 자율 주행차, 로보틱스 기술, 핀테크 분야 등 수많은 데이터를 분석하고 활용하는 산업의 정착을 앞당겼다. 바 이오 분야에서도 유전자 진단, CMO(위탁생산), 의료기기 기술 등 고 령화 시대와 개인 맞춤형 서비스로 퀀텀 점프했다는 평가다. 현재의 코로나 바이러스 국면이 지나간다면 또다시 실버 시장에서 치열한 경쟁이 펼쳐질 것으로 보인다. 가상세계 기술도 새로운 플랫폼을 출 현시켰다. 콘텐츠와 VR 기술을 뒤섞은 메타버스 세계는 넥스트 영 상 시대를 가져올 것으로 기대되고 있다.

마스크를 벗게 될 경우 주목받을 산업들도 살펴볼 만하다. 대표적으로 편의점, 면세점, 의류업 등의 반등이 기대된다. 해외여행이 재개되고 소비가 폭발하는 시점이 맞물리면 그동안 소외되었던 업종들이 반전할 수 있는 계기를 맞이하게 될 것이다.

2021년 하반기와 2022년 상반기
이 섹터를 주목하라

최도연 신한금융투자 연구원
박종대 하나금융투자 팀장
이민재 NH투자증권 애널리스트

최근 글로벌 증시가 인플레이션 우려에 큰 폭의 조정을 받고 있다. 경기 회복에 대한 기대감이 물가 상승과 가계 부담으로 이어지며 악순환이 발생할 것이란 우려 때문이다. 하지만 아직까지는 이러한 걱정은 시기상조로 보인다. 미국에서는 여전히 속도 조절의 필요성에 대한 반론 역시 만만치 않을뿐더러 전 세계 경기의 회복 속도는 여전히 더딘 상태다. 그렇다고 투자활동을 멈출 수는 없다. 분명 누군가는 투자할 종목을 찾을 것이고, 기회를 포착할 것이다. 과연 어디쯤에 그런 기회가 있을까?

삼성전자와 SK하이닉스로 대변되는 반도체주, 소비 심리와 해외 여행 기대감으로 주목도가 높아지는 소비재 및 유통 관련 주, 공격적인 분양 계획으로 2023년까지 상승할 것으로 예견되는 건설주가 대표적이다. 반도체 빅사이클은 2022년 상반기까지 유지될 전망인 만큼 단기 이슈보다는 거시적 관점에서 바라보는 것이 중요한 시점이다. 일희일비를 하기보다는 계획과 목표하에 흔들리지 않아야 한다.

백신 접종과 맞물려 2021년 하반기부터는 해외여행 가능성이 높아지면서 면세업과 면세점의 인기 품목인 화장품이 유망할 전망이다. 소위 경기회복주 및 콘택트contact주에 거는 투자자들의 기대 심리가 이미 어느 정도 선반영되었다. 하지만 여전히 기회는 남아 있다. 그 기회를 언제 잡느냐가 수익률을 결정할 것이다.

건설주는 2022년에 대선을 앞두고 주택 공급 확대 정책에 관심이 높아지는 만큼 눈여겨볼 만하다. 선거가 건설주에 미치는 영향을 감안한다면 대통령선거와 전국지방선거가 1년여 앞으로 다가온 시점에서 과연 선거바람이 어떻게 불어닥칠지에 대한 궁금증이 커지는 상황이다.

그럼 먼저 반도체 부문부터 자세히 살펴보자.

국민 대표주 삼성전자 주가의 오랜 횡보에 답답함을 호소하는 투자자들이 늘고 있다. 10만전자가 금방일 것이란 시장의 기대와 달리 오랜 기간 주가가 도돌이표를 반복하고 있기 때문이다. 오히려 최근에는 주가가 흔들리며 8만전자의 벽이 무너졌다. 이에 투자자들은 지금이라도 팔아야 하느냐고 반문하는 상황이다. 하지만 반도체 사이클을 거시적으로 바라보고 관련 산업의 현안들을 살펴본다면 오히려 '위기가 기회'가 될 수 있다.

코로나 바이러스가 전 세계를 혼란에 빠뜨린 지도 어느덧 2년차에 접어들었다. 본격적인 회복 구간을 맞아 여러 산업에서 수요보다 공급이 부족한 현상이 일어나고 있다. 그 대표적인 분야가 바로 반도체다. 수요 회복에 대한 과소평가와 예상치를 뛰어넘는 소비 확대가 맞물렸다. 특히 최근 모든 생산품의 디지털화 트렌드로 인해 반도체가 필요한 제조 물품이 급속도로 팽창하고 있다.

하지만 이러한 수요 급증에 비해 공급단의 준비는 턱없이 부족했다. 특히 독·과점력이 강한 반도체 산업 특성이 이러한 공급 부족을 야기한 것으로 분석된다. 코로나 바이러스가 창궐한 2020년에는 메모리, 비메모리 분야 모두 공급 증가가 제한적이었다. 시장의 열쇠를 쥐고 있는 메모리 업체들 역시 의도적으로 공급량 조정에 나섰지만 예상치 못한 시장 변화에 곧바로 대응하지 못했다. 이러한 혼란이 본격화되고 가시화된 시점이 바로 2021년이다.

2021년 2분기에는 특히 타 산업군에 두루 쓰이는 비메모리 반도체 시장에서 공급 부족이 두드러졌다. 코로나 이후 소비 회복 속도에 대한 예측이 실패했고, 한파와 가뭄, 화재 등의 재해로 인해 비메모리 공장의 가동 중단이 발생했다. 미국 텍사스 오스틴에는 한파가 불어닥쳤고, 대만에서는 역사적인 가뭄이 발생해 TSMC의 생산 차질이 생겼다. 자동차용 반도체에 이어 스마트폰, 가전제품에 탑재되는 특정 비메모리 공급 부족이 도미노처럼 발생한 것이다.

실제 IT 수요는 예상을 상회해 빠르게 늘어났고, 주문형 생산이 특징인 비메모리 산업의 특성이 공급 부족에도 영향을 미쳤다. 전방 업체들이 적정 수요를 계산해 비메모리 업체에 주문을 넣어야 하는데, 실제 이런 프로세스를 거치는 데 약 2~6개월이 소요된다. 잘못된 수요 예측은 수개월 이상의 공급 부족을 야기할 수 있다는 의미다.

반도체 공급 대란에 전 세계가 팔을 걷어붙이고 나섰다. 미국 바이든 대통령은 2021년 4월 12일과 5월 20일 두 차례에 걸쳐 반도체 회의를 개최했다. 반도체 공급망 조사 행정 명령을 내리고, 반도체 생산 시설 구축에 대규모 지원을 약속했다. 2021년 3월 말 반도체 제조 시설에 500억 달러를 투입하기로 결정한 것도 같은 맥락이다.

유럽 역시 반도체 공급 부족에 위기감을 느껴 대규모 지원책 마련에 나섰다. 반도체 기업 투자금의 30퍼센트 내외 수준으로 보조금 지원 방안을 추진하고 있다. 한국 역시 2021년 5월 13일 K-반도체 전략을 발표해 세제 및 금융 혜택, 규제 개선을 약속했다. 10년간 510조 원 이상을 투자해 반도체 굴기에서 앞서나가겠다는 의지를 표명한 것으로 분석된다.

수요 문제에 대한 국가 차원의 개선 의지와 더불어 살펴봐야 할 부분이 바로 현재 반도체 사이클이 어디쯤 와 있느냐 하는 것이다. 특히 주가 중심으로 살펴보면 반도체 산업이 상승 사이클에 진입할 때 주가가 상승한 뒤 횡보가 장기간 지속되다가 하락하는 단순한 사이클로 압축할 수 있다. 그렇다면 현재 반도체 사이클은 어디쯤 와 있을까? 시장은 현재 사이클에서의 급등 구간을 2021년 2분기부터

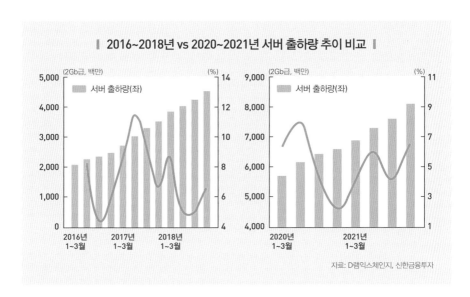

2016~2018년 vs 2020~2021년 서버 출하량 추이 비교

자료: D램익스체인지, 신한금융투자

3분기로 보고 있다. 즉 지금부터 가을까지가 이번 반도체 상승 사이클의 핵심이란 뜻이다. 반대로 말하면 지금 조정이 올 때는 주식을 담을 기회가 될 수 있다는 뜻이다.

현재 전망에 따르면 비메모리 부분의 공급 부족 현상은 2021년 2분기 말부터 완화될 것으로 전망된다. 4월부터 삼성전자의 미국 오스틴 공장이 재가동하기 시작했고, TSMC 등 파운드리(반도체 제조를 전담하는 생산 전문 기업) 업체들의 적극적인 공급 대응이 가시화되고 있기 때문이다.

또 지금까지는 스마트폰과 PC가 반도체 시장을 주도했다면, 2분기 이후에는 서버 수요가 급증하고 있는 점 역시 눈여겨볼 만한 대목이다. 전 세계적으로 데이터 사용 확대 국면을 맞아 2016년 이후 처음으로 스마트폰과 서버 수요가 동시에 증가할 것으로 예상되기 때문이다. 서버 수요는 경기 회복에 대한 확신에서 발생하는 기업들의 반도체 주문 확대로 해석할 수 있다.

메모리 가격 상승폭 역시 커질 것으로 전망된다. 전방 업체들의 주문량이 결국 메모리 가격을 결정하는데 스마트폰, PC, 자동차, 서버 등 다방면의 산업군에서 필요한 반도체의 숫자가 급격히 늘어날 확률이 높다. 이러한 흐름상 메모리 가격 상승 폭은 시장 예상을 크게 상회할 전망이다. 이럴수록 반도체 주도주의 힘은 강해진다.

상승 사이클에서 주도주가 보여줄 경쟁력은 더욱 선명해지는 게 일반적이다. 삼성전자, SK하이닉스 등 대한민국을 대표하는 반도체 기업은 국가대표이자 글로벌 리딩 기업이다. 반도체 시장의 트렌드와 더불어 리딩 기업의 투자 결정을 종합적으로 모아 판단하는 것이 현재 투자자들에게 가장 필요할 것이다.

다음으로 소비재 및 유통 관련 주를 살펴보자.

코로나 이후 소비 심리가 2021년 3월에 100.5를 기록하며 14개월 만에 100 이상으로 올라섰다. 이후로도 지속적인 회복세를 보이고 있는 상태다. 가계 소비 여력을 나타내는 가계 흑자율 역시 2020년 평균 34.3퍼센트로 2000년 이후 최고치를 기록했다. 구조적인 고령화로 저축률이 높아지고 있는 점도 사실이지만, 2019년 30퍼센트가 채 안 되었다는 점을 감안하면 가계 구매력의 여유는 나날이 늘어나

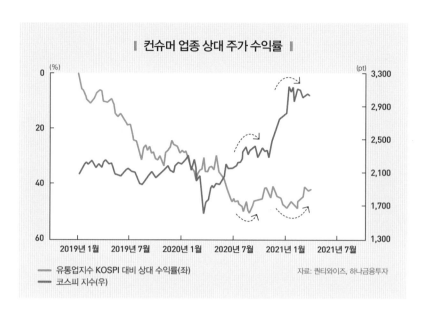

▮ 컨슈머 업종 상대 주가 수익률 ▮

유통업지수 KOSPI 대비 상대 수익률(좌)
코스피 지수(우)

자료: 퀀티와이즈, 하나금융투자

고 있는 상태다.

2021년 실제 국내 소비는 상당히 회복 국면을 맞이하고 있다. 1분기 백화점 판매는 전년 동기 대비 20퍼센트 증가했다. 4월 매출 기준으로는 2019년 대비로도 10퍼센트 이상 늘었다. 이제는 회복이 아닌 개선 국면에 들어섰다는 평가가 나오는 이유다. 순수 컨슈머 업체들에게는 코로나가 종식되는 2022~2023년보다 2021년이 더 좋은 기회로 인식될 것이다. 아직 해외여행 수요가 제한적인 상황에서 소비수요가 자연스럽게 국내 컨슈머 시장에 머물 수밖에 없기 때문이다. 해외여행 및 여행 상품 관련 소비액이 50조 원을 상회하는 수준이라

봤을 때, 국내 소매 판매 시장 규모(370조 원)에 비하면 전체 소비시장의 14퍼센트에 해당하는 규모다. 2021년 국내 소비 업황이 어느 때보다 긍정적인 것도 바로 이 때문이다.

주가 측면에서도 긍정적으로 평가된다. 한국 경제 구조상 수출 증가율이 높을 때 내수 소비재 주가 모멘텀은 상대적으로 약해질 수밖에 없다. 실제 2020년도 유통업지수와 코스피의 상관관계를 따져보면 유사한 흐름이 나온다. 2020년 상반기를 보면 2월 이후 내수 출하는 크게 위축되었고, 본격적인 기저 효과를 기대할 수도 있는 상황이다. 수출도 증가하겠지만 전 세계적인 코로나 바이러스 상황을 고려하면 내수 소비 회복 증가폭이 상대적으로 더 클 가능성이 있다.

2021년 하반기에는 면세점과 화장품 산업에 주목해볼 필요가 있다. 백화점의 경우 이미 밸류에이션이 상당 부분 부담스러운 수준까지 올라갔다고 본다. 10~15퍼센트 정도를 담아 추가 상승 여력만 살펴봐도 충분하다.

2021년 하반기에는 해외여행 기대감이 확대될 것으로 보인다. 백신 접종률이 상승하고 백신 접종자에 한해 자가 격리 제외 등 백신 접종 이후에 대한 기대감이 커지고 있기 때문이다. 백신 여권 도입이 가시화되고, 국가·도시 간 트래블버블(비격리 여행권역) 체결 논의도 속도를 내고 있다. 대형 면세점을 중심으로 눈여겨볼 필요가 있다는 뜻이다.

면세점과 더불어 주목해야 할 섹터가 바로 화장품이다. 면세점 매출에서 가장 큰 비중을 차지하는 화장품 업체들이 수혜를 입을 것으로 예상된다. 국내 대다수 화장품 업체들은 직·간접적으로 면세점 매출 비중이 매우 높다. 2019년 기준 아모레퍼시픽 화장품 영업이익의 거의 100퍼센트가, LG생활건강의 50퍼센트가 면세점 채널에서 발생한 것을 상기해보자. 면세점 채널 회복은 2022년 화장품 업체들의 상당한 실적 모멘텀으로 작용할 수 있을 것이다.

건설주에 대해서는 사야 할지, 말아야 할지 투자자들 간에도 이견이 많다. 최근 가파르게 오른 건설주 투자를 놓고 투자자들은 설왕설래를 벌이고 있다. 상위 7대 건설사의 시가총액은 2020년 11월 11조 원에서 2021년 4월 19조 원으로 60퍼센트 상승했다. 대우건설은 129퍼센트, GS건설은 82퍼센트 오르며 버블 우려까지 나오고 있다. 하지만 가파른 주가 상승에도 불구하고 여전히 투자 여력은 충분할 것으로 전망된다.

2020년 12월 건설사의 국내 신규 수주액은 194조 원이다. 공공부문 52조 원을 제외하고 민간부문에서만 142조 원으로 전년 동기 대비 20퍼센트 늘어났다. 건설 수주가 역대 최대 수준이란 뜻은 그만큼 지어질 집이 많다는 뜻이고 건설사뿐 아니라 원자재 및 시멘트 업체들에게도 호재로 작용할 전망이다.

또한 지방 부동산 가격 상승이 주는 의미를 잘 살펴봐야 한다. 2021년 1월 5대 광역시 및 8개 시·도 아파트 가격은 각각 1.6퍼센트, 0.8퍼센트 상승했다. 서울 및 수도권이 주도했던 집값 상승 모멘텀이 지방으로 확산되는 모양새다. 이와 더불어 정부 차원에서 의지를 피력 중인 주택 공급 확대 시그널 역시 눈여겨봐야 할 부분이다. 특단의 공급 대책과 3기 신도시 조성 등 다양한 공급 이슈가 건설업계의 주요 현안이다.

이처럼 여러 지표들이 건설주에 보내는 신호들이 긍정적으로 평가된다. 이와 더불어 최근 주목받고 있는 ESGEnvironmental, Social and Governance에 대한 점검도 필요하다. 대형 건설사는 환경이라는 키워드로 하수 처리, 폐기물, 재생 에너지, 수소 등 사업 포트폴리오를 다변화하고 ESG 평가를 신경 쓰고 있다. 결국 공급 확대의 긍정적 소식과 ESG 등 외부적 요인을 분석한다면 적절한 건설주 투자 시점을 잡아볼 수 있을 것이다.

03

부동산

요동치는 시장에서 살아남는 방법

부동산 격동의 시기,
빠른 팩트 체크가 필요하다

조현철 SK텔레콤 글로벌전략본부 부장

2019년에 《부동산 버블 마지막 기회를 잡아라》라는 책을 냈는데, 그 이후 부동산 시장은 계속해서 상승하는 추세다. 2021년 현재 당시 가격보다 두 배 오른 곳도 나오고 있다. 이 시점에서 확인해야 할 부분은 두 가지다. 버블이 맞는지의 여부와 버블이 맞다면 언제 어떻게 꺼질지에 관한 것이다.

버블은 단순히 돈이 많이 풀리는 현상이라고 보기는 어렵다. 이 때문에 버블지수라는 지표를 만들어 분석했는데, 현재 시점에서는 버블이 하늘을 뚫고 치솟고 있다. 버블지수는 아파트값 상승률(수익률)이 하단(은행 예금 수익률)과 상단(AAA 회사채 수익률) 어디쯤에 위치하는지 파악하는 용도다. AAA 회사채 수익률은 부도 확률이 적지만 전혀 없는 것은 아니어서 버블지수에 활용했다.

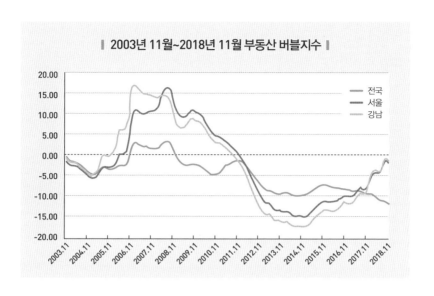

| 2003년 11월~2018년 11월 부동산 버블지수 |

위 지표는 부동산 시장이 주춤한 2019년 초에 공개된 것이다. 당시 집값 상승 폭이 과한 수준이었고, 각종 규제로 부동산 시장이 고점이라는 지적이 많았다. 하지만 그 말에 동의하지 않고 객관적 데이터로만 집값 향방을 따져봤다. "많이 올랐으니 떨어질 때가 되었다"라는 말은 "주사위를 던져 열 번 다 6이 나왔으니 다음은 6이 안 나올 것이다"라는 말과 같기 때문이다.

이후에 공개된 버블지수(144쪽)로 살펴보면 2008년보다 2020년이 세 배 정도 높다. 그러나 버블지수가 높다고 해도 바로 버블이 빠지는 이유가 되지는 않는다. 10년 주기설 등을 언급하는 사람도 있고, 4~5년 올랐으니 이제는 집값이 내려가리라고 전망하는 것은 의

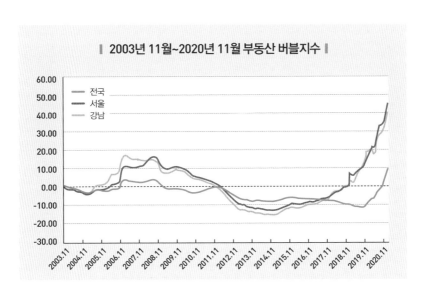

▌ 2003년 11월~2020년 11월 부동산 버블지수 ▐

미가 없다.

　버블의 이유는 과잉 유동성과 공급 두 가지로 나눠서 분석해야한다.

　먼저 유동성 요인을 볼 때 M2(시중에 풀린 현금 유동성 지표로 현금, 요구불예금 등인 M1을 포함해 정기 예·적금, 수익 증권 등을 포함)를 들여다본다. 염두에 둬야 할 건 M2가 중요한 경제지표는 맞지만 집값에 큰 영향을 주지는 않는다는 점이다.

　오히려 주목해야 할 부분은 '가계 대출 연체율'이다. 2004~2005년 신용카드 대란이 일었을 때 가계 대출 연체율이 폭증했다. 그리고 리먼사태 때 다시 늘었지만, 현재 연체율은 제로 수준으로 내려왔다.

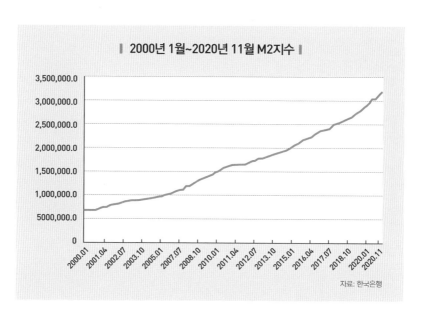

■ 2000년 1월~2020년 11월 M2지수 ■

자료: 한국은행

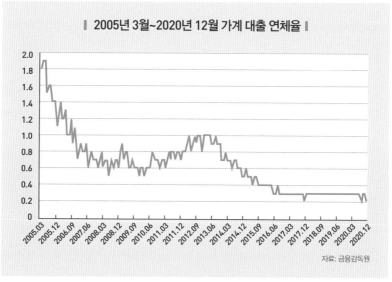

■ 2005년 3월~2020년 12월 가계 대출 연체율 ■

자료: 금융감독원

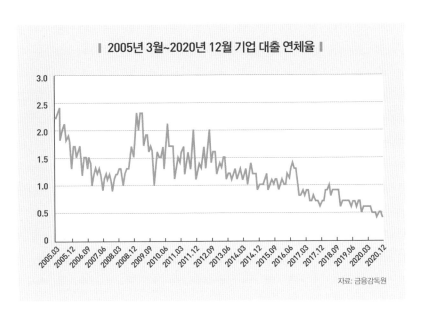

■ 2005년 3월~2020년 12월 기업 대출 연체율 ■

자료: 금융감독원

정부에서 아무리 빚을 내지 못하게 해도 가계 대출 여력은 충분하다는 뜻이다. 기업 대출 연체율 역시 총통화량과 상관없는 수준으로 힘이 있다. 우리나라만 아니라 미국 상황도 비슷하다.

공급은 다들 알듯 부족하다. 유동성은 국제 경제 상황에 맞게 결정할 수밖에 없다. 그러나 공급은 순전히 정책적인 부분이다. 사람들이 원하는 지역에 원하는 공급이 없어 발생한 공급 부족 현상이 버블을 가져왔다고 보는 게 맞을 것이다. 재건축과 재개발은 기존 주택을 부수고 다시 지어야 하기 때문에 당분간 공급이 적을 수밖에 없다. 이런 상황에서 유동성은 최고치, 가계 대출 연체율은 최저치를 기록하는 상황이라 집값 상승 여력이 있다고 본다. 걱정스러운 부분은 버블은 커졌는데 이 버블이 꺼질 징조가 보이지 않는다는 점이다.

서울 핵심지, 그중 강남의 버블이 심한 것은 사실이다. 지방과 서울이 서로 다른 주택 공급 흐름을 보이기 때문에 벌어지는 일이다. 서울 집값이 오르면 정부 규제가 심해져 건설사들은 지방에 사업 물량을 늘린다. 이 때문에 2019년을 기점으로 지방에서 일부 버블이 늘어나는 추세다.

현재로서는 집값이 '오를 것'이라기보다는 '떨어지지 않는 것'이라고 분석하는 것이 맞다. 벌집 순환모형에 따르면 집값은 오르고 거래량은 내려가는 '활황기' 수준이다. 그런데 활황기가 꺾일 여지가 보이질 않는다. 적어도 2022년부터는 금리 정상화가 시작될 텐데, 우리나라는 LTV를 낮게 관리하기 때문에 이로 인한 큰 영향은 없을 것으로 보인다. 현재 LTV 금리가 3퍼센트 수준인데, 이를 8퍼센트까지 급격히 올리지 않는다면 금리 인상은 집값과 관련이 없을 것이다.

최근 국토부에서 발표한 2.4공급대책은 우리나라 부동산 집값 향방을 결정하는 강남 집값에 영향을 주기 어려워 보인다. 외곽 공급이 이뤄지면 도심에 거주하던 사람들이 빠져나가면서 집값이 잡히지 않겠냐는 주장도 나왔다. 하지만 과거 강남 집값이 잡혔던 이유는 노태우 정부가 200만 호 공급과 더불어 강남에 거주하는 사람도 이동하고 싶은 분당 신도시를 발표했기 때문이다. 현재 가진 집을 팔면서까지 살고 싶은 집이 나와야 하는데 2.4공급대책은 그렇지 못할 확률이 높다.

3기 신도시는 2027년 정도는 되어야 시장에 물량이 나올 것으로 전망된다. 3기 신도시 대체재로 여겨지는 일부 지역은 2027년쯤에야 집값 억제 영향을 받을 것이다.

2019년에는 돈 벌고 싶은 분들은 집을 사시라 말했지만, 2021년 현재 패러다임이 바뀌었다. 앞으로는 "집이 필요하면 사시라"라고 말하고 싶다. 실수요자라면 집값이 빠질 염려는 하지 말고 갈아타기에 도전하면 된다. 다주택자는 내년 대선 결과에 주목해야 한다. 그러나 징벌적 과세가 지금보다 더 심해질 가능성은 낮아 보인다.

무주택자인 경우 일단 청약이 확률적으로 더 좋아 보인다. 이들이 구매하게 될 집이 3기 신도시, 공공개발로 4~5년 후 영향을 받을 가능성이 높기 때문이다.

2021년 하반기 강남 재건축 이주 수요로 인해 전세가 다시 오를지 모른다는 우려가 있다. 전셋값을 잡으려면 신축 입주 물량이 나와야 하기 때문이다. 전세 물량은 임대차3법 발효 이후 갱신 기간을 다 채운 2022년 정도는 되어야 확보할 수 있을 것으로 여겨진다.

가치가 상승하는 곳을
주목하라

휠휠 박성혜 입지분석 전문가

　부동산으로 버는 사람과 잃는 사람에게는 몇 가지 차이가 있다. 부동산으로 버는 사람은 지금 바로 사고, 잃는 사람은 타이밍을 재기만 한다. 부동산으로 돈을 크게 버는 사람은 트렌드를 앞서가고 필요한 경우 모르는 지역도 직접 찾아가 보지만, 부동산으로 잃는 사람은 낯선 지역은 일단 멀리하는 경향을 보인다. 이런 차이가 결국 자산의 차이를 만들어낸다. 가치가 꾸준히 상승하는 곳이 어디인지 알아볼 수 있는 안목을 키울 수 있느냐 없느냐를 가르기 때문이다.

　그렇다면 어떻게 해야 부동산 고르는 안목을 기를 수 있을까? 어떻게 가치가 꾸준히 상승할지 안 할지를 판단할 수 있을까? 다양한 정보를 바탕으로 필요한 요소를 꼼꼼히 따져보는 게 필요하다. 자신이 사려는 지역이 과연 일자리가 충분한지, 학군과 상권은 갖췄는

입지 고려 요소

교통　학군
입지
일자리　환경

지 기본적인 분석을 해야 한다. 여기에 더해 어떤 철도가 들어올 예정인지, 신축 아파트는 언제 들어오며 정비사업 구역은 무엇이 있는지, 만일 지방이라면 신도심인지 구도심인지 등 다양한 요인을 고려해야 한다.

먼저 입지가 탄탄한 지역을 주목하라. 입지란 인간이 경제활동을 하기 위해 선택하는 장소다. 그렇기 때문에 지역의 기본기, 즉 일자리와 인구, 교통, 학군, 상권 등이 갖춰져 있어야 한다. 사람들이 선호하는 주거 요소가 다 갖춰진 이런 곳은 마치 잘 차려진 밥상과도 같다고 할 수 있다.

입지가 탄탄한 지역은 규제가 만든 인위적인 시장 흐름으로 떠오른 곳과는 다른 경기 반응을 보인다. 최근 정부 규제가 많아지면서 공시가 1억 원 미만 아파트 투자 등 규제를 피하는 방식의 틈새 투자가 늘어났다. 하지만 특정 이슈로 시장에서 관심을 받는 지역은 하락장에서 자산 가치를 지키기 어렵다.

서울 밖 확장 지역도 주목해볼 만하다. 교통망의 확대로 점차 서울의 경계가 확장되고 있다. 최근에는 동탄과 같이 서울에서 물리적으로 떨어져 있는 곳도 심리적 거리로 극복 가능해지고 있다. 서울

도심과 원거리 지역일수록 광역급행철도망GTX 노선 효과를 크게 받는다. 따라서 GTX 종점에 해당하는 동탄과 운정, 송도와 남양주, 수원과 덕정 등이 심리적 인접지로 성장할 전망이다.

GTX 연계 역 내 초역세권 아파트의 경우는 황금 입지로 떠오를 가능성이 높다. GTX 역사 역세권 입지가 1순위 황금 입지겠지만, 해당 지역 집값에 이미 가치가 반영되어 높은 가격을 형성하는 경우가 대부분이다.

이렇게 교통망이 들어선 지역에 신축 아파트가 더해지면 금상첨화다. 일자리 접근성이 늘어나면서 이동 시간 단축 등 여러 혜택을 입을 수 있기 때문이다. 여기에 상품성을 높여주는 정비사업(재개발 및 재건축)이 더해지면 가장 역동적인 황금 입지 투자처로 거듭난다. 최근 수도권 인근에서 이와 같은 양상을 보이는 곳으로는 수원, 안양, 광명, 구리, 의왕 등의 정비구역이 있다. 기존 도심지 인프라를 함께 누릴 수 있어 가치 상승을 기대할 수 있다. 만약 관심 있는 지역이 있다면 진행 상황과 프리미엄을 항상 체크할 필요가 있다.

정비사업이 아닌 택지지구로 개발하는 곳인 경우 압도적 규모에서 딸려오는 입지 상승도 기대할 만하다. 일자리 접근성을 획기적으로 높여주는 교통망 계획으로 수혜가 예상되는 곳이라면 그 프리미엄은 어마어마하다. 장화 신고 들어가서 구두 신고 나오는 효과를 보는 셈이다.

수도권 내 택지지구는 조성되고 있지 않아 시야를 더 넓혀서 둘러

봐야 한다. 수도권 남쪽으로는 광교, 동탄, 평택의 고덕 등이 있고 북쪽으로는 양주 신도시가 있다. 동쪽으로는 하남의 교산과 남양주의 왕숙지구가 있고 서쪽으로는 파주의 운정, 고양의 창릉, 부천의 대장, 인천의 계양 등을 꼽을 수 있다. 이 중 옥석을 구분해 황금 입지가 될 곳을 선점한다면 가치 상승을 기대할 수 있다.

2021년을 기준으로 수도권에서 가장 변화가 많은 지역으로는 경기 서부권과 인천시를 들 수 있다. 이 점에 유의해 시흥시, 부천시, 고양시, 인천시의 입지 가치를 따져 보고 향후 부동산 집값이 어떻게 바뀔지 살펴보자.

전반적으로 해당 지역 모두 2021년 4월 발표된 제4차 국가철도망 구축 계획의 직접적인 영향을 받는 곳이다. 이번 국가철도망 구축 계획에는 신규 광역 철도망 확대가 언급되어 입지 가치의 변화가 대폭 일어났다. 서북권은 일산선 연장(대화-금릉), 고양은평선(새절-고양시청), 신분당 서북부 연장(용산-삼송) 논의로 뜨거웠다. 서남권 지역에서는 대장홍대선(부천 대장-홍대 입구)을 포함해 제2경인선(청학-노온사), 신구로선(시흥 대야-목동) 등 철도 이슈가 집값을 달굴 것이라는 전망이 나온다.

각 도시별로 조금 더 자세히 살펴보자.

경기 서남권의 신흥 주거지인 시흥시에는 목감, 장현, 은계로 나뉘는 3대 택지지구가 있다. 목감지구는 3만 명 수용 계획으로 세워진 곳으로 2015년 9월부터 입주가 시작돼 현재 1만 2000가구가량 머물고 있다. 시흥, 안산, 안양, 광명 등 4개 시가 접하는 지역으로 신안산선 계획에 직접적인 영향을 받는 곳으로 꼽힌다. 신안산선 착공 및 개통 시 광명, 구로, 가산, 여의도로 쉽게 접근할 수 있어 가치 상승이 기대된다. 서울외곽순환도로, 서해안고속도로, 국도42호선 등 도로망이 양호한 것도 장점이다.

시흥시 내 다른 대형 택지지구인 장현지구는 4만 8000명 수용 계획으로 현재 1만 9000여 명이 살고 있다. 이곳은 서해선(소사-원시), 신안산선, 월곶판교선이 교차하는 트리플 역세권으로 거듭날 전망이다. 해당 지구 내에는 시흥시청역 복합환승센터가 들어서고 반월국가산업단지, 매화산업단지, 시흥광명테크노밸리 등 업무 종사자도 많아 일자리 걱정도 덜 것으로 보인다.

은계지구는 2017년 12월부터 입주가 시작돼 현재 1만 3000여 가구가 있다. 시흥의 기존 구도심인 은행지구와 연계해 기반시설 이용이 편리한 점이 장점으로 꼽힌다. 서해선이 열리고 대곡소사선이 공사 중이라 작업이 완료되고 나면 지역 확장성은 더욱 커질 전망이다. 여기에 신구로선이 은계지구 내 시흥대야역을 경유할 예정인 데다가 제2경인선도 온계역을 지나서 교통 입지상 확실히 가치 상승이 예상된다.

부천시는 서울 서남권인 구로구와 인천광역시 사이에 있는 실수요자의 천국으로 불린다. 1기 신도시 중동지구로 대표되며, 인구는 84만 명으로 밀집도가 높다. 제4차 국가철도망 구축 계획에 따르면 부천종합운동장역에 GTX-B 복합환승센터가 들어서며, 소사에서 대곡으로 이어지는 서해선 연장 개통(2023년 예정)을 앞두고 있다. 또 부천 대장지구와 원종동으로 이어지는 대장홍대선과 함께 제2경인선과 신구로선이 부천의 옥길지구를 지날 예정이다.

교통망 개선으로 일자리 접근성이 오르면서 서울 주거 수요를 받아들일 수 있는 곳으로도 떠오르고 있다. 중동, 상동으로 대표되던 주거지의 중심이 택지지구 인근 신축 단지와 신규 택지지구로 조성된 옥길지구 및 계수범박지구로 일부 기능이 넘어갈 전망이다. 부천종합운동장역에 복합환승센터가 들어설 예정이라 부천 중심 개발축이 이쪽으로 넘어올 가능성이 높다.

입체적 다핵도시로 꼽히는 고양시 덕양구는 GTX-A 효과를 톡톡히 보고 있다. 교통망 확충으로 서울 강남으로 향하는 시간이 대폭 줄었기 때문이다. 인근에는 대규모 택지지구인 삼송(2만 6000여 가구), 원흥(9000여 가구), 지축(9000여 가구), 향동(9000여 가구), 덕은(5000여 가구)이 자리하고 있다. 여기에 창릉 신도시 인구(3만 8000여 가구)까지 고려하면 덕양구는 총 인구 9만 6000여 가구로 커진다. GTX-A창릉역 신설 확정, 고양선 예정, 3호선 파주 연장 등 창릉 신도시를 둘러싼 입지 변화에 주목하자.

인천시 중에서도 부평구는 서울 출퇴근 접근성이 높고 일자리가 풍부한 곳이다. 인구도 약 51만 명에 달하며 입지 기본기가 탄탄하다. 1호선과 7호선, 인천1호선이 지나가고 GTX-B가 예정되어 있으며 서울외곽순환고속도로와 경인고속도로가 인접해 있다. 아울러 재개발과 재건축을 포함한 정비사업이 총 36개 구역에서 이뤄지고 있어 서울 수요를 대폭 끌어당길 수 있는 입지적 장점을 발휘할 수 있을 전망이다.

인구수 약 42만 명을 확보한 미추홀구는 구도심 정비사업이 벌어지고 있는 곳 중 알짜 지역이다. 이곳 역시 교통망 개선을 중심으로 개발 호재 및 인프라 확충에 여념이 없다. 신도시 송도와 구도심을 연결하는 용현학익지구가 있는 데다가 송도 KTX역 역세권 개발 호재도 공유할 전망이라 입지 상승이 기대된다. 상징적 도심재생구역으로 원도심 재생사업 신호탄을 쏘아올린 도화지구도 있다.

인천시 동구는 인구 유출 현상이 심해 현재 거주 인원이 6만 5000여 명에 불과하다. 주택 노후화 및 주변지 개발로 전출이 많은 점을 고려해 원도심 부흥 프로젝트를 가동하고 있다. 서구 검단 신도시 역시 7만 5000여 가구로 인구 규모는 크지 않지만 인천 1, 2호선 연장 확정으로 교통망 개선 효과가 기대된다.

존재감 있는
투자처 찾기

빠숑 김학렬 스마트튜브 부동산조사연구소 소장

3년간 부동산 시장이 쉬지 않고 오른 탓에 '집값이 더 오를 것인지'에 관한 질문을 많이 받는다. 주식시장에서는 그간 오른 주식이 더 많이 오른다. 부동산 시장도 다르지 않다. 그간 올랐던 곳이 앞으로도 더 오를 가능성이 높다.

2021년 현재와 가장 유사한 장세를 꼽자면 2007년도 부동산 시장을 들 수 있다. 당시 강남, 서초, 송파, 목동, 분당, 용인, 평촌 등 부동산 가격이 급등한 7개 지역을 버블세븐이라고 불렀다. 그런데 금융위기가 오면서 강남 3구를 비롯한 모든 지역에서 아파트 값이 빠졌다. 그러나 거품이 가라앉은 이후 가격 상승이 이뤄져 버블세븐 모든 지역이 기존 가격을 회복했는데, 분당과 용인만은 아직도 과거 집값으로 돌아오지 못했다. 특히 용인은 버블세븐 중에서도 집값 하락 폭이 가장 컸던 곳이었다는 점에 주목해야 한다.

강남 3구는 가격 하락 이후 가장 빨리 회복했을 뿐만 아니라 집값 상승 폭도 가장 크다. 압구정 현대아파트는 2020년 말부터 2021년 상반기까지 10억 원이 올랐다. 겨우 몇 개월 만에 벌어진 일이다.

부동산 시장에서 우선적으로 주목해야 하는 곳은 장기적 관점에서 가격 상승에 유리한 곳이다. 단기간 가격 변동을 받더라도 수요가 많으면 집값은 오를 수밖에 없다. 강남구 삼성동이 매수 1순위인 이유가 바로 여기에 있다. 이곳은 대기 수요가 늘 존재한다. 따라서 부담 없이 사면 된다. 아파트, 오피스텔, 빌라, 상가 등 어떤 형태라도 수요가 많기 때문에 가격 상승에 유리하다.

물론 이런 곳도 외부 충격이 가해지면 조정이 될 수 있다. 하지만 이는 단기적 현상일 뿐이다. 수요자들이 살 수 있는 가격인지 여부는 둘째로 보더라도 장기적으로는 대기 수요가 항상 있어 가격이 빠질 수 없는 곳이다.

이처럼 공급보다 수요가 넘치는 곳에는 규제가 뒤따른다. 정부와 지자체가 할 수 있는 역할이 이것밖에 없기 때문이다. 이처럼 규제 지역인 경우 매수하기 좋은 곳이라고, 99퍼센트도 아닌 100퍼센트로 확언할 수 있다. 규제 지역은 대기 수요가 넘쳐나는 곳이라고 정부가 공인한 것과 다름없기 때문이다.

부동산 규제 지역 종류는 두 가지 정도로 나뉜다. 투기과열지구와 조정대상지역이다. 2021년 현재 서울 전 지역은 정부 규제 대상에 속한다. 그런데 최근 여기에 토지거래허가구역이라는 가장 강력한 규제가 추가되었다. 여기에 주목해야 한다.

모든 부동산은 토지를 떠나서 존재할 수 없다. 그렇기에 토지를 규제하면 아파트, 다세대 주택, 상가, 빌라 모두 손쉽게 규제할 수 있다. 거래허가구역으로 지정되면 집이 한 채 있는 경우에도 허가가 안 나오는 경우가 생길 정도로 주택 수요가 억제된다. 다주택자 진입이 불가능함은 당연하다.

정부는 이렇게라도 정책을 내서 수요가 넘어오는 상황을 막고 싶어 한다. 하지만 서민 입장에서 토지거래허가구역은 수요가 넘쳐나는 곳으로 봐야 한다.

현재 국제교류복합지구 인근 지역인 강남구의 삼성동, 대치동, 청담동과 송파구의 잠실동이 토지거래허가구역으로 묶였다. 이유는 간단하다. 대한민국에서 입지가 제일 좋기 때문이다. 일자리가 압도적으로 많기 때문에 자연스럽게 주택 수요가 몰린다. 여기에 현대자동차에서 사옥으로 활용할 글로벌비즈니스센터GBC도 짓고 있어 미래 가치도 풍부하다.

GBC가 지닌 파급력은 대단해서 단순한 산술 계산만으로도 3만 개의 추가 일자리를 창출해낸다. 현재 연면적 기준으로 가장 넓은 곳은 송파구 롯데월드타워로 근무자가 약 1만 명이다. 그런데 GBC는 롯데월드타워 연면적에 세 배나 달하는 수준이다. 블록 단위로 시야를 넓히면 영동지하도시(1만 명), 제2코엑스(5000명) 분의 추가 일자리도 생긴다.

2021년 4월 오세훈 시장이 취임하면서 토지거래허가구역이 넓어졌는데, 동 단위가 아닌 아파트 단지 순서로 지정했다는 점에 주목해야 한다. 재건축 대상인 아파트 인근에 있는 오피스텔은 허가 없이 자유롭게 거래할 수 있다는 뜻이다. 허가 구역으로 묶이지 않은 아파트 역시 마찬가지다. 정부 스스로가 수요가 몰릴 구역을 발표했으니 이런 곳에 주목하면 좋겠다.

매수 가격이 문제라면 시야를 수도권으로 넓히자. 강남구 삼성동으로 출퇴근할 수 있으면 모두 강남권이라는 판단을 내리는 것이다.

경기도 내에도 수요가 몰릴 곳을 방지해 지정해둔 토지거래허가구역이 많다. 대부분 향후 대규모 일자리가 만들어질 곳이라는 점에 주목하자. 허가구역 인근 신축 아파트는 종류 불문하고 가치 상승이 예고된 셈이다.

2021년 4월에 분양한 동탄역 디에트르가 있다. 토지거래허가구역 인근 지역이라 경쟁률이 말 그대로 '폭발'해서 809.1 대 1을 기록했다. 일자리가 압도적으로 많은 데다가 동탄역 바로 옆이라 교통 환경이 좋은 점도 유인 요인이 되었다. 전용 면적이 84제곱미터인 다른 신축 아파트가 12억~14억 원대에서 거래되는데, 이 아파트 분양가는 4억 원대 수준이었다. 분양권 하나 받으면 안전 마진이 8억 원 가까이 되는데 어느 누가 마다할까?

눈을 전국으로 넓히면 투자할 곳은 더 많아진다. 최근까지 정부가 조정대상지역과 투기과열지구로 규제한 곳은 모두 투자할 유인이 풍부하단 뜻으로 받아들이면 된다.

최근 비규제 지역인 동두천 집값이 빠르게 올랐다. 경기도에 투자할 곳이 없다 보니까 비규제 지역인 동두천에 몰린 것으로 보인다. 1기 신도시 중에는 분당이 가장 많이 올랐고, 이어 평촌, 산본, 중동 순이었다. 고양 일산 신도시(일산 서구와 동구)의 집값은 상대적으로 상승 폭이 낮았는데 이는 입주 물량이 많았기 때문이다. 대체재인 2기 신도시 입주 물량이 나오면서 1기 신도시가 매력을 잃은 점도 한몫했다.

그러나 최근 분위기가 심상치 않다. 일산 신도시 북쪽에는 파주 운정과 교하 신도시, 서쪽에는 김포 한강과 검단 신도시, 남쪽에는 삼성, 원흥 등 택지지구가 있고 이제 창릉 신도시까지 들어올 예정이다. 이런 상황에서는 집값이 내려가는 게 일반적이다. 하지만 서울에서 밀려나는 사람들이 계속 나오면서 가격 상승이 이어지고 있는 분위기다.

이처럼 2020년 정부 규제로 덕을 가장 많이 본 곳으로 일산 신도시와 김포시를 꼽을 수 있다. 하지만 이 두 곳은 물량이 늘어나면 집값이 빠질 수 있는 곳이니만큼 유의해야 한다. 최근 김포가 사상 최대 입주 물량에도 불구하고 가격이 올랐다. 검단 신도시가 2021년부터 대규모 입주를 시작하는데 이 부분도 주목해야 한다. 2020년 김포가 규제 풍선 효과로 급하게 가격이 올랐기 때문에 규제가 풀리면 가격 상승 요인이 사라질 수 있다는 점을 기억하자.

대구에서 수요가 많은 곳으로는 투기과열지구인 수성구를 꼽을 수 있다. 수성구에는 8개 고등학교가 있는데, 모두 서울대 포함 치대, 의대, 한의대 등 입시 성적이 높은 곳이다. 상위 순위 30개 안에 모두 들어가 학구열이 강남구보다 높다고도 평가된다. 일자리도 많고 교육환경도 좋아 수요가 높다고 보면 된다. 세종시의 경우 2년 내내 집값이 올랐으니 앞으로 더 오를 가능성이 충분하다. 단기 조정을 받는 중이지만 가격 상승 요인이 많다고 해석해야 한다. 창원시 의창구는 투기과열지구로 지정되면서 정부 공인 일자리 창출 지역으로 선정되었다. 규제가 풀리는 시기는 의창구 일대 신축 아파트를 매수하기에 바람직한 시점이 될 것으로 보인다. 단 조정대상지역은 경제 사이클의 영향을 많이 받는 데다가 인근 지역에 대규모 신규 입주 물량이 있을 경우 직격탄을 맞을 수 있기 때문에 향후 입주 물량을 살펴봐야 한다.

국토교통부 주거실태조사에 따르면 1순위 주택 선택 조건은 '시설이나 설비가 더 양호한 집으로 이사하기 위해서'다. 과거에는 입지, 직주근접 등이 1순위였지만 지금은 '새 아파트'를 가장 선호한다는 뜻이다.

이는 미래 가치를 바라보는 시점으로도 해석할 수 있다. 1970년대 입주한 아파트(강남 압구정 구현대 4차, 서초 반포주공 1단지, 서대문 서소문 아파트, 종로 낙원아파트)를 중심으로 가격 추이를 따져보자. 당시 네 개

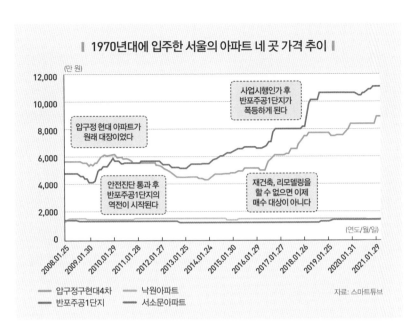

▌ 1970년대에 입주한 서울의 아파트 네 곳 가격 추이 ▌

(만 원)

압구정 현대 아파트가
원래 대장이었다

사업시행인가 후
반포주공1단지가
폭등하게 된다

안전진단 통과 후
반포주공1단지의
역전이 시작된다

재건축, 리모델링을
할 수 없으면 이제
매수 대상이 아니다

(연도/월/일)

— 압구정구현대4차   — 낙원아파트

— 반포주공1단지   — 서소문아파트

자료: 스마트튜브

아파트 분양가는 모두 1000만 원 미만이었다. 그런데 지금은 사업시행인가를 받은 반포주공 1단지가 압도적으로 비싸다. 물론 압구정 현대아파트 역시 사업시행인가를 받으면 반포주공 1단지와 비슷한 수준으로 가격 상승이 예상된다.

그러나 서소문아파트와 낙원아파트는 가격이 오르기는커녕 오히려 빠지고 있는 점을 주목해야 한다. 두 아파트 모두 종로구와 중구에 위치해 직주근접에는 좋지만 새 아파트가 될 가능성은 낮기 때문이다. 공공 재건축을 제외하고는 미래 활용 방안이 없어 시세가 낮은 것이다.

따라서 투자 상품을 결정할 때는 제일 먼저 재건축, 리모델링, 재개발 대상인지를 확인하고 미래 가치를 따져봐야 한다. 그다음으로 신축 아파트를 보고, 다음으로 구축 아파트 중에서 재건축 및 리모델링이 가능한지를 살펴봐야 한다.

리모델링 가능성이 있는지는 명절 때 확인해볼 수 있다. 본인 혹은 친지가 사는 아파트가 2005년도 이후에 지어졌는데 건설사에서 붙인 플래카드가 없다면 해당 지역은 리모델링 가능성이 없다고 보면 된다. 건설사는 사업성 분석 후 해당 사업을 수주하는 게 낫다는 판단이 서야만 사전 작업에 나서기 때문이다. 단 리모델링은 추진위까지는 별 효과가 없고 조합 설립 단계까지 가야 실효성이 있다는 점을 염두에 둬야 한다.

수도권이나 도 지역이냐에 따라 입지를 정하는 순위도 조금 달라진다. 수도권에서는 입지를 볼 때 교통 환경이 매우 중요하다. 하지만 도 지역으로 넘어오는 경우(창원, 천안, 청주 등 광역시가 아닌 곳)는 직주근접이 더 중요하다. 천안이 중요한 위치인 까닭은 인근 아산 탕정에 들어선 삼성디스플레이 때문이다.

지역에서 좋은 아파트인지 아닌지 알기 위해서는 대기업과 가까운지를 따져보면 된다. 예를 들어 청주에서는 하이닉스 입주로 복대동에 있는 지웰시티 가격 상승이 빨랐다.

일자리 수도 부동산 투자에 중요한 기준이다. 서울시와 경기도 인구를 비교하면 각기 970만 명과 1300만 명으로 경기도가 훨씬 더 많다. 그러나 일자리는 서울이 470만 개로 경기도의 440만 개보다도 많다. 이는 경기도에서 서울로 출퇴근하는 인구가 많다는 뜻도 된다. 일자리 한 개를 4인 가구로 계산하면 약 1800만 명이 서울에 머문다는 뜻인데, 이 인구가 다 서울에 살지 못하니 경기도에 사는 것이다.

일자리만으로도 미래 가치가 확보되는 지역이 있다. 서울에는 강남구, 용산구, 영등포구, 강서구가 그렇고 경기도에는 성남시가 그렇다.

강남구의 대표적인 곳으로는 앞서 설명한 영동대로 복합개발 및 GBC를 꼽을 수 있다. 이미 일자리가 많은 삼성에도 GTX가 통과하는 이유는 일자리가 강남에 몰리더라도 이곳으로 원활하게 접근할 수 있도록 하기 위해서다. GTX 입지 인근 집값을 들여다봐야 하는 이유가 여기에 있다.

용산은 현재 용산민족공원이 들어서는 땅 주위에 초점을 맞추는 모양새다. 하지만 핵심은 광화문과 한강을 잇는 '한강대로'에 있다. 그간 미군 부대가 있어 고층 빌딩을 지을 수 없었지만 부대 이전으로 행위제한이 풀렸다. 강남 테헤란로에도 일자리가 많지만 이곳 역시 개발로 발생할 일자리가 풍부한 곳이다.

여의도는 신안산선과 신림선으로 향후 미래 가치 상승이 예상된다. 신림선의 경우 다른 지하철 노선으로 환승할 수 있다는 것이 장점으로 꼽힌다. 신림역(2호선), 보라매역(7호선), 샛강역(9호선) 환승이 가능해 강남, 마곡지구 등 웬만한 일자리 지역으로 바로 향할 수 있다. 신림선 수혜 지역으로는 신길 뉴타운이 뜨고 있는데, 과거 분양

▌ 신안산선 ▐

- 경기도 안산(한양대역) 시흥(시흥시청역)에서 서울 여의도까지 44.7km 구간을 연결하는 광역철도.
- 정거장 15곳 건설.
- 2024년 개통 예정, 사업비 3조 3465억 원.
- 원시~시흥시청 구간에서는 소사원시선으로, 시흥시청~광명 구간에서는 월곶판교선으로 환승 가능.

▌ 신림선 ▐

- 여의도동 샛강역에서 신림동 서울대 앞까지 7.8km 구간을 연결하는 경전철.
- 정거장 11곳, 차량기지 1곳 건설.
- 2020년 완공 및 2021년 개통 예정, 사업비 5606억 원.
- 완공되면 여의도에서 서울대 앞까지 출퇴근 시간이 약 40분에서 16분으로 단축될 것으로 예상.
- 9호선 샛강역, 국철 대방역, 7호선과 2호선의 보라매역과 신림역 등 4개 정거장 환승 가능.

가 7억 원이던 곳이 최근 시세가 18억 원까지 형성되었다.

이 외에도 마곡지구와 성남시도 주목해볼 만하다. 특히 성남의 경우 판교 테크노밸리에 7만 8000명가량 근무하는데, 여기서 파생되는 일자리와 주거 환경이 더 늘어날 것으로 보인다. 이렇게 되면 위례와 하남을 넘어 수원까지도 영향을 받을 수 있다.

반대로 수요가 감소하는 지역은 없을까? 당연히 있다. 일자리 감소 지역, 비선호 시설 밀집지, 입지 호재나 상품 호재가 없는 곳들은 수요가 감소한다. 안타깝게도 서울과 수도권을 제외한 전 지역에서 일자리가 감소하고 있는 실정이다. 비선호 시설로는 퇴폐업소, 술집, 안마시술소, 사창가 등을 들 수 있는데, 이런 비선호 시설이 사라지는 경우 지역 가치가 상승할 수 있다.

코로나 이후의 재건축,
재개발 상황 들여다보기

박합수 KB국민은행 수석부동산전문위원

한강은 강남에서 바라보면 알파벳 'M'으로, 강북에서는 'W'로 보인다. 'W'는 부를 상징하는 'wealth'로, 'M'은 돈을 의미하는 'money'로 이해하면 된다. 한강은 그만큼 프리미엄으로 가득한 곳이다.

한강 주변을 살펴보면 용산·반포·압구정이 큰 삼각형을 형성하고 서쪽에는 여의도, 동쪽에는 성수가 있는데, 이 다섯 곳이 한강 전체를 이끌 것이다. 더 서쪽에 자리한 등촌, 가양 일대 한강변은 저평가된 지역이라 할 수 있고, 과거 한강 르네상스 프로젝트로 거론되었던 합정과 망원도 있다. 동쪽에는 미완 지역으로 꼽히는 자양동이 자리하는데, 미래 핵심 지역으로 떠오를 가능성이 높은 곳이다. 남쪽으로는 잠실 장미아파트까지 꼽을 수 있다.

강남 지역에서는 우성아파트, 선경아파트, 미도아파트가 향후 상승 가치가 높다.

경기도권으로 눈을 넓히면 일산과 분당으로 하나의 큰 축이 있다. 여기에 남양주와 시흥, 안산으로 연결되는 축이 새로이 진행되고 있다. 향후 5년간 상승 여지가 있다고 여겨진다.

일산, 분당, 평촌, 중동, 산본 등 1기 신도시가 재건축 주기인 30년을 맞이하면서 향후 재건축과 리모델링을 추진할 가능성이 높다. 이곳을 눈여겨보길 바란다.

부동산 투자에 있어서 재건축과 재개발 여부는 매우 중요한 만큼 잘 들여다봐야 한다. 실거주 의무 요건, 재건축 안전진단 기준 강화, 재건축 초과이익 환수제 등 규제가 다수 있지만 꼼꼼히 살펴봐야 피해를 입지 않는다.

현재로서는 거주 요건(2년)을 갖춘 경우에만 재건축 조합원 분양 신청을 허용하고 있다. 투기과열지구인 경우 조합원은 분양 신청 전까지 2년 이상(합산 개념) 거주해야 한다. 그러나 이는 낡은 집에 거주하는 세입자를 내보내야 하는 불편한 현상을 낳고 있다. 해당 조항은 국회에서 계류 중이다.

재건축 안전진단 기준은 2018년 구조 안정성 비중을 20퍼센트에서 50퍼센트로 강화하면서 재건축 연한이 기존 30년에서 40년으로 늘어난 효과를 가져왔다. 2021년 4월 오세훈 시장 취임 이후 구조 안정성 비중을 30퍼센트로 낮춰달라고 국토교통부에 요청한 상태다.

재건축 조합원지위 양도금지는 매물 잠김 현상을 낳는다. 최근 조합 설립이 끝난 서빙고동 신동아파트 매물의 경우 지위 양도가 확인된 매물은 1건뿐이었다. 10년 이상 보유하고 5년 이상 실거주한 1주택자만 조합원 지위를 양도할 수 있도록 하는 예외조항 때문이었다. 이런 경우 매도자가 급하게 팔 이유도 없다.

재건축 초과이익 환수제가 투기 수익을 겨냥한 제도라면 1주택자는 예외로 둬야 하는 것이 맞다. 낡은 주택 한 채를 보유한 사람을 투기꾼으로 몰고 수익을 거둬갈 명분이 없다. 조합원지위 양도금지 예외 조건으로 활용하는 '10년 이상 보유 및 5년 실거주' 조항을 적용하면 된다.

재개발 현황과 관련해서는 서울시 정비구역 절반 이상이 해제되었다는 점을 돌아봐야 한다. 현재 재개발 진행 중인 곳 외에 추가 물량 제한으로 기존 개발 지역 가치가 높아졌다고 볼 수 있다. 재개발 물량은 앞으로 6~7년 후에 입주가 완료될 것으로 보인다.

2020년 5월에 정비 예정 및 해제 구역을 대상으로 발표한 공공 재개발 제도는 긍정적으로 여겨진다. 용도 지역 상향, 분양가 상한제 제외로 사업성을 높인 후 임대주택으로 돌려받는 제도다. 이와 더불어 2021년 2월에 발표된 공기업 직접 시행(공공 주도) 방식도 알아봐야 한다. 공공 재개발과 가장 큰 차이는 소유권 이전 여부다. 공공 주도 방식은 사업 초기 시행사에 명의를 이전하지만 공공 재개발은 그렇지 않다.

그렇다면 본격적으로 각 지역 재건축 및 재개발 현황을 살펴보자.

▌압구정 지구 특별계획구역 ▌

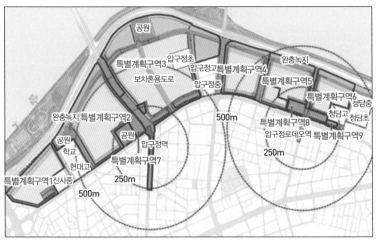

자료: 서울시

　최근 압구정이 토지거래허가구역으로 지정되면서 지구 단위 계획이 어떻게 나올지 관심이 높아졌다. 현재까지 발표된 밑그림을 바탕으로 압구정 중심인 3구역(구현대)부터 보자. 단지가 11개나 돼 제일 크고 초중고를 모두 확보해 교육의 중심지로도 꼽힌다. 그런데 압구정이라는 동네 이름을 탄생시킨 정자 압구정을 현재 구현대 1, 2차 자리에 만들겠다는 계획이 포함되었다. 이 과정에서 한강 조망권이 일부 제한되고 일반인도 드나들 수 있는 도로가 단지 내에 깔린다. 이 때문에 고급 단지를 제대로 조성할 수 있겠냐는 우려의 목소리가 나오고 있다.

압구정 2구역(신현대)은 재건축 적합도가 뛰어난 곳 중 하나다. 지구 단위 계획 도면만 보더라도 얼마나 큰 혜택을 보는지 알 수 있다. 현대백화점 바로 옆 공영주차장 부지(약 3000평)가 공원으로 바뀌기 때문이다. 이 땅은 서울시 소유라 2구역 주민 입장에서는 공짜로 3000평 규모의 공원이 생긴 셈이다. 또 현재 테니스 코트에 있는 소공원 자리에 초등학교가 들어서 교육 여건도 좋아질 전망이다. 한강 공원 접근성도 높고 한강 조망권도 훌륭하다.

용산 일대에서는 한강맨션과 신동아아파트에 집중해야 한다. 한강맨션은 현재 5층 아파트로 사업성이 뛰어나고, 조망권을 따지면 신동아아파트를 따라올 곳이 없다. 신동아는 서울 최고 조망권을 확보한 아파트로, 정남향 한강 조망에 정북향 공원을 조망할 수 있는 곳이다. 전체 단지 수 30퍼센트만 한강 조망이 가능한 반포 아크로리버파크가 평당 1억 원을 넘겼다는 점을 주목하자. 아크로리버파크가 한강변과 맞닿는 길이는 40미터지만 신동아는 1킬로미터에 달한다.

현재 강남역에서 신사역까지 신분당선 공사를 하고 있는데 예정대로라면 2022년에 개통한다. 판교, 분당 거주자들이 신논현에서 여의도로 10분 안에 이동할 수 있게 되어 교통 접근성이 매우 높아질 전망이다.

상권 변화에도 집중해야 한다. 신사역이 강남과 강북을 연결하는 접점이 될 가능성이 높다. 한 번만 환승하면 어디로든 향할 수 있기 때문이다. GTX가 연결되는 삼성역의 경우 강남역 또는 압구정 로데오 방향으로 상권 확장이 이뤄질 가능성이 높다. 압구정 아파트가 재건축을 진행하는 경우 약 4만 명가량 배후 수요를 확보할 수 있기 때문에 향후 이들이 어느 지역에서 소비하게 될지도 주목하면 좋다.

한남뉴타운 효과로 발생할 배후 상권도 주목하자. 이태원 상권이 좁기 때문에 GTX를 타고 가로수길로 상권이 흘러가게 되는 구조다.

반포에서는 앞으로 원베일리가 평당 5600만 원에 분양이 이뤄질 전망이다. 그러나 청약 당첨을 위한 최소 가점이 68점은 될 것으로 보인다. 반포주공 1, 2, 4주구는 2021년 6월부터 이주를 시작해 2022년 초 분양에 나선다.

반포에서 앞으로 주목할 곳은 신반포 2차와 4차다. 반포 내 아파트가 모두 재건축을 진행할 경우 단지 중심에 위치한 곳이 가장 큰 프리미엄을 누리기 때문이다. 배후 고속터미널역과 연결되면서 가치 상승을 이끌 전망이다.

대치동에서는 양재천과 맞닿는 우성아파트, 선경아파트, 미도아파트가 유망하다. 그러나 개포 단지가 들어서면서 남향에 있던 대모산 조망이 불가능해졌다. 3~10층 수준만 되더라도 양재천 조망이 가능하다.

잠실에서는 잠실주공 5단지부터 봐야 한다. 중대형 위주로 은마아파트와 매우 닮았으나 1년 먼저 지어졌다. 나머지 단지로는 장미아파트와 아시아선수촌을 돌아봐야 한다. 아시아선수촌의 경우 60평대

자료: 서울시

아파트까지 확보하고 있어 고급 아파트를 만들 가능성이 높다. 올림픽선수촌이 공원 조망이 가능하도록 설계가 될지도 관심사다.

여의도는 재건축 희생양이 된 곳 중 하나다. 과거 오세훈 시장은 한강 르네상스를 추진할 때 여의도에 70층 규모 용적률을 부여하고 기부채납으로 40퍼센트를 제시했다가 무산됐다.

재건축이 추진될 경우 현재 용도지역이 상업지역인 서울, 공작, 수정, 삼부, 목화 아파트에 한강 조망권이 주어질 가능성이 높다. 여의도에 들어선 더현대서울은 걸어서 누릴 수 있는 곳이기도 하다. GTX 노선이 설치되는 점을 고려하면 광장과 미성 역시 훌륭한 재건축 단지다.

목동의 경우는 용적률이 낮아 사업성이 매우 양호하다. 법상 용적률 최대 300퍼센트까지 활용하면 기존 가구수 대비 두 배가량 늘어난다. 목동 한 곳만 재건축해도 현재 가구수인 2만 6600여 가구를 공급할 수 있는 셈이다. 현재 6단지만 안전진단을 통과했다.

상계동은 목동과 비슷한 시기에 입주가 시작되었으나 용적률이 비교적 높고 소형 평형이 많다. 이 때문에 일반 분양으로 나올 물량이 적고 사업성이 낮을 가능성이 높다. 매수 고려 시 용적률이 낮은데 평형이 중소형 위주라면 오히려 수익률이 떨어질 수 있다는 점을 기억해야 한다.

상계동에서는 GTX가 들어서는 창동역을 주목해야 한다. 이 때문에 노원역으로 바로 향할 수 있는 7단지와 3, 5, 6단지의 가치가 높다. 현재까지 8단지(포레나노원)만 재건축을 끝내 2020년 12월 입주가 시작되었는데 전용면적 84제곱미터가 15억 원으로 매겨졌다.

한남뉴타운의 경우 해제된 1구역이 공공재개발을 추진하다가 불발되면서 앞으로 향방을 알 수 없게 되었다. 하지만 3구역에서는 시공사인 현대건설이 분양가를 평당 7000만 원으로 선언하면서 고급화를 앞두고 있다.

한남뉴타운에서는 쾌적성을 결정하는 건폐율을 주목해야 한다. 남산을 끼고 있어 건물 높이를 10층 수준으로 제한하다 보니 건폐율이 40퍼센트 가까이 오른다. 건축면적이 높을수록 건폐율이 높아지는데 이렇게 되면 아파트가 막힌 느낌을 주는 곳으로 바뀐다. 잠실주공을 재건축한 엘스, 리센츠, 파크리오의 건폐율은 15~16퍼센트 수준이고, 반포 아크로리버파크와 송파 헬리오시티는 건폐율이 20퍼

자료: 서울시

센트까지 올라 답답한 느낌을 준다.

이 때문에 고도제한이 비교적 자유로운 5구역이 수혜를 입을 전망이다. 5구역은 용산공원으로의 접근성도 우수하다. 추가적으로 지분 쪼개기가 덜한 4구역이 신분당선 동빙고역에 접해 미래 가치가 높다고 볼 수 있다.

1지구가 서울숲 공원과 분당선 활용도를 고려하면 가치가 높다. 3지구는 성수역과 가깝고, 4지구는 영동대교로 바로 향한다. 사업 속도가 달라 강변북로 지하화는 좌초될 우려에 처했다. 한강을 넘는 보행교가 실현된다면 성수는 그야말로 강남 아파트로 발전할 가능성이 풍부하다.

청량리는 GTX가 열리는 경우 서울 동북부 철도 중심지로 성장할 가능성이 높다. 수서 SRT까지 연결된다면 청량리에서는 여수, 통영 등 대한민국 곳곳으로 향할 수 있어 교통 효과는 극대화될 전망이다.

용산공원 개발 시 우리나라 '글로벌 시티'로 부상할 가능성이 높다. 일대 약 90만 평 규모로 뉴욕 센트럴파크(103만 평)급 역량을 실현할 수 있다. 공원 서측과 유엔사 용지 등에 고급 주상복합이 들어설 경우 외국인이 선호하는 서울 핵심 주거지역으로 부상할 전망이다.

지금도 분명 투자할 곳은 있다, 틈새 경매 공략법

쿵쿵나리쌤 이선미 행복재테크 칼럼리스트

부동산이 현재 여러 가지 규제 때문에 상황이 어떻게 될지 모른다. 안 좋을 때도 있을 것이다. 다른 투자를 하고 있다든지 집이 없다고 하면 부동산을 장만하고 취득할 때 힘들 수도 있다. 이럴 때 부동산 틈새 경매 공략법이 답이 될 수 있다. 부동산 틈새 경매 공략법은 경매라는 도구를 이용해서 수익을 계속 창출하는 방법이다.

최근 부동산 규제는 스무 건 이상이 만들어졌고, 전국이 조정지역으로 지정되었다. 수도권은 거의 투기지역으로까지 몰렸다. 투자자 입장에서는 투자를 계속해야 하는 상황인가 고민될 것이다. 주거는 2021년 5월 말까지 양도세 기준이 적용되어 이후 단기 매매 때 참고해야 한다. 단기 매매는 단타라고 해서 쉽게 경매로 낙찰받아서 수리한 다음 매물로 내놓는 형태다. 양도세가 2021년 5월 31일까지는 40퍼센트지만, 6월 1일부터는 70퍼센트로 적용된다. 만약에 수익이 1억 원 나왔다면 세금으로 7000만 원을 내야 한다. 남은 3000만 원으로 이것저것 빼고 하면 수익은 거의 나지 않는다. 여러 가지 기타 경비가 드는 탓이다.

경매란 누군가가 재정적으로 어려움을 겪어 은행의 채무를 갚지 못해 담보로 잡힌 부동산을 가장 높은 가격을 제시한 사람에게 판매하는 것이다. 쉽게 말하면 시장에서 거래되지 않는 것이다. 최고가에 낙찰받은 사람이 있고, 이후는 낙찰자의 마음이다.

경매 감정가는 시세로 생각해도 된다. 예를 들어, 빌라가 한 채 있는데 시세가 1억 5000만 원이라고 치자. 빚이 붙어나 총 2억 7400만 원이 되었고 가압류가 들어왔다. 이 정도면 채무가 집값을 넘어선 상태다. 은행에서는 빚 갚을 것을 독촉하는 상황인데 부동산 중개업자도 부채로 인해 매각을 받아주지 않는 상황이다. 즉 시장에서 사 줄 생각이 없으니 경매로 넘어오게 되는 것이다.

이렇게 낙찰받은 부동산은 빚이 사라진다. 낙찰자가 2억 7400만 원에 대한 부담을 느낄 필요는 없는 것이다. 이런 제도적 이점 때문에 외국에서도 많이 배우러 오고 있다. 그렇다고 낙찰자가 미안한 마음을 가질 필요는 없다. 경매는 기본적으로 하자가 있는 물건이라서 시장에서 거래될 수 없을 정도로 지저분한 권리가 붙어 있는 것들이 나온다. 따라서 경매로 나온다고 해서 무조건 받을 게 아니라 그 안에서도 옥석을 가려야 한다.

경매를 이용하면 적게는 1000만 원에서 많으면 억 단위로 싸게 부동산을 구입할 수 있다. 실거주는 경매를 이용하는 것이 최하 몇 천 싸게 구매할 수 있으니 이 방법도 추천한다.

권리상 문제가 있는 것들은 대법원 경매정보 사이트에서 볼 수 있다. 여기에 있는 데이터베이스를 찾아야 한다. 유료 사이트의 경우 1년에 수수료가 70~80만 원부터 100만 원인 곳도 있다. 기본적으로 법원의 경매 리스트를 보여주고, 현장에도 물론 가야겠지만 등기부등본, 사진 등 대법원 사이트에서 알아보기 부족한 정보를 더 보여준다. 부동산의 권리 및 관계 등에 하자가 있는지 없는지를 조사, 확인, 분석하는 작업인 권리분석도 시행되어야 한다. 이러한 정보를 이용해서 서류를 보고, 관심이 생겼으면 현장에 가보는 것이 좋다.

자기가 찾고 싶은 지역의 주소를 입력해 검색하는 서비스를 제공하는 곳도 있다. 예를 들어, 부천에 있는 아파트를 검색해보는 것이다. 재매각(낙찰받은 사람이 대금을 미납해 다시 경매가 진행되는 것)이 뜨고, 감정가가 2억 2000만 원인데 유찰(응찰자가 없어 낙찰되지 못해 무효가 선언되어 다음 경매에 넘어가는 것)이 많아서 23퍼센트 더 떨어졌다. 약 5000만 원 더 떨어진 것이다. 떨어지는 데는 다 이유가 있다. 문제가 있으니까 낙찰되지 않는 것이라고 생각하면 된다. 아무 문제가 없으면 저 가격까지 떨어지도록 사람들이 가만히 있었을까.

경매를 통해 부동산을 얻었다고 해서 집값이 오르리라고 예측하

면 매우 위험하다. 예를 들어, 4억 5200만 원에 새 매물이 나왔다고
치자. KB부동산 시세가 4억 7000만 원이라고 한다면, 최근 집값이
2000만 원가량 올랐나 예측할 수는 있다. 물론 조사는 해야 한다. 다
른 예로, 경기도 아파트로 2억 8400만 원인데 30퍼센트 하락해 1억
9800만 원까지 떨어진 것도 있다. 사람들의 관심도를 보고 입찰가를
쓰는 심리전 혹은 눈치 싸움이 필요하다.

경매 절차에 관한 것도 법원 사이트나 유료 사이트에서 알아볼 수
있다. 초보자들에게 가장 좋은 접근 방법은 본인이 원하는 매물을 내
가 잘 아는 지역, 가족 및 친지가 사는 지역을 중심으로 찾다가 다른
지역으로 넓혀가는 것이다. 내가 잘 아는 동네를 중심으로 시작해야
편하다. 서류상으로 봤을 때 괜찮으면 현장에 가서 남향 여부, 시세
등을 조사하면 된다. 그 후 마음에 든다면 입찰해 낙찰받으면 된다.

마지막으로 해야 할 일은 명도 절차인데, 낙찰받으면 서류상 본인
것이 된다. 그런데 그 집에 전 소유자 혹은 임차인이 살고 나가지 않
을 수도 있다. 서로 협의를 하거나 이사비를 주는 등 사는 사람이 이
사해서 나가는 것까지가 명도 절차다.

실거주를 위한 경매 투자도 괜찮다. 현재 거주하는 지역을 중심으
로 검색해서 경매에 나온 것이 있을까 알아본 다음, 괜찮은 곳이 보
인다면 업그레이드하는 형식으로 이사할 수 있는 것이다. 예를 들어,
'서울이고 지하철역이 옆에 있었으면 좋겠다' '근처에 공원이 있었으
면 좋겠다' 등 다양한 조건을 설정한 후 검색하면 된다. 네이버 부동

수도권 광역급행철도(GTX) A·B·C 노선 추진 현황

구분	구간	정거장	사업비	소요시간
GTX-A	파주 운정~동탄 (83.3km)	10개	3조 3641억 원	14분 (일산~서울역)
GTX-B	인천 송도~남양주 마석 (80.1km)	13개	5조 7351억 원	27분 (송도~서울역)
GTX-C	양주 덕정~수원 (74.2km)	10개	4조 3088억 원	22분 (수원~삼성역)

자료: 국토교통부

산 카테고리를 이용하면 편하다. 25평 기준 시세가 2억 5000만 원 정도 한다면 대부분 비슷한 게 나올 것이다.

동네에 경매 나온 것이 있나 한번 검색해봐도 좋다. 감정가가 2억 4000만 원인데 유찰이 되어 30퍼센트가 빠져 1억 6800만 원에 나왔다고 해보자. 나의 관심도가 높은 지역은 다른 사람들도 관심도가 높다. 때문에 입찰가를 잘 결정해야 한다. 여기서는 차액이 9000만 원 정도 계산된다. 입찰가는 조사한 데이터를 바탕으로 심리전을 펼쳐 쓴다.

경매 초보자의 경우 낙찰받은 이후에 부동산 가격이 떨어질까 봐 걱정을 많이 하는데, 너무 그럴 필요는 없다. 다 살 사람이 있고, 내가 거주할 마음에 드는 집을 찾는다는 생각으로 편하게 임해도 괜찮다.

경매를 할 때도 주변 지하철역 등 교통편과 주변 녹지 시설, 학교,

편의 시설 등의 인프라를 확인해야 한다. 추가로 이 지역에 호재가 있는지 주변 중개업소에 한번 알아보는 것도 좋다. 호재가 있다면 집 값이 떨어질 이유가 없다. 수도권의 상승 요인은 GTX와 같은 교통 시설이 가장 크다고 본다.

부동산 고르는 데 있어 팁을 주자면 위치는 괜찮은데 동네가 한숨이 나오도록 후진 데가 있다. 이런 데 투자하면 좋다. 집은 낡아도 교통 등 입지가 좋은 것을 노려야 한다. 만약 근처에 입주 물량 등이 계속 나올 경우 부동산 가격에 영향을 줄 수 있으니 공급 정도도 참고하면 좋다. 단순하게 체크만 해봐도 투자 여부가 가늠이 된다.

경매의 흐름을 살펴봤을 때, 경매에 물건이 나온다는 것은 채무자의 경제 상황이 좋지 않아 채무를 갚지 못하기 때문에 그런 것이다. 바꿔 말하면, 경기가 좋지 않을수록 경매 물건이 많아진다는 얘기다. 경기가 좋으면 경매로도, 일반 거래로도 사고팔 수 있다. 경기가 좋을 때 나오는 물건은 옥석을 잘 가려야 한다. '서울 재개발·재건축 클린업시스템' 등 재개발 사이트에 들어가 재개발 현황과 단계를 확인한 뒤 검색하면 된다. 알고 움직이는 것과 모르고 움직이는 것은 천지차이다.

재개발도 돈이 될 수 있다. 먼저 반상회가 열린다. 예를 들어 800세대 인허가를 내달라는 식이다. 이런 소문이 나면 프리미엄이 조금 붙는다. 감정 평가를 실시했는데, 집이 낡았으니까 상계 처리하고 1억에 하고, 나중에 추가 분담금 2억 원만 더 내라는 평가를 받으면 진

척이 된 것이다. 관리처분은 집을 때려 부수기 전에 하는 단계다. 물론 시간이 갈수록 프리미엄이 붙는다. 조합설립총회 때 가야 프리미엄이 안 붙는다.

예를 들어, 경매가 1억에 나온 빌라가 있는데 1억 6200만 원에 낙찰받았다고 치자. 재개발 호재를 알았기 때문에 입찰가를 이렇게 쓴 것이다. 1억 6200만 원에 낙찰받았는데 보상 감정을 1억 3700만 원에 쳐준다. 여기에 프리미엄만 3억 7000만 원이다. 전세 껴서 1억 6200만 원에 구매한 집이 5억대가 된 것이다. 입주 전이라면 프리미엄은 더 올라갈 것이다. 주변 시세가 7억 원 정도 한다면 그에 맞춰 더 올라갈 것이다.

조합원은 그 지역의 부동산 소유자들이다. 이 소유자들을 챙겨 주어야 찬성을 해 재개발이 이루어진다. 재개발하는 건설사는 조합원들에게 여러 특혜를 주고 허락을 구한다. 예를 들어, 보상 감정을 6000만 원 정도에 주고 조합원 분양가를 2억 6300만 원으로 책정하는 것이다. 800세대로 계획했던 것을 1000세대로 더 올리기도 한다. 조합원 수가 적으면 건설사 입장에서는 그 사람들에게만 잘 보이면 되니까 화장품, 가방 등 실물 등을 선물하기도 한다. 물론 제일 좋은 계획안을 제시한 건설사에게 맡기면 된다.

재개발 시 조합원들은 일반 분양가에 로열동과 로열층을 먼저 받을 수 있다. 같은 평수 일반 분양가는 4억 2400만 원이 되었다. 조합원 분양가가 2억 6300만 원이니 차액이 기본적으로 1억 6000만 원 정도다. 프리미엄도 붙고, 조합원들에게 제공하는 갖가지 서비스도 붙는다. 무상으로 평수 확장도 해주고, 에어컨이나 냉장고 등도 기본으로 제공해준다. 이런 비용들이 대략 2000만~3000만 원 정도 된다. 일반 분양자들의 경우는 다 옵션이라서 추가 비용을 받는 것들이다. 이것들만 합해도 2억 원이 넘는다. 일반 분양하고 스타트가 다르다.

보통 프리미엄이란 것이 일반 분양가에서 시작하지 조합원 분양가에서 시작하지 않는다. 입주가 남았다면 계속 올라갈 것이다. 주변 시세가 7억 원인데 2~3년 후에 완공이 되어 들어간다면 주변 아파트는 10년 차가 넘는다. 상대적으로 신축 아파트의 가치가 더 올라갈 수밖에 없다. 그런 계산하에 투자하기도 한다. 프리미엄이 몇 천 붙었을 때 그래도 되는지 계산해보고, 어느 정도 나올 것이라고 생각되면 투자를 결정하면 된다.

실제 성공한 재개발 경매 사례를 하나 소개해본다. 사례자는 인천에 살았기 때문에 주로 인천 쪽에 투자를 해왔었고, 낙찰을 받을 때마다 수리를 싹 했었다. 낙찰받은 집을 인테리어할 경우 상태가 좋지 않으면 도배만 할 게 아니라 블라인드 처리를 해주면 더욱 좋은데, 매매를 염두에 둘 경우 인테리어는 더욱 신경 쓰는 편이다.

8000만 원에 수리를 하고 내놓았는데 집이 팔리지 않아 6개월 후에 8000만 원에 임대를 냈다. 위치가 좋으니까 2년 후에 임대인이 1000만 원 정도를 더 내 전세 9000만 원이 되었다. 당시 재개발 이야기는 따로 없었는데, 그 이후에 재개발 이야기가 나와 보상 감정을

6200만 원에 받아서 조합원 분양가가 3억 원이 되었다. 일반 분양은 아직 시작 안 했고, 주변 시세가 5억 원 언저리여서 최소 시세가 6억 원 정도 갈 것으로 생각된다.

강남 부자의
미래 가치 안목 키우기

고준석 동국대학교 법무대학원 겸임교수

2011년도부터 '머니쇼'에서 강연을 했는데, 그때 이후로 내 집 마련을 늦추라고 한 적이 없다. 지금도 마찬가지다. 단 실행이 중요하다. 10년 전에 내 집 마련을 했다면 어땠을까? 2년 전에 집을 샀다면 어땠을까?

지금 집값이 많이 올랐다고 해서 가격이 떨어질 것이라 보기는 어렵다. 집값이 많이 올랐으니 떨어질 것이라고 보는 건 굉장히 위험한 생각이다. 부동산 시장에는 전과가 없다.

지난 3~4년 동안 부동산 가격은 계속 올랐다. 이와 별개로 부동산 가격이 떨어진다는 신호가 있긴 한데, 바로 미분양 매물 발생 여부다. 둔촌주공이 2021년 분양을 하는데 이곳이 미분양 된다면 집값이 떨어질 수 있다. 또 다른 분양 예정지인 반포 원베일리도 살펴봐야 한다.

최근 동탄의 청약 경쟁률이 800 대 1에 달했다. 여기에 주목하자. 이는 인근 집값을 자극할 수 있는 요소인 동시에 그만큼 주택 공급이 부족하다는 방증이기도 하다.

집값은 대출 규제나 세금 강화로 절대 잡을 수 없다. 세금 규제로 인해 시장에서 기존 매물의 순환이 전혀 이뤄지지 않고 있다. 보유세를 강화했더니 전세 물량이 자꾸 줄어들고 있다. 보유세 전가 속도가 가속화되고 있다는 뜻이다.

이를 완화하려면 보유세를 완화해 임차인에게 세금이 전가되는 현상을 막아야 하는데, 세금 감면이 1주택자에게만 주어져 시장에 효과가 나오질 않고 있다. 전셋값 결정은 1주택자가 아닌 다주택자가 내리기 때문이다.

2.4공급대책에 80만 호 공급 계획이 포함되었는데, 언제 될지 알 수 없는 점도 문제다. 공급은 비탄력적인데 수요는 매우 탄력적이다. 이런 비대칭 구조하에서는 미분양이 발생할 때까지 공급을 이어가야 시장 원리에 의해 집값이 내려간다. 공공 주도뿐 아니라 민간 공급까지 함께해야 공급 효과를 기대할 수 있다.

집값 상승 속도가 가파르다고 해서 내 집 마련의 꿈을 포기해서는 안 된다. 1903년 《뉴욕타임스》에는 "앞으로 하늘을 비행하는 것을 더는 논하지 말자. 사람이 하늘을 나는 것은 100년 후에도 불가능할 것이다"라는 사설이 실렸다. 그러나 라이트 형제는 1000번이 넘는 비행 실험 끝에 1905년에 40킬로미터 구간을 30여 분 동안 날 수 있는 비행기를 만들었다. 꿈의 효과가 이처럼 대단하다.

내 집 마련의 꿈을 포기하는 순간, 내 집 마련 실현 자체가 어려워진다. 1963년 "나는 꿈이 있습니다I have a dream"으로 시작하는 연설을 했던 마틴 루터 킹 목사를 보라. 백인과 같은 버스를 타고, 백인과 같은 식당에서 같은 밥을 먹는 것이 본인의 꿈이라는 그 연설은 현재 이루어졌다.

30여 년간 일하면서 부자들의 이력을 추적한 결과 발견한 공통점은 '배우자와 동행한다'는 점이었다. 출근하는 남편에게 은행에서 펀드 가입을 해달라고 했더니 "출근하느라 바쁘다"라며 거절을 당했다는 분의 사연을 들었다. 그래서 "호적 정리를 하시라"라고 답했다. 그 배우자는 평생 부자가 될 수 없는 사람이기 때문이다.

부자가 되는 사람들은 신혼부터 은퇴까지 동행한다. 자산 관리를 따로 하는 순간 부자가 될 수 없다. 수입은 공유하고 지출은 통제해야 한다. 각자 수입 관리하면서 각자 생활비 내고 하면 같이 살 이유가 없다. 일반적인 사항으로 보이겠지만, 이것이 부자가 되는 비결이다. 나폴레옹은 "누구나 전쟁을 계획할 수 있지만 혼자만의 힘으로는 일으키지 못한다"라고 했다.

몽골제국을 건국한 칭기즈칸에게서도 부자가 되는 비결을 배울 수 있다. 그는 전쟁을 준비하는 단계에서는 '천천히slow'를 강조했다. 하지만 공격할 때에는 속전속결로 '빠르게quick'를 외치며 행동했다.

우리는 어떠한가? 계획도, 행동도 느리지 않은가? 계획했다면 신속하게 움직여야 한다. 매수 시점은 '오늘'이다. 부동산 시장에서는 '오늘' 사는 부동산이 제일 저렴하다. 10년 전에, 20년 전에 샀어야 한다는 말은 아무런 의미가 없다.

과거 사례를 보자. 잠실주공 단지를 재건축한 앨스, 리센츠, 트리지움과 파크리오까지 모두 미분양이었다. 반포의 경우 래미안퍼스티지, 자이 모두 미분양이었다. 주변 가격도 모두 떨어졌다. 대치동 래미안대치팰리스 역시 미분양이었다. 그런데 현재에는 미분양 소식이 전혀 들리지 않는다.

제국을 건설하기 위해서는 속전속결로 공격해야 한다. 이처럼 매수 시기를 늦추는 '실기失期'를 범해서는 안 된다.

강남 부자들은 또한 부동산을 아무리 많이 사봤어도 최종 결정 전에는 멘토를 찾는다. 부자가 아닌 사람들은 본인이 전문가라고 생각한다. 그러나 금융과 부동산은 적절한 조언을 받을 수 있는 전문가가 필요하다. 카이사르는 권력 투쟁에서 승리한 후 원로원 귀족들의 충언을 외면했고, 그 결과 죽임을 당했다.

지금은 어떤가? 50년 전 경기도에 대규모 땅을 사들인 사람이 6개월 이후 바로 개발제한구역으로 지정받고 처분 직전 나를 찾아왔다. 자기 땅을 사겠다는 사람이 나타났는데, 3.3제곱미터당 50만 원을 쳐주겠다고 했단다. 팔지 마시라고 했다. 그런데 이 분이 다른 사람 말을 듣고는 결국 팔았다. 3개월 후, 그 땅은 개발제한구역에서 해제

됐고, 3.3제곱미터당 50만 원이던 땅값은 600만 원으로 올랐다. 이처럼 미래 가치를 제대로 매겨줄 수 있는 멘토를 찾아야 한다.

부자들은 미래 가치에 주목한다. 세이렌은 수많은 남성을 유혹하고, 그 관능적 유혹에 넘어간 사람들을 죽음으로 이끈다. 시장에는 오피스텔, 도시형 생활주택, 테마 상가 등 다양한 상품이 투자자를 유혹한다. 그러나 이는 '부의 재분배' 순간에 가깝다.

예를 들어보자. 매매가가 2억 원인 오피스텔에 투자하면 월 100만 원을 받을 수 있다고 치자. 3년 동안 월세를 계속 받으면 3600만 원을 버는 셈이다. 하지만 매각할 때 오피스텔 가치가 1억 5000만 원으로 주저 앉는다면? 그간 벌어들인 수익은 무의미하다.

부동산은 임대 수익률보다 자본 이득이 더 중요하다. 연 수익률에 속아 투자하는 우를 범해서는 안 된다.

이솝 우화에 여우와 사자 이야기가 나온다. 여우가 사자에게 새끼를 한 마리밖에 못 낳느냐고 비웃었다. 사자는 '비록 한 마리지만 사자'라고 답했다.

본인이 확보한 부동산 평가를 확실히 해야 한다. 1년에 한 번씩 건강검진을 받듯 전문가에게 자산 관리를 받자. 본인이 제일 잘 안다고 자만해서는 안 된다. 아버지에게 받은 땅이라고 해서 그대로 물려준다고 자산이 늘어나는 것은 아니다. 미래 가치가 없는 자산은 매각하고 구조조정에 나서야 한다.

부자들은 부동산 숫자에 집착하지 않는다. 미래 가치가 있는 한 개의 부동산에 집중한다. 미국의 국부로 불리는 벤자민 프랭클린은 이렇게 말했다. "10개 아궁이를 모두 살리려고 아등바등하지 말고, 한 개의 아궁이 불이라도 제대로 살려라." 내 집(아파트) 마련도 못했는데 이것저것 사지 말라는 뜻이다.

10년 전의 일이다. 경기도, 서울 봉천동과 신림동, 방학동에 집은 한 채씩 보유한 분을 만났다. 강연이 끝난 이후 매각 순서를 물으시기에 "아무거나 먼저 파세요"라고 답했다. 돌아온 대답은 "방학동에 살아봤어요?" 하는 질문이었다. 도봉산 밑이라 공기가 좋고 아카시아 꽃 향기를 맡을 수 있는 곳이라고도 덧붙였다. 그래서 나도 답했다. "살기는 좋지만 집값은 방학입니다."

이 분이 10년 전에 갈아타기를 했다면 자산 규모가 달라졌을 것이다. 부자가 되지 못하는 데에는 다 이유가 있다.

실패에 집착하지 않는 것도 부자가 되는 길이다. 평당 1000원으로 30년 전 포천 임야 150만 평을 산 분을 만났다. 위치를 봤더니 산 꼭대기였다. 그 산 아래로 군부대가 12개 있었다. 내 땅인데도 올라갈 수가 없는 곳이었다. 결국 150억 원을 들여 산 땅을 42억 원에 팔고 빌딩을 사는 결정을 내렸다. 2006년도에 신사동 소재 꼬마빌딩을 사들여 임대 수익만 연 2000만 원 올리고, 자본 수익만 100억 원을 남겼다.

누구나 실패할 수 있다. 실패했다고 해서 부동산은 나와 맞지 않는다고 하지 말자. 실패는 수정하고 더 좋은 결정을 내리자.

빚은 잘못 사용하면 독이 되지만 제대로 사용하면 약이 된다. 대출을 극도로 꺼리는 사람도 있지만, 이는 부동산의 백미를 놓치는 결정이다. 내 집 마련은 소비성 지출이 아니라 저축성 지출이다.

우리나라의 좋은 점은 금융비용이 들지 않는 '전세 제도'가 있다는 것이다. 이를 잘 활용하면 갭 투자로 내 집 마련을 할 수 있다. 갭 투자로 집을 마련한 이후 부모님, 시부모님과 함께 사는 것을 추천한다. 5년 정도만 참으면 진짜 내 집을 마련할 수 있다. 현금 흐름이 원활하다면 월셋집을 구하는 것도 좋다.

나라를 세우는 것보다 나라를 지키는 것이 더 어렵다. 예로부터 업을 창시하고 이를 잃는 자는 적었지만, 이룬 것을 지키다 잃은 자는 많았다. 자산 관리를 잘못하면 그간 번 자산을 모두 잃는다. 새내기 직장인이라면 돈이 급하다고 해서 수익성 높은 주식 투자에 나서지 않기를 바란다. 집을 구하고 해도 늦지 않다. 주식으로 원금 손실이 발생하기 전에 차곡차곡 종잣돈을 모아야 한다.

영국 철학자 로저 베이컨은 이렇게 말했다. "부를 경멸하는 태도를 보이는 사람은 신용할 수 없다. 부를 얻는 것에 절망한 사람이 부를 경멸하는 것이다. 이들은 부자가 될 수 없다."

부자가 되는 방법을 보니 10명 중 4명은 부모로부터 물려받은 사람, 또 다른 4명은 자수성가한 사람이었다. 나머지 2명은 월급쟁이였는데, 이들은 부동산으로 부자가 된 경우였다. 같은 입사동기라도 해도 퇴사 때는 다르다. 자산 관리가 된 경우 설렘을 안고 회사를 나오지만, 그렇지 않다면 은퇴 생각만 해도 머리가 지끈거린다. 은퇴 시기가 언제 찾아올지 모르니 이에 대비하자.

부자들은 현금 흐름이 있을 때 주택이 아닌 수익형 부동산에 투자한다. 은퇴는 소득 절벽이 오는 시점이다. 현금 자산을 실물 자산으로 빠르게 바꿔야 한다. 은행은 내 돈을 보관하는 곳이지 자산을 늘려주는 곳이 아니다.

2008년도 모 은행의 잠실지점장으로 근무할 때의 일이다. 당시 리센츠 미분양 물량이 나와 고객에게 매수를 권유했다가 대출 실적을 올리려고 한다는 반응을 얻었다. 당시 분양가가 1억 7000만 원이었는데, 2021년 현재 매매가 12억 원에 월세만 150만 원이 나온다.

은퇴 후 현금 비중을 높이면 그 현금은 곶감처럼 빠져나간다. 부자들은 현금보다 수익형 부동산으로 매월 과실을 얻을 수 있는 시스템을 갖춘다.

아내의 얘기는 귀를 열고 경청하되 친구의 일에는 귀를 닫아라. 고등학교 친구의 권유로 남해 땅 7600여 평을 사들인 분을 만났다. 당시 아내의 만류를 뿌리치고 3000만 원을 주고 샀는데 이는 도곡주공(현 도곡렉슬) 두 채를 살 수 있는 가격이었다. 만류하는 아내의 말을 듣지 않고 사들인 땅은 자연보존지역이었고 투자 가치가 전혀 없던 것으로 밝혀졌다.

사기는 55~60세 정도에 가장 많이 당한다. 국가는 개인의 노후를 책임지지 않는다. 자산 관리를 하면서 은퇴를 준비하자.

대한민국 부동산 파이널 투자 전략

월천대사 이주현 월천재테크 대표
부룡 신현강 부와지식의배움터 대표
아임해피 정지영 아이원 대표

부동산 투자자들에게 가장 궁금한 것이 무엇일까? 부동산 투자가 처음이냐, 경험이 어느 정도 있느냐에 따라서 관심사도 궁금증도 다를 것이다. 이 장에서는 초보, 중수, 투자를 좀 해본 사람들로 나누어 문답식으로 구성해보았다.

▎초보들이 가장 많이 물어 보는 질문

Q. 집값이 이미 많이 올랐는데 집을 사도 될까요?

A. 부동산 투자를 처음 하시는 분들이 많이 물어보는 질문인데, 집값 상승 중반부와 후반부를 넘어가면 하락장이 온다고 걱정하시는 듯하다. 그러나 부동산은 사면서 배우는 것이다. 부동산을 사는 것이 좋은 이유로 두 가지를 들 수 있는데, 첫 번째는 '집값이

올라서' 좋고, 두 번째는 '부동산에 관심을 갖게 되어' 좋은 것이다. 추가적으로 많은 분들이 부동산에 관심을 두고 있기 때문에 상승장이 이어질 가능성이 높다고 본다.

Q. 가격이 떨어지면 어떻게 해야 하나요?

A. 경매 물건이 먼저 나온다. 그러나 실수요자들은 버틴다. 이 분들이 집을 파는 시기는 집값이 매매가보다 오를 때다. 그래서 가격이 떨어지는 상황이라면 '시세를 보지 않는 것'을 추천한다. 하지만 대출이 부담스럽다면 다른 주택으로 갈아타야 한다. 쉽게 말해 '손절'이라고 보면 된다. 부동산을 부동산으로 해결할 수 있는 방법을 돈 내고 배웠다고 생각하면 편하다.

Q. 서울이 지금보다 더 오를 수 있을까요? 지금 서울 부동산 중위 가격이 10억 원을 향해가고, 강남 요지의 아파트는 평당 1억 원에 달하는 상황인데요.

A. 이 역시 가격 하락에 대한 두려움에서 나오는 질문이라고 생각한다. 그러나 이는 일종의 평균의 함정이다. 예전 가격이 기준이 되면 지금의 가격 인상분과 인과관계가 성립하는 경우가 많다. 그렇지만 부동산 투자를 오래하면 과거 가격은 잊게 된다. 전반적으로 볼 때 서울 시장이 더 오를 수 없다고 판명받으려면 청약 시장이 죽어야 한다. 그러나 아직 많은 사람들이 청약을 하고 있기

때문에 가격 상승 가능성이 남았다고 본다.

Q. 무주택자인데 투자부터 해야 할까요, 아니면 집을 먼저 사야 할까요?

A. 종잣돈이 적어 내 집 마련이 어렵다면 투자 먼저 하는 걸 추천한다. 하지만 서민이 부자되는 가장 빠른 방법은 내 집 마련이라고 생각한다.

Q. 주택 청약 당첨 비법이 있나요?

A. 시세 차익이 큰 단지가 나오면 그 틈새 사이로 청약 경쟁률이 낮게 나오는 단지가 생긴다. 경쟁률이 낮아지면 가점이 낮아도 청약에 당첨될 수 있다. 이런 곳들을 노려보면 좋을 것이다. 청약 목표가 무엇인지 잘 돌아보는 것도 필요하다. 시세 차익이 목표인지, 아니면 내 집 마련을 신축으로 하고 싶은 건지 정해야 한다. 눈을 낮추면 청약 당첨 기회가 많이 열린다.

| 중수가 많이 물어 보는 질문

Q. 현재 지방이 주춤한데, 앞으로 어떻게 될까요?

A. 지방을 이해하기 위해서는 서울 움직임을 봐야 한다. 2017년 8.2대책 발표 이후 잠시 시장이 주춤했다가 서울 집값이 계속 올랐다. 수도권은 주춤하다가 집값이 오르기 시작하면서 규제 지역이 수원부터 파주, 지금은 동두천까지 넓어졌다. 지방은 지난 몇 년간

규제를 받지 않다가 이번에 충격을 크게 받은 것이다. 세금 걱정이 없다가 생겼기에 지방이 주춤하는 것은 당연하다고 볼 수 있다.

중요한 것은 지방 장이 2020년 11월 대책 발표로 인해 2021년 2~3월에 상황이 급격히 나빠졌다가 지금 광역시부터 살아나는 모습을 보이고 있다는 점이다. 투자자들은 공시가 1억 원 미만 아파트를 찾고 있기도 하다. 그러나 서울에 사는 사람이 투자 목적으로 중소 도시로 진입하는 경우도 있는데, 이런 경우 세금 규제가 세지면 매물로 내놓을 가능성이 높다. 그래서 갑자기 움직임이 커지는 지역은 중장기적으로 볼 때에도 버틸 수 있을지는 미지수다.

지방 광역시 중에 앞으로 2~3년간 입주 물량이 눈에 띄게 줄어드는 곳이 몇몇 있다. 이런 곳은 안정적인 투자가 될 가능성이 높다. 중소도시에서 기본적으로 물량이 줄어들면서 인구도 받쳐준다면 부담 없이 매수하면 되겠다. 지방 장은 양극화 현상이 나타날 가능성이 높고, 앞으로 2~3년은 지금보다 더 상승할 가능성이 높아 보인다.

Q. 2021년 하반기 유망 청약 단지는 어디일까요?(서울, 경기, 인천)

A. 점수가 낮아도 당첨될 수 있는 대규모 택지지구(공공 택지지구)에 주목해야 한다. 동탄2 신도시, 파주 운정 신도시, 양주 옥정 신도시, 검단 신도시까지다. 송도국제도시도 놓치지 말아야 한다. 특

히 고덕국제신도시는 전국 청약이 가능한 곳이니 주목하시면 좋겠다. 이 중 투기과열지구가 아닌 조정대상지역인 곳이 있는데, 여기는 전용면적 85제곱미터 이하인 경우에도 추첨제가 25퍼센트가량 있다는 사실을 기억해야 한다.

거주 요건 같은 경우 분양가 상한제 지역에 적용된다. 현재 송도를 제외하고는 모두 분양가 상한제를 적용받는다. 분양가 상한제를 적용받더라도 인근 지역에 비해 시세가 저렴하다면 거주 의무가 있다. 파주 운정과 검단 신도시는 거주 의무가 없었는데 이번 동탄 신도시에는 거주 의무가 부과되었다. 결국 거주 의무 여부로 분양가가 싼지 비싼지 알 수 있는 셈이다.

요즘 특별 공급에도 아이가 많으면 넣을 수 있는 청약이 있다. 아이 셋이면 전용면적 59제곱미터 이하에는 지원들을 많이 안 했는데 요즘에는 많이들 하고 있다. 거주 의무가 생겨서 걱정되긴 하지만 시세 차익이 크기 때문이다. 아이가 대학 간 이후에도 계속 거주하려는 사람도 있다. 가점 당첨되는 것도 중요하지만, 중도금 대출을 받는 경우 어떤 부분에 패널티를 부여받을 수 있는지도 따져봐야 한다. 플랜 B를 매번 준비해야 한다. 금전적 부담을 해결할 수 있는 방안을 늘 마련하시길 바란다.

Q. 3기 신도시 제대로 될까요?

A. 되긴 될 텐데, 정부가 말하는 시기에는 맞지 않는다는 게 문제라

고 본다. 그간 계획을 돌아보면 가장 빨랐던 공급이 판교인데 이게 5년 걸렸다. 지금 분양 나온 검단이 2기 신도시라는 점을 비춰보면 아직 절반도 못 온 셈이다. 그래서 투자와 3기 신도시는 크게 영향받지 않으리라고 본다. 물론 한참 후에는 공급 물량이 쏟아지면서 전세 대란 또는 안 좋은 상황이 일어날 수는 있다.

내가 투자했거나 분양받아 사는 집 바로 옆에 3기 신도시가 들어온다고 생각해보자. 내 집이 구축이 되는 것이다. 만약 내가 투자한 곳이 3기 신도시보다 부족한 지역이라는 생각이 든다면 문제는 더 커진다. 3기 신도시는 서울과 붙어 있기 때문이다.

Q. 사전 청약 당첨 전략을 알려주세요.

A. 사전 청약에는 불이익이 없다. 부담 없이 지원하면 된다. 생애최초 특별공급으로 사전 청약이 당첨된 이후 둔촌주공 특공에 당첨된다고 해서 불이익은 받지 않는다는 뜻이다. 사전 청약 30퍼센트는 신혼부부 특별공급이라는 점도 주목해야 한다. 예비 신혼부부와 한부모 가족까지 지원할 수 있다.

Q. 공공분양에도 추첨제가 나왔다던데요?

A. 그렇다. 2.4공급대책에 따른 공공 주도로 정비사업을 하는 곳에서는 추첨제가 나온다. 증산 4구역이 이 유형으로 사업을 진행하기 위한 동의율을 확보했다고 한다. 원래 공공분양은 한 달에 10만

원을 넣는 방식으로 시간을 많이 쌓아야 했는데, 이제는 추첨제가 나온 것이다.

Q. 청약 당첨 말고 새 아파트를 갖는 방법은 없나요?

A. 무순위 당첨이라고 해서 잔여 세대 물량이 있다. 청약통장 없이 지원할 수 있다. 물론 분양권이나 입주권을 사는 방식도 가능하다. 기존 분양한 물량 중에 전매제한이 없는 곳들이 있으니 이를 활용하면 된다.

Q. 중대형 아파트 어떻게 보시나요?

A. 결론부터 말하자면 '좋다'고 본다. 사람들이 좋아하는 평형이 시대 흐름에 따라 바뀌어왔기 때문이다. 그래서 2000~2008년 장 때는 중대형이 많이 올랐다. 그렇게 값이 많이 오르다 보니까 중형으로 수요가 많이 넘어갔다. 이후 규제가 심해지면서 소형 인기가 많아졌다. 그런데 이번 장부터 분위기가 조금씩 바뀌고 있다. 전용면적이 아니라 서울 아파트 한 채를 똘똘한 한 채로 보기 시작하는 분위기가 생겼기 때문이다.

▌투자를 좀 해본 사람들의 질문

Q. 요즘 인천 이야기가 많이 나오는데 입주 물량이 너무 많지 않나요?

A. 인천은 송도, 청라만 아는 사람들이 많다. 그런데 서울에 프리미

엄이 많이 오르면서 저렴한 인천 지역을 찾는 사람이 많아진 것 같다. 최근 인천 구월동을 시작으로 인근 지역 집값까지 오르는 분위기다. 그런데 초기 투자금이 과거보다 높아지다 보니 이에 대한 부담을 느끼는 사람도 많아진 것 같다.

인천은 아파트 가격이 3억 원대에서 5억~6억 원으로 오르고 있다. 다른 광역시에 비해 말도 안 되게 싼 상황이다. 그렇기에 인천에 산다면 아파트를 살 수밖에 없고, 결과적으로 인천 집값은 오를 가능성이 높다. 입주 물량이 많다고 해서 걱정하지 말고 두 가지 관점에서 보면 된다. 실거주가 목적이라면 입주 물량은 따져볼 필요가 없다. 투자자라면 전세로 고생할 수 있겠지만 집값이 내려올 가능성이 없어 투자 이익을 볼 가능성이 높다. 마음을 급하게 먹지 않았으면 좋겠다.

04

절세

아끼는 것도 능력이다

달라진 부동산 세금,
피해갈 구멍은 있다

제네시스박 박민수 더스마트컴퍼니 대표

    2020년 하반기부터 2021년 상반기까지 많은 부동산 정책이 나왔다. 하나하나 살펴보자.

    먼저 2020년 9월에 국세청에서 발표한 '부동산 세금 100문 100답' 자료가 있는데, 이 중 절반 이상이 바뀌었다. 2020년 9월 공시가격의 현실화를 발표해서 2021년 보유세가 많은 것이다. 그다음 11월에는 개인 유사법인 취지 및 설계 방안을 발표했는데, 이는 1인 기업이나 부동산 법인, 중소·강소 기업 등이 해당된다. 중소기업 쪽에서 위낙 반대가 심해서 유보됐지만 언제 살아날지 모른다.

    그리고 2021년 1월에 세무 조사 결과가 나왔고, 2월에는 등록임대사업자 전수조사가 나왔다. 2.4공급대책도 나왔다. 국세청은 '부동산 세금 100문 100답' 자료에 이어 《주택과 세금》이라는 서적도 냈는데 서점가에서 베스트셀러가 되었다. 황당한 케이스라고 볼 수 있다. 3월에는 공동 주택 공시가격이 발표되어 확정이 되었다. 최근엔 부동산 정책과 세금 관련 이슈가 있어 변화의 조짐이 보인다.

한 가지 명심할 점은 언론이나 보도자료를 보면서 일희일비 안 하는 것이다. 시장은 제 갈 길을 가고 있다. 우리는 재테크하는 사람들이기 때문에 그걸 어떻게 활용할 것인가가 더 중요하다. 강남권으로 현장에 많이 나가보면 좋다. 항상 시장의 척도가 되는 곳이기 때문이다. 반포, 대치, 도곡 등에 나중에 들어설 재건축도 유심히 봐야 한다. 절세는 방패다. 창과 방패를 항상 생각해야 한다.

세금과 관련해서는 주택 수를 구분해야 한다. 주택 수에 따라 각기 다르다. 취득세는 세대 기준이다. 보유세는 인별 과세가 기준이다. 부부라고 하더라도 남편 주택 수 따로, 아내 주택 수 따로 적용된다. 양도세는 국세에 해당하기 때문에 실질과세 원칙이 들어간다. 취득세하고 다르다.

주택 수 구분을 위해 사례를 하나 들어보겠다. 가족이 같이 살고 있는데 1번 주택은 남편 단독 주택, 2번 주택은 부부 공동 명의, 3번 주택은 주거용 오피스텔로 주택 수에 포함되며 자녀 명의로 되어 있다고 해보자. 3번 주택의 경우는 취득 일자가 2020년 1월이다.

이 경우 취득세는 세대 기준으로 3번을 2020년 1월에 취득했기 때문에 주택 수에 빠진다. 따라서 총 취득세 기준은 2주택이다. 2020년 8월 12일부터 분양권, 입주권, 주거용 오피스텔은 포함된다. 보통

1~3퍼센트인 취득세가 최고 12퍼센트까지 나올 수 있는데, 그렇게 되면 세대 기준 주택 수를 따지기 위해서 분양권, 입주권, 오피스텔 등을 따져봐야 한다. 여기서 하나 더 사면 3주택이 되므로 세금이 조정되면 12퍼센트, 비조정되면 8퍼센트다.

보유세는 인별 기준이므로 남편은 1번과 2번을 가져 2주택자고, 아내와 자녀는 각기 2번 하나와 3번 하나여서 1주택자다. 양도세는 세대 기준이므로 1, 2, 3번이 다 들어가 3주택이 된다. 이런 상태에서 세 집을 모두 팔게 될 경우 조정대상지역이면 3주택 중과세가 적용된다.

양도세도 너무 어려워져 공부해야 하는데, 이젠 취득세도 공부해야 한다. 취득세가 처음에 내는 세금이니만큼 어떻게 줄여서 세금을 내야 할지 고민해야 한다. 12퍼센트 전부 냈다고 해서 세금을 돌려받는 공제 효과가 있는 것도 아니다. 너무 겁 없이 덤벼드는 건 조심해야 한다.

분양권을 취득할 때는 계획이 있어야 한다. 예를 들어 1번과 2번 주택이 있는데 3번인 분양권을 하나 더 산다고 치자. 3번 분양권을 사고 등기를 치면(취등록을 완료) 이 시점에서 주택으로 취급받는다. 이때 취득세를 낸다. 조정대상지역 3주택이니 12퍼센트가 적용된다.

보통 취득세 중과를 맞기 싫으니까 그전에 1, 2번을 팔고 분양권을 취득해 잔금을 치르면 된다는 생각을 하는데, 그렇다고 취득세가 3퍼센트 나오지는 않는다. 취득세는 지방세법에 속하므로 기준이 다

▌ 양도세율 정리 ▐

구분		기존			개정	
		주택 외 부동산	주택, 입주권	분양권	주택, 입주권	분양권
보유 기간	1년 미만	50%	40%	조정지역 50% / 기타 지역 기본 세율	70%	70%
	2년 미만	40%	기본 세율		60%	60%
	2년 이상	기본 세율	기본 세율		기본 세율	

르다. 지방세법 제28조 4항에 따르면, 입주 또는 분양권을 취득할 때를 취득 당시로 보기 때문에 이때 취득세가 적용된다.

1번과 2번 주택이 있는 상태에서 3번 분양권을 취득했을 경우 당첨이 되면 당첨일(계약일), 줍줍해도 당첨일, 전매하면 명의 변경 잔금일 등 해당 날짜가 2020년 8월 12일이 넘어가면 지자체에서는 3주택으로 보고 취득세를 매긴다. 조정대상지역일 경우는 12퍼센트가 적용된다. 1번과 2번 주택을 판다고 해도 취득 당시에 결정이 돼 아무런 상관이 없다. 그러니 조심해야 한다. 분양권을 얻을 땐 취득세를 염두에 둬야 한다.

분양권을 사더라도 등기를 치지 않고 그전에 판다고 해도 2021년 6월부터 양도세율이 무조건 60∼70퍼센트다. 조정지역은 무조건 50퍼센트고, 비조정지역은 1년 미만이 50퍼센트, 1∼2년 사이는 40퍼센트, 2년 넘으면 기본세율이던 것이 조정, 비조정 상관없이 1년 미만 70퍼센트, 1년이 넘으면 60퍼센트인 것으로 바뀌었다. 분양권 상태에서 3년이 넘어도 60퍼센트다. 지방세까지 붙으면 66~77퍼센트로 한 23퍼센트 남는다. 나중에 등기를 치면 다시 2년을 카운트해야 한다.

분양권 사는 순간 3~4년 묶일 수 있다. 분양권은 정말 괜찮은 것을 사고 호흡을 길게 가져가야 한다. 최소한 3~4년 봐야 한다. 청구권 쓰면 6년 갈 수 있다. 조급하게 굴면 안 된다. 규제가 심하니 분양권이나 사자는 생각은 금물이다. 출구 전략을 잘 짜야 한다.

공시가격 1억 원 이하 주택도 투자자들이 선호하는 것 중 하나다. 그렇다고 덥석 사지 말고 조심해야 한다. 1억 원 이하 주택은 취득세가 빠지니까 괜찮은 것 아니냐고 할 수 있다. 공시가격 1억 원 이하는 취득세 중과도 되지 않고, 주택 수에도 포함되지 않으니까 말이다. 재개발된 관리지역 같은 곳은 취득세 중과 제외가 안 되므로 12퍼센트, 1200만 원 낼 수도 있다.

그리고 나중에 양도세에서 문제가 생길 수 있다. 들어갈 때만 생각하고 나올 때를 생각하면 안 된다. 들어갈 때는 취득세를 피했는데, 나중에 양도세에서 발목 잡힐 수 있다. 사람이 사는 주거용 건물이라면 아무리 허름하고 집값이 낮더라도 양도세 주택 수엔 들어간다. 별도의 비과세나 감면되는 주택이 아니라면 주택 수는 계속 카운트된다.

이럴 때는 공시가격 1억 원 이하인 주택을 먼저 파는 게 낫다. 단 2년은 가져가야 할 것이다. 양도세율이 1년 미만은 70퍼센트, 2년 넘으면 60퍼센트다. 2년이 너무 길다고 여겨지면 1년 지나고 66퍼센트 내고, 나머지 34퍼센트 가져간다고 생각해도 된다.

취득할 때는 공동 명의가 유리하다. 단 역시나 취득, 보유, 양도의 세 단계를 봐야 한다. 취득 단계에서 취득세는 단독이든 공동이든 상관없다. 전체 금액에 대해 사람 지분별로 나눠서 내라고 하기 때문에 절세 효과가 전혀 없다. 문제가 되는 것은 보유와 양도다. 일단 양도세는 공동 명의가 유리하다. 세대가 기준이 되기 때문이다. 문제는 보유센데, 일부 불리한 케이스가 있어 그것만 피하면 된다.

또 하나, 공동 명의는 주택임대소득, 양도소득에 있어서도 이득이 된다. 이득이 된다면 공동 명의를 하는 것이 좋다.

반면 공동 명의가 불리한 경우도 있다. 종부세 중과 적용되는 경우가 그렇다. 보유세 계산할 땐 부부도 남남이다. 보유세 주택 수를 계산할 때 조정지역에 2주택이 있거나 지역 상관없이 3주택이면 종부세 중과세로 들어가서 최고세율 6퍼센트가 적용되니 조심해야 한다. 이런 경우 부부 한 명에게 몰아주는 것도 방법이다.

고가 주택을 취득할 때도 증여 이슈로 인해 공동 명의가 불리할 수 있다. 시가 20억 원짜리 건물을 샀을 때 5 대 5 공동 명의면 이론상 각각 10억에 해당하는 금액을 내야 한다. 부부 증여세 공제 6억 원(10년 기준)을 넘어섰기 때문에 증여세 이슈가 나올 수 있다. 금액이 아주 크고 명확한 경우에 해당된다.

세금은 아니지만 준조세에 해당하는 4대 보험이 있다. 그중에 국민연금은 돌려받는다고 치더라도 건강보험은 소멸된다. 건강보험은 부동산 임대사업자 등록 요구와는 상관없다. 주택을 가지고 세를 놓고 세금을 내면 5월에 신고한 종합소득세 내용이 그대로 건강보험공단으로 간다. 그러면 11월에 안내가 될 것이다.

단독 명의와 공동 명의일 경우의 보유세를 예를 들어 설명해보겠다. 집이 두 채인데 첫 번째 집은 공시가격이 10억 원이었던 것이 최근 20퍼센트 올랐다. 단독 명의일 경우 보유세는 2021년 기준 600만 원, 2022년 900만 원, 2023년 1000만 원 정도가 된다. 이후 연도부터 부동산 가격이 약 10퍼센트 오른다는 가정으로 계산한 수치다. 두 번째 집은 공시가격이 15억 원인데 18억 원으로 올랐다. 그럼 시가가 25억 원 이상 넘어갈 것이다. 단독 명의일 경우 2021년 1300만 원, 2022년 2000만 원, 2023년 2300만 원을 내야 한다.

첫 번째 집과 두 번째 집의 보유세를 더하면 해마다 1900만 원, 2900만 원, 3300만 원을 내야 한다. 공동 명의일 경우에는 7600만 원, 9400만 원, 1억 8000만 원이 나오게 된다. 그렇다면 단독 명의로 했을 때보다 각각 5700만 원, 6500만원, 7500만 원을 더 내게 된다. 이런 경우에는 불리하다. 두 집을 합쳐 공시가 20억 원이 넘으면 공동 명의가 더 불리하다고 볼 수 있다.

다른 사례를 보자. 역시 집이 두 채인데 첫 번째 집은 공시가격이 5억에서 6억 4000만 원으로 올랐고, 두 번째 집은 7억이던 것이 8억 4000만 원이 되었다. 똑같이 계산해보면 단독 명의로 했을 때는 450

보증금 8억 전세 있는 16억 아파트 명의 이전 때 세율 정리(취득가 5억)

전액 증여하는 경우		부담부 증여하는 경우			
증여세		증여세		양도 소득세	
증여재산가액	16	증여재산가액	16	양도가액	8
채무액	-	채무액	8	취득가액	2.5
증여세 과세가액	16	증여세 과세가액	8	양도차익	5.5
증여재산공제	0.5	증여재산공제	0.5	기본공제	0.025
증여세 과세표준	15.5	증여세 과세표준	7.5	과세표준	5.475
세율	40% (누진공제 1.6)	세율	30% (누진공제 0.6)	세율	주택 수 등에 따라 다름
산출 세액	4.6	산출 세액	1.65	산출 세액	주택 수 등에 따라 다름
납부할 세액	4.46	납부할 세액	1.6	납부할 세액	세율과 산출 세액에 따라 다름

(단위: 억 원)

만 원, 600만 원, 810만 원이 나온다. 공동 명의일 경우 1700만 원, 2300만 원, 2700만 원까지 올라간다. 양 차이는 1200만 원, 1700만 원, 1900만 원이다. 하지만 1900만 원이 주택임대소득과 나중에 치를 양도 소득세를 생각하면 오히려 더 유리할 수 있다. 무조건 단독 명의가 낫다고 생각하지 말고 종합적으로 판단해야 한다. 절세는 개인 자산을 종합적으로 봐야 한다.

　부담부 증여(부채를 포함하는 증여나 양도)는 여전히 해볼 만하다. 부담부 증여를 잘 활용하면 똘똘한 한 채로 잘 투자할 수 있다.

예를 들어 보자. 시가 16억 원짜리 주택이 하나 있고, 이 중 전세 보증금이 8억 원이 있다. 어머니 명의로 샀고, 자녀한테 증여하고 싶다. 그렇다면 전세 보증금 8억 원을 포함해 그대로 16억 원을 넘겨주면 된다. 원래 전세 보증금 8억 원은 어머니 몫이었으니 집을 넘기면서 부채가 같이 가는 것이다. 차액인 8억 원은 순수 증여분으로 대가성이 없으므로 증여세가 과세된다. 보증금 8억 원의 경우 대가성이 있다고 보기 때문에 양도세가 과세된다. 이것이 부담부 증여다.

부담부 증여는 증여자는 양도세, 수유자는 증여세와 취득세를 부담한다. 경우의 수가 복잡하기 때문에 잘 이해할 필요가 있다.

증여세를 보면 약 2.9억 원 차이가 나니 부담부 증여가 확실하게 유리하다. 단 증여자가 부담하는 양도세에 따라 전체 세 부담 차이가 달라진다.

부동산 시장과
절세 관련 Q & A

시네케라 민경남 KN프로퍼티즈 대표
미네르바올빼미 김호용 미르진택스 대표이사
정형근 놀라운부동산 대표이사

Q. 최근 부동산 시장 전망은 어떠한가?

A. 최근 1년 동안 가장 수익률이 좋은 부동산은 오피스텔이다. 서울 내에서 오피스텔 수익률이 100퍼센트가 넘는 곳이 굉장히 많았다. 금융 규제 때문에 대출이나 레버리지를 활용해서 자기 자본 비율을 줄이고 대세 상승장에 자본을 얹을 수 있는 투자처를 찾아야 한다.

아파트가 좋은 지역을 가야겠다는 생각은 위험하다. 지금은 갈아타기 좋은 시장이 아니다. 9~15억 원 사이에 있는 주택들은 갈아타기 수요가 금리 인상이 1퍼센트만 되더라도 70퍼센트는 움직이지 않는다. 한번 사면 10년 동안 가지고 있어야 할지도 모른다.

지금 인기 있는 것은 소액투자다. 내년(2020년)까지는 뜨거울 것이다. 추가 투자를 할 때 작은 물건일지라도 갖고 있는 물건과 혼합이 되기 때문에 공시가 결합이 되니 세금 부분을 잘 체크해야 한다. 공시가 1억 원 미만짜리의 인기가 굉장히 많다. 취득세 중과 안 받고 양도세에서 편의를 볼 수 있다.

2021년 하반기에는 아파트 외에 다른 종목도 살펴봐야 한다. 그리고 세금을 정확히 알아야 한다. 이 두 개만 해도 자산을 지키는 데 큰 효과를 볼 수 있다. 서울의 아파트는 굉장히 많이 올라갈 것이다. 공급량이 너무 부족하고, 다주택자들이 버티기에 들어가고, 다주택자 양도세 규제가 풀리지 않는 한 상승장은 멈추지 않을 것으로 보인다.

2021년 6월 1일부터 다주택자 추가 과세 세율이 10퍼센트씩 인상된다. 단기 양도세율도 추가로 인상된다. 2주택 이상은 종부세가 강화된다. 정부가 6월 1일 이전에 다주택자 매물이 시장에 많이 나올 것으로 예상했는데 생각보다 나오지 않았다. 6월 1일 이후에 팔면 60~70퍼센트의 세금을 내야 하는데 왜 팔지 않을까? 팔고 싶은데 사실상 못 파는 거다. 3주택 이상 보유자가 조정대상지역의 주택을 팔면 현재 기준으로 60~70퍼센트 이상의 세금을 내야 한다. 거기서 10퍼센트 추가 과세가 강화된다고 하더라도 66퍼센트 내나 77퍼센트 내나 별 차이 없다. 어차피 거의 다 내는 것이다.

부담스러운 것은 보유세다. 예전에는 버틸 만했는데 2021년부터 조정대상지역에 2주택 이상이면 종부세율이 종전의 두 배로 과세된다. 종부세 시뮬레이션을 필수적으로 해봐야 한다. 세 부담이 굉장히 크게 나올 수 있다. 종부세도 1~2년간은 버틸 수 있지만, 5~10년 가면 못 버틴다.

정부가 한시적으로 양도세 중과를 풀어주지 않을까 하는 전망도 쉽지 않다. 노무현 정부 시절에 양도세 규제가 굉장히 강했다. 완화된 시기가 2009년 3월 16일이다. 2008년 10월 리먼브라더스의 부도 후 집값이 떨어지기 시작해서 2009년 초까지 20퍼센트 떨어졌다. 집값이 내려가야 중과가 풀리는 것이다. 안 떨어지면 풀어줄 이유가 없다. 우리나라 다수는 무주택자로 전 국민의 48퍼센트나 된다.

무주택자가 느끼는 상실감은 엄청 크다. 집을 사고 싶어도 집값이 너무 높아 살 엄두가 나질 않는다. 이 상황에서 정부가 다주택자에 대한 중과제도를 한시적으로 유예해주면 오히려 무주택자들이 더 분노한다. 집값을 올려놓고 오히려 혜택을 본 사람들한테 다시 수혜를 준다? 이는 현실적으로 어렵다. 집권당이 무주택자를 포기하지 않는 이상 쉽지 않다.

한시적으로 완화된 대책이 나온다고 하더라도 투기 수요가 없는 1주택자들에 대한 규제만 완화할 가능성이 크다. 예를 들어 종부세 1주택 공제 기준이 9억 원인데, 12억 원으로 올린다거나 1주택 고가 주택 기준을 9억 원에서 12~15억 원으로 상향 조정한다거나 하는 방법 등이다. 언론에서도 언급되었듯이 1주택자나 고령자들에 대한 종부세 부담을 한시적으로 유예한다거나 하는 선에서 그치지, 파격적인 대책이 나오기 쉽지 않아 보인다.

Q. 결혼 3년차, 나이 서른일곱인 가정주부다. 현재 서울에 거주 중인데 부동산 구매 기회를 놓쳐 전세로 살고 있다. 주변을 보면 지금이라도 집을 구매해야 한다는 사람이 많은데, 지금이라도 집을 사는 게 맞을지 아니면 청약 조건을 살펴보고 생애최초 특별공급을 노리는 게 맞을지 고민된다. 어떤 방향으로 부동산 계획을 세워야 할까?

A. 나이를 고려하면 청약점수가 높을 수 없다. 그런 경우에는 과감히 청약을 포기하고 기존 주택 매수를 추천한다. 무주택자가 1주택이 되는 것은 투자의 영역이 아니다. 생존이다. 내가 살 집은 꼭 필요하다. 공부할 필요도, 고민할 필요도 없다. 일단 하나 사고 나서 그다음부터 투자를 해야 한다.

청약은 경쟁률이 상당히 치열하다. 가점이 65점 이상 되는 사람들은 고민을 해봐야 한다. 청약만 노리고 있다가 집을 못 구할 수도 있다. 정부에서는 청약에 대한 기대감을 많이 주고 있지만, 3기 신도시 사전 청약은 본 청약까지 시간이 얼마나 걸릴지 예상이 안 되는 상황이다. 토지 매수도 아직 끝나지 않았다.

청약 특별공급이 많이 늘어나 기대심을 가지게 하지만, 청약에 대한 관심을 내려놓는 게 현실적이다. 최근 동탄 신도시 아파트 청약이 있었는데, 거의 몇 천 대 1 수준에 육박했다. 청약보다는 재개발 지역 중에서도 저평가된 곳, 서울에도 있으니 찾아보는 것이 좋겠다. 찾아보면 다 있으니 열심히 공부해야 한다.

Q. 현금 증여가 아닌 부동산 증여의 장단점은 무엇인가? 현금으로 증여할지, 부동산으로 증여할지 아니면 현금 차용 등의 전략을 취하는 게 좋을지 궁금하다.

A. 부동산을 증여하는 사람들은 크게 두 가지 이유가 있다. 먼저 증여자가 본인 물건의 비과세를 받기 위해서 증여하거나 여러 물건을 가지고 있어서 보유세 부담이 커지니 증여하는 경우다. 다음으로는 부모님이 자녀의 투자 종잣돈을 마련해주기 위해 증여해주는 경우다. 두 가지 모두 장점으로 작용할 수 있다. 첫 번째는 증여를 활용해서 기존 주택의 비과세를 받거나 종부세 부담을 줄일 수 있다는 점이다. 문제는 증여세를 내야 한다는 점이다.

예를 들어 보자. 부모님이 사는 집 외에 서울 재개발 지역에 빌라를 한 채 더 가지고 있다. 전세 끼고 2억 원에 샀는데 현재 4억 원에 거래가 되고 있다. 여기서 끝이 아니다. 앞으로 관리처분 인가가 나고, 후에 준공까지 간다면 추가로 3~4억 원을 벌 수 있다. 근데 이걸 계속 가지고 있으면 부모님은 어차피 다주택자고 준공된 이후에는 기존 주택 비과세도 받지 못하는 데다 보유세 부담도 커진다. 앞으로 가치도 크게 오를 테니까 자녀에게 넘겨주면 향후 오를 가격 상승분을 자녀가 누릴 수 있다. 부모님이 진 비과세나 종부세 부담도 덜 수 있어 1석 2조다.

문제는 4억 원을 증여하면 증여세 부담이 굉장히 세다는 것이다. 기준 시가로 증여가 가능한데, 일반적으로 시가로 신고를 하게 돼 있다. 1순위가 그 물건의 거래가다. 하지만 재개발로 거래가를 산출하기는 어렵다. 2순위가 감정가액이다. 감정하지 않으면 모른다. 3순위가 매매 사례가액이다. 증여하는 물건과 똑같은 위치나 구조, 면적 등을 가진 다른 물건의 거래가다. 빌라는 똑같은 물건 사례가 없다. 4순위가 기준 시가다. 빌라는 다세대면 공동주택 고시가격이고, 다가구면 개별 주택 고시가격인데 기준 시가로 진행해서 당장 현재 오른 차익을 자녀가 가져갈 수 있게 증여해주면 된다.

부동산 증여의 장점은 이미 오른 차익이나 앞으로 오를 차익을 자녀에게 이전해줄 수 있다는 것이다. 단점은 증여세를 내야 한다는 것으로, 시가로 계산해서 내야 한다. 자녀가 소득이 많으면 증여세를 소득으로 내면 되는데, 소득이 없는 경우가 많아 부모가 대납해주는 경우가 많다. 단 대납해 주는 경우, 대납하는 증여세도 증여재산가액에 포함되니 실수하면 안 된다.

부동산을 증여받으면 취득세를 내야 한다. 조정대상지역에 있는 3억 원 이상의 주택을 증여받으면 취득세율이 12퍼센트다. 이런 점도 고려해봐야 한다. 각자 자신이 처한 상황에 따라 부동산,

현금, 현금 차용 등을 계산해보고 방법을 강구해야 한다.

Q. 경기도에 내 집을 마련하는 것과 서울에 전세를 사는 것 중 어떤 게 더 나을지 궁금하다.

A. 직장 위치와 자녀 교육을 고려해 결정해야 한다. 경기도에 내 집을 마련할 것이냐 말 것이냐 고민된다면 분당, 판교, 과천 등을 추천한다. 수도권 전체로 봤을 때 저평가되어 있고 향후 오를 만한 곳은 서북권이라고 본다. 서북권의 핵심인 송도 지역의 부동산이 오를 가능성이 있다. 그리고 부천 가격 성장점을 보면 지표가 가장 낮아 앞으로 많이 오를 것으로 예상된다. 안산 등은 신축 가격이 눌려 있다 보니까 서쪽 성장세가 괜찮을 것이다.

괜찮은 자리인 용인 쪽은 미분양이 아예 없어졌다. 용인도 인구가 100만 명이고 호재가 많다. 적은 금액으로 내 집 마련을 하고 가격 상승까지 보고 싶다면 이런 지역이 좋다. 지방은 대구 북구나 동구 지역은 저렴하게 잡을 수 있다고 본다. 지방에 투자하는 것은 좋지 않냐고들 하는데 수도권에 괜찮은 자리들이 있으니 이쪽을 노려보면 좋다.

Q. 세종에 집이 두 채 있고 강남에 거주 중이다. 실거주와 투자 목적으로 강남에 한 채 더 매수하고 싶다. 과감하게 양도세를 내고 진행해야 할지, 취득세를 감수하고 세종을 정리하고 강남 매수를 해 강남에

두 채를 가질지, 세제 변경을 기다리면서 차후에 강남 매수를 할지 고민이다.

A. 먼저 세종시의 두 채가 비과세가 되는지 따져봐야 한다. 일시적 2주택 요건을 갖출 수 있으면 비과세가 가능할 것이다. 신규 주택을 언제 샀느냐에 따라 일시적 2주택 요건이 달라진다. 세종시가 조정대상지역이기 때문에 원래 세종시가 파는 주택은 양도세가 부과되어야 한다.

소득세법 시행령을 보면 중과배제규정이 있는데, 신규 주택을 취득하고 3년 안에 종전 주택을 팔면 중과하지 않는다. 일시적 2주택이 둘 다 조정대상지역이면 1년 안에 팔아야 한다. 1년 안에 팔아야 하는 요건을 맞추지 못해서 비과세를 받지 못할 수도 있다. 종전 주택이 조정대상 이후에 취득했으면 2주 이상 거주를 해야 하므로 거주 요건을 못 맞춰서 비과세를 못 받을 수도 있다. 세종에 두 채가 있다는 것은 종전 주택을 하나 사고 신규 주택을 샀을 때, 산 날로부터 3년이 안 지났을 가능성이 있는데, 그런 경우에는 신규 주택을 사고 3년 안에만 종전 주택을 팔면 비록 비과세 요건을 갖추지 못했더라도 중과는 안 한다.

첫 번째 주택을 사고 두 번째 주택을 1년을 안 띄우고 사면 중과배제가 안 되는 것 아니냐는 질문이 있을 수 있다. 일시적 2주택 비과세를 받으려면 첫 주택과 두 번째 주택을 1년 띄우고 사야 하는데, 중과배제규정은 안 띄워도 아무 상관이 없다. 첫 번째 주택을 사고 한 달 있다 두 번째 주택을 샀다 하더라도 이후 3년 안에만 첫 번째 주택을 팔면 중과는 되지 않는다. 첫 번째 주택을 중과배제규정으로 판 다음에 두 번째 하나 남았는데, 조정대상 이후에 취득했으면 2년 이상 거주해야 한다. 거주를 못 하는 상황이라면 이것도 1주택 상태로 파는 것이다. 이런 방식으로 둘 다 기본 세율로 판 다음에 서울에 한 채를 마련하는 것도 괜찮아 보인다.

Q. 리모델링을 했을 때 들어가는 비용이 조금씩 다른데 어떻게 충당해야 할까?

A. 공사비에 한해서 공사비 대출이 통상 80퍼센트 정도 나온다. 그래서 부동사 매수 전에 계획을 잘 세워야 한다. 강남을 예로 들면 자체적으로 감정평가를 하거나 감정평가서를 봤을 때 토지 가격 대 건물 가격 비율이 대략 82~85퍼센트 대 18~15퍼센트 정도 된다. 즉 우리는 눈에 보이는 건물을 산다고 생각하지만 사실 땅을 사는 것이다. 새로 다 짓는다고 해도 그 비용이 매매가 대비 작다. 건물 공사비가 아무리 크더라도 전체 매매가보다 작다.

법인일 경우는 자기자본 20퍼센트로도 사업이 가능하지만 정부에서 계속 수익형 부동산도 대출 규제를 한다고 이야기가 나오고 있기 때문에 30퍼센트는 넘어야 한다는 의견이다. 은행에서 대출 심사를 할 때는 머리부터 발끝까지 대출 차주의 상태를 파악

한다. 자기자본이 많을수록 안전해 대출에 유리하다. 리모델링은 생소해 보통 꼬마빌딩 사는 데에만 신경 쓰는데, 부동산에서 할 수 있는 투자는 굉장히 많다. 적은 금액으로도 할 수 있는 것이 많으니 찾아가며 연구해보는 것이 좋다.

국세청 경력 32년 세무사가 알려주는
가상자산 절세 전략

박영범 YB세무컨설팅 대표세무사

    가상화폐에 대해서는 다양한 용어가 존재한다. 하지만 국세청에서는 화폐, 증세 등의 표현을 세금 문제 때문에 선호하지 않는 것으로 알려졌다. 따라서 국세청에서는 '가상자산'이라는 표현을 사용한다. 화폐나 증서는 과세 대상에서 제외된다. 그러나 자산은 다르다. 자산으로 잡힐 경우 과세가 가능해진다.

    당국은 가상자산에 대해서 과세에 중점을 둔 정의를 내리고 있다. 금융정보분석원FIU은 특정금융정보법에 근거하여 경제적 가치를 지닌 것으로 전자적으로 거래 이전될 수 있는 증표로 정의하며, 화폐·재화·용역 등으로 교환할 수 없고 사용처와 용도를 제한한 것은 제외했다. 국세청은 특정금융정보법과 판례에 근거해 가상자산을 재산적 가치가 있는 무형재산으로 정했다(2018년 5월 대법원에서는 가상자산을 몰수의 대상인 재산적 가치가 있는 무형재산에 해당한다고 판결했다).

정부는 2021년 1월 '2020년 세법 후속 시행령 개정'을 발표하며 2022년부터 시작될 가상자산 과세 기준을 마련했다. 2022년부터는 가상자산의 양도 및 대여로 발생한 소득 중 250만 원 초과 분에 대해서는 20퍼센트 세율을 적용해 기타 소득으로 분리, 과세가 된다. 과세 대상 소득은 양도 및 대여 대가 등의 총수입 금액에서 실제 취득 가액 등의 필요 경비를 뺀 금액으로 한다. 여기서 필요 경비를 계산할 때는 '선입선출법'을 적용한다. 먼저 매입한 가상자산부터 순차적으로 양도한 것으로 여겨 필요 경비를 따지는 계산법이다.

과세 시점인 2022년 1월 1일 이전에 보유하고 있던 가상자산도 과세해야 하므로 '의제 취득가액'이라는 개념을 도입했다. 과거에 산 가상자산의 가격은 의제 취득가액인 '2021년 12월 31일 당시의 시가'와 '실제 취득가액' 중 큰 것으로 한다. 의제 취득가액은 국세청장이 고시한 암호화폐 거래소 등 가상자산 사업자 및 그에 준하는 사업자가 2020년 1월 1일 0시 현재 공시한 가격의 평균액으로 평가한다.

소득세 부과를 위해 가상자산 사업자인 빗썸, 업비트, 코인원, 코빗 등은 2022년 1월 1일부터 분기·연도별 거래 내역 등 거래자별 거래 명세서를 제출해야 한다. 비거주자, 외국 법인의 경우 가상자산 사업자가 '가상자산 소득의 20퍼센트 또는 지급 금액의 10퍼센트 중 적은 금액을 원천 징수'하는 방식으로 과세한다. 시가와 필요 경비 등은 거주자의 계산 방법을 준용한다. 가상자산 사업자가 원천 징수한 세액은 비거주자의 원화·가상자산 인출일의 다음 달 10일까지 일정 금액을 내도록 한다. 이때 일정 금액은 '인출 비중으로 계산한 금액을 월별로 합산'하는 등의 방식으로 정한다.

2020년 6월에는 각종 언론에 가상자산에 양도 소득세를 적용, 부동산처럼 매매 차익 과세 등을 한다는 말들이 있었지만 결국 기타 소득으로 분리, 과세하는 것으로 세법 규정을 신설했다.

2022년 초부터 과세 인프라가 구축되고 실효 부담 세액이 계산되어 나오면 지난해 11월 개미 투자자의 주식 대주주 요건 강화 반대 소동과 같이 개미 투자자의 반발이 예상된다. 기본 공제액 250만 원은 2023년에 통합 신설되는 금융투자 소득세 5000만 원 공제와 비교하여 너무 적어서 가상자산이 조금이라도 오르면 거래자 모두 과세 대상이 될 수 있기 때문이다. 또한 이월 공제가 불가한 것도 금융 투자 소득세와 비교되는 부분이다.

세무 당국은 가상자산 신고 검증과 세무 조사를 위해 계획을 세우고 진행 중이다. 현재 국세청은 가상자산과 관련한 세무 조사 대상을 선정하고 있다. 고가 재산 취득자, 특히 40세 미만의 경우 5000만 원, 40세 이상의 경우 1억 원 이상을 대상으로 검찰, 관세청, FIU, 금융 감독원, 공정거래위원회 등과 협조해 자금 출처 조사를 하고 있다.

국세청에서는 가상자산 거래 이익에 대한 과세를 위하여 현재 가상자산 거래 정보 수집 인프라를 구축하는 중인데, 과세 자료를 제출할 가상자산 사업자가 2021년 9월 24일까지 신고 접수를 해야 한다. 현재 국세청은 신고·심사 과정이 제대로 진행되지 않아 곤란을 겪고 있다. 하지만 가상자산 사업자가 2021년 9월 24일까지 신고 접수를 하지 않거나, 신고가 수리되지 않은 상태에서 영업을 계속하는 경우 5년 이하의 징역 또는 5000만 원 이하의 벌금을 매기는 처벌을 받게 되어 신고 접수는 진행될 것으로 예상된다.

가상자산 사업자는 '가상자산의 매도·매수, 교환·이전, 보관·관리, 중개·알선 등의 영업을 하는 자'인데 가상자산 사업자 신고 시 정보보호 관리체계 인증, 실명 확인 입출금 계정, 대표자 및 임원(등기임원)의 자격 조건 등 까다로운 요건을 갖춰야 한다. 다만 신고 요건 중 가상자산 사업자가 은행법상 은행 등으로부터 실명 확인 입출금 계정을 발급받는 것을 은행에서 난색을 보이기 때문에 지연되고 있다.

가상자산 사업자는 지난 3월 25일부터 고객 확인, 의심 거래 보고, 가상자산 사업자의 도치 등 자금세탁방지 의무를 이행해야 하는데, 아직 신고 수리된 사업자가 없어 정부는 신고 수리 이후부터 자금세탁방지 의무 등의 의무 위반 여부를 감독할 계획이다.

현재도 FIU의 도움을 받아서 자금 출처를 파악하고 있다. 자금세탁방지를 위해 의심 사례의 경우 취급 금지를 내린다. 의심 거래의 경우 3일 이내에 보고가 된다. 1000만 원 이상 고액 거래의 경우 보고가 진행되며, 일회성으로 100만 원 이상의 거래가 일어날 경우 실명 확인이 진행된다.

국세청은 2023년 하반기부터 정기적으로 국세청 성실신고 검증을 진행한다. 계좌, 거래금액, 거래 수수료 등 과세 자료 수취를 통해 가상자산 과세 인프라 구축을 완료할 계획이다. 현제도 과세 당국은 비트코인 등 가상자산에 대한 과세를 위한 추적을 진행 중이다. 가상 자산에 대한 정부 보고는 FIU를 통해서 이뤄지고 있다. 빗썸, 업비트 등 가상자산 거래소는 FIU에 과세 자료를 제출해야 한다.

2021년 3월에는 비트코인 등 가상자산을 이용해 재산을 은닉한 고액 체납자 2416명을 찾아내 366억 원의 현금 징수 및 채권 확보를 했다. 2020년 12월에는 가상자산 거래소 빗썸 회원 중 비거주자(외국인)가 취득한 가상자산 거래 차익이 소득세법상 기타 소득에 해당함에도 원천징수 의무자인 빗썸이 이를 징수하지 않았다며 원화 출금액 전액에 대해 803억 원의 기타 소득세를 부과하기도 했다.

가상자산의 절세 방법으로 가장 많이 거론되는 것이, 국세청이 내년에 가상자산 거래 내역을 알 수 있으니 올해 여러 가·차명 계좌로 분산하거나 사전에 증여하는 방법 등이다. 가·차명 계좌를 이용하는 것은 사실 절세가 아니라 탈세. 또한 가상자산 거래이익을 분산해도 어차피 20퍼센트 단일세율이므로 누진세율인 소득세율과 같은 절세 효과는 없다. 2021년 12월 31일 이전에 가상자산을 증여한다면 국세청에서는 거래자도, 제대로 된 시가도 알 수 없으니 과세할수 없다.

최초의 고시가격은 2021년 12월 31일 국세청장이 지정한 가상자산 사업자들이 2022년 1월 1일 0시 현재에 공시하는 각 자산가액의 평균액을 시작으로 형성된다. 증여는 재산의 가치를 증가시키는 것으로 거주자의 경우 무상으로 얻는 국내외 모든 증여재산 또는 이익에 대하여 과세할 수 있다. 증여 재산의 가액인 시가는 원칙상 불특정 다수인 사이에 자유롭게 거래가 이루어진 경우 통상적으로 성립된다고 인정되는 가액을 말한다.

국세청은 가상자산, 화폐, 코인 시가를 상장, 코스닥 주식처럼 증여 이전과 이후 각 2개월간의 종가 평균액이 아니라 상장된 국채 등의 평가 예에 따라 증여일인 평가 기준일 이전 2개월간 공표된 최종 시세가액의 평균액과 증여한 거래소에 조회하여 평가 기준일 이전 최근 일의 최종 시세가액 중 높은 것을 증여 과세가액으로 삼을 수 있다. 국세청이 가상자산과 코인의 증여 내용만 안다면 증여 당시 공시 가격이 없다고 과세할 수 없는 것이 아니므로 금융 거래처럼 주의해야 한다.

05

인생 설계

달라진 금융환경에 따른 주기별 재테크 전략

월급쟁이 투자자를 위한
소액 투자법

박동호 박곰희TV 운영자

이제 처음 투자를 시작하는 사람들은 무엇부터 해야 할까? 우선 어마어마한 투자의 스펙트럼 속에서 '꼭 알아야 하는 것'과 '몰라도 되는 것'을 구분해야 한다. 투자를 시작할 때는 생각보다 많은 것이 필요하지 않다. 특히 근로소득이 주요 수입원인 월급쟁이 투자자들은 본업에 충실하면서도 쉽게 따라 할 수 있는 효율적인 투자법이 필요하다.

투자는 필수지만 개별 주식 투자는 그렇지 않다. 부자가 되는 길은 스타트업, 끝없는 저축, 자영업 등 다양하다. 주식 투자는 부자로 가기 위한 정말 좋은 수단일 뿐이지 빨리 부자가 되는 방법은 아니다. 할 것이라면 제대로 하고 아니면 아예 하지 않는 게 낫다. 위험한 걸 다루기 때문에 방법이라도 안전해야 한다. 단정적이지 않은 모든 말은 참이고, 단정적인 모든 말은 거짓이라고 보면 쉽다.

주식 투자엔 두 가지 방법이 있다. 트렌디한 성장주 투자로, 이는 위에서 아래로 하는 투자다. 시장을 선도하는 기업들에 투자하고 큰 그림을 그리는 것이 중요하다. 이를 위해 인문학 도서 읽기를 추천한다. 기업 분석보단 트렌드 분석에 중점을 두는 것이 좋다. 반대로 우직한 가치주 투자는 아래에서 위로 하는 투자다. 저평가된 기업을 발굴해 투자하는 것으로 기업 분석 능력이 중요하다. 재무제표를 꼼꼼히 살펴봐야 하고, 기업 분석이 트렌드 분석보다 선행되어야 한다.

투자를 시작하기 위해선 세 가지 기본 요소를 알아야 한다. 장기투자와 분할 매수, 분산 투자다. 이런 전제가 되어 있다면 지금 당장 투자를 시작해도 좋다. 자산관리의 5단계 공식을 기억하고 실행해보는 것도 좋다. 첫 단계는 현금관리로 CMA, RP, 발행어음, MMF 등에 투자하는 것이다. 두 번째는 안전자산 관리로 달러, 금, 채권 등에 투자하는 것이다. 세 번째로는 배당을 받는 배당자산 관리다. 고배당주, 리츠 등이 이에 속한다. 네 번째로는 투자자산 관리로 국내 주식과 해외 주식 등이 있다. 마지막으로 연금자산 관리로 연금저축, IRP 등이 있다.

투자에 정답은 없지만 오답은 있다. 성공한 투자자들은 공통점이 없지만 실패한 투자자들은 공통점이 있다. 초보 투자자들이 흔하게 범하는 실수가 자신이 모르는 것은 대박이라는 착각에 빠지는 것이다. 예를 들어 이런 것이다. "어젯밤 술자리에서 친구가 좋은 종목을 알려줬어." "살아날 만한 관리종목 잘 고르면 5배 간다." "○○○가 대통령 되면 친구가 하는 ○○기업이 올라갈 거야." "바이오 기업 ○○가 만든 약이 임상 통과했대." "내가 잘 아는 사람이 ○○만 계속 사 모으고 있대." 이렇게 내가 모르는 곳에 투자하면 투자는 즐거움이 아닌 고통이 될 수 있다.

3개월만 투자하고 빠지는 것도 위험하다. 빠른 수익이 성투(성공한 투자)를 의미하는 것은 아니다. 매일 차트를 보면서 일희일비하는 것은 좋지 않다. 많이 보면 많이 매매할 수밖에 없다. 자신의 노력이 아니라 시간이 수익을 벌어다 주는 것이기 때문에 참고 인내해야 한다. 기업이 아닌 가격을 거래하려는 행위도 위험하다. 자신이 할 수 있는 투자 전략을 선택해야 한다. 이렇게 투자 마인드가 중요하다.

투자는 등산으로 비유할 수 있다. 완만한 길을 가고 싶으면 자산 배분을 하면 되고, 가파른 길을 가고 싶다면 단타나 몰빵(집중 매수) 등을 하면 된다. 수익률의 함정에서 빠져나와야 한다. 10만 원으로 해마다 30퍼센트 수익률을 달성하는 것보다 100만 원으로 해마다 3퍼센트 수익률을 달성하는 게 훨씬 낫다. 잔고를 투자하는 것이 현명하다. 따라서 마음 편히 잔고를 늘리기 위해선 자산 배분 투자가 가장 좋다.

효율적인 투자를 위해선 전략적 자산 배분이 중요하다. 자산 배분이란 포트폴리오에 주식, 금, 현금, 부동산, 채권, 원자재 등 다양한 자산을 골고루 담는 것을 의미한다. 투자 성과를 결정짓는 요인으로 '전략적 자산 배분'이 91.5퍼센트로 비중이 가장 크고, '무엇을 샀나'는 4.6퍼센트로 적은 편이다.

가장 대표적인 자산 배분 포트폴리오로는 레이 달리오 브릿지워터 어소시에이트 회장이 만든 올웨더 포트폴리오가 있다. 이는 장기채

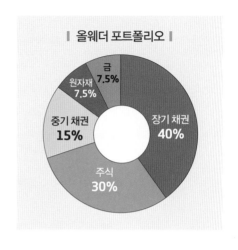

권 40퍼센트, 주식 30퍼센트, 중기 채권 15퍼센트, 원자재 7.5퍼센트, 금 7.5퍼센트 비율로 투자하는 것을 말한다. 단순하지만 효율적인 자산 배분으로 1984~2013년간 연평균 수익률이 10퍼센트에 달했다. 이 40년 중에 손실이 난 기간은 4년으로, 가장 큰 손실은 2008년 글로벌 금융위기 때 거둔 -3.93퍼센트다. 올웨더 포트폴리오처럼 서로 반대로 움직이는 자산들을 섞으면 시장의 급격한 하락을 견딜 수 있다.

투자자산 간의 상관관계를 파악해 이를 알고 투자해야 한다. 금과 은은 둘 다 동일한 카테고리의 귀금속으로 0.8 정도의 높은 양의 상관관계를 가진다. 하지만 다른 대부분의 자산들과는 큰 상관관계를 보이지 않는다. 금값이 방향성이 다른 자산들의 영향을 덜 받으면서 자체적으로 고유한 가치를 유지한다는 것을 뜻하기 때문에 많은 투

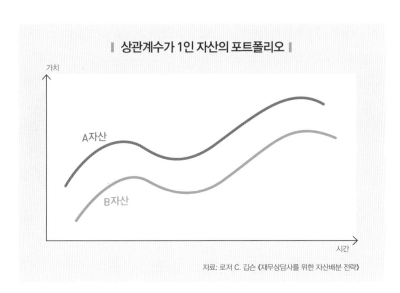

| 상관계수가 1인 자산의 포트폴리오 |

가치

A자산

B자산

시간

자료: 로저 C. 깁슨 《재무상담사를 위한 자산배분 전략》

자자가 금에 투자하고 있다.

코스피와 회사채는 -0.57의 상관관계를 보인다. 코스피가 하락하는 시기에는 기업들의 채권인 회사채 가치가 올라간다. 코스피가 떨어지면 우리나라 기업들의 부도 위험성이 높아지기 때문에 그만큼 더 웃돈을 주고 채권을 거래하게 된다. 우리나라 주식과 채권만으로도 자산 배분 효과를 기대할 수 있다.

부동산과 S&P 500은 -0.39의 상관관계를 지닌다. 우리나라 부동산은 대부분의 자산과 어느 쪽으로도 방향성이 강하지 않으나, 미국 주식과는 높은 음의 상관관계를 보인다. 만약 우리나라 부동산에 적극적으로 투자하고 있다면 다른 투자로 미국의 주식을 사두는 것

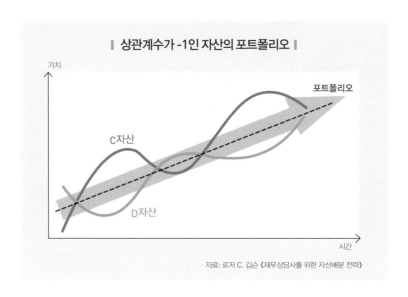

| 상관계수가 -1인 자산의 포트폴리오 |

자료: 로저 C. 깁슨 《재무상담사를 위한 자산배분 전략》

을 고려해볼 수 있다. 코스피와 달러는 −0.55의 상관관계를 보인다. 국내 주식 비중이 큰 투자자들은 달러를 가지고 있는 것만으로 음의 상관관계를 이용할 수 있다. 코스피가 급격히 떨어지면 달러가 급등하는 경향을 보인다.

대표적인 자산 배분 포트폴리오로 황금비율인 '지구와 달' 전략이 있다. 지구는 채권, 달은 주식으로 달이 지구를 중심으로 도는 것처럼 채권의 비중을 크게 두는 것이다. 물론 비율 조정은 가능하다. 채권 대 주식 비중을 5 대 5로부터 9 대 1까지 가져갈 수 있다. 다른 황금비율 포트폴리오로는 '두 집 살림' 전략이 있다. 시장 흐름을 파악한 뒤 안전자산과 투자자산의 집중도를 조정하는 것이다. 경기가 좋

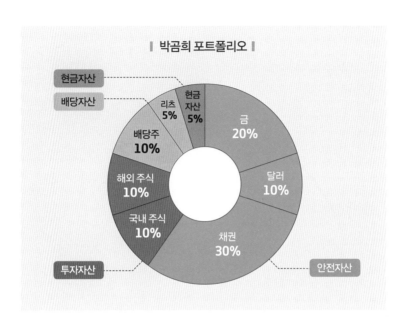

┃ 박곰희 포트폴리오 ┃

현금자산

배당자산

리츠
5%

현금
자산
5%

금
20%

배당주
10%

해외 주식
10%

국내 주식
10%

달러
10%

채권
30%

투자자산

안전자산

을 때엔 채권 0, 주식 100에 투자하거나 경기가 나쁠 때엔 채권 100, 주식 0을 투자하는 식이다. '영구 포트'라고 하는 영구적으로 쓸 수 있는 포트폴리오도 있다. 주식 25퍼센트, 채권 25퍼센트, 금 25퍼센트, 현금 25퍼센트를 가져가는 방식이다. 간편하지만 정말 강력한 비율이라고 평가받는다.

내가 직접 만든 '박곰희 포트' 전략도 있다. 안전자산 60퍼센트, 투자자산 20퍼센트, 배당자산 15퍼센트, 현금자산 5퍼센트를 가져가는 방식이다. 안전자산은 금 20퍼센트, 달러 10퍼센트, 채권 30퍼센트로 구성된다. 투자자산은 국내 주식 10퍼센트, 해외 주식 10퍼센트로 구성된다. 배당자산은 배당주 10퍼센트, 리츠 5퍼센트로 구성된다. 이 포트폴리오는 내 투자 성향상 안전자산의 비중을 늘렸고, 달러 비율을 분리하고 배당자산을 추가했다. 국내 주식과 해외 주식을 나눠 각각 전략적으로 투자할 수 있게 했다. 이렇게 개인 성향이 반영된 맞춤형 포트폴리오를 만들어가는 것도 좋은 방법이다.

시장 변화에 따른 리스크를 줄이기 위해서는 그 충격을 흡수할 수 있도록 포트폴리오를 조정할 필요가 있다. 이를 리밸런싱이라고 한다. 정기 리밸런싱은 1년에 한 번 본인 생일 등 특정한 시점에 투자 비율을 조정하면 된다. 적립식이라면 1~2년간 모으기만 하고 리밸런싱을 하지 않아도 괜찮다. 수시 리밸런싱은 시장에 급격한 변화가 생겼을 때 본인의 성향에 맞게 조정하면 된다.

달라진 금융환경에서
꾸준히 수익 내는 법

김영빈 파운트 대표

    세상이 많이 변했다. 과거에는 근면 성실하면 부를 쌓을 수 있었다. 고도 성장기의 부모 세대는 성실히 일하는 것만으로도 많은 것을 누릴 수 있었다. 최소한의 노후와 안정된 경제적 삶이 보장되었다. 빈곤은 노력하지 않고 성실하지 않은 사람들에게 해당되는 것이었다. 우리가 받아온 교육은 물론이고, 돈 모으기 방식과 관련된 인식도 여기에 뿌리를 두고 있다. 지금까지도 바뀌지 않고 많은 영향을 주고 있다.

    지금도 농업적 근면성을 기반으로 꾸준히 저축하고 성실히 모으면 내 삶이 달라질 수 있을까? 안정적 삶과 경제적 자유를 누릴 수 있을까?

    부동산 건물의 시세 차익이 100억 원대다. 일자리는 줄어들고 자

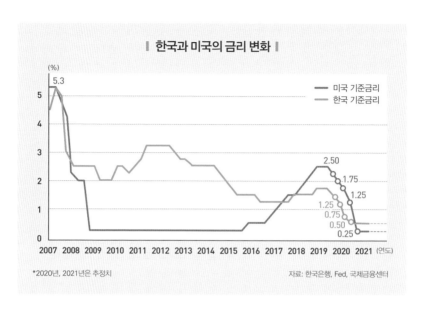

‖ 한국과 미국의 금리 변화 ‖

(%)

미국 기준금리
한국 기준금리

5.3

2.50
1.75
1.25
1.25
0.75
0.50
0.25

2007 2008 2009 2010 2011 2012 2013 2014 2015 2016 2017 2018 2019 2020 2021 (연도)

*2020년, 2021년은 추정치

자료: 한국은행, Fed, 국제금융센터

영업자는 힘들다. 가진 자들은 더욱 부유해지고 없는 자들은 더욱 빈곤해지고 있다. 능력주의의 함정에 빠진 것은 아닌지 의심해볼 필요가 있다. 이제는 전략적으로 살아야 한다. 현명하고 전략적으로 본인의 투자 설계를 해두지 않으면 노동환경만으로는 부를 보장할 수 없는 세상이 되었다.

코로나는 양극화를 가속화했다. 코로나 이전과 이후는 근본적으로는 같다. 코로나가 가져온 사회 현상이 멈추고 과거로 돌아가게 될까? 자산 가격이 코로나 이전의 절반 이하로 떨어진다든가 주식 가격이 코로나 때처럼 3분의 1로 줄어든다거나 하는 현상은 없을 것이다. 자산 가격 상승과 부의 양극화는 필연적 흐름이다.

은행에 돈을 넣어도 사실상 물가 상승률이 더 높아 실질 금리가 마이너스다. 실질 금리가 마이너스란 뜻은 인플레이션을 따라가지 못한다는 뜻이다. 돈의 가치가 야금야금 떨어지는 것이다. 투자가 두렵다고 하지 않으면 실질 금리가 마이너스인 세상에서는 100퍼센트 돈을 잃고 있는 것과 다름없다. 어느 순간 은행의 돈을 꺼냈을 때 줄어든 것을 발견할 것이다. 실질 가치가 반토막 나는 상황을 목격하게 되는 것이다.

이런 상황이라면 적극적으로 투자해 자산을 증식한 사람들과 격차가 벌어지게 된다. 열심히 저축해 모았더라도 부동산이 더 뛰고 사야 하는 물건 값이 뛰게 되면 상대적으로 가난해진 것이다. 투자를 통해 돈을 잃는 것보단 예금을 통해서 확정적으로 돈을 잃는 것을 더 무서워해야 한다. 자본주의 사회에서는 노동 소득만으로 버티기란 정말 어렵다.

최근 자산이 폭등하면서 '벼락거지'라는 신조어도 생겼다. 실물 경기가 안 좋을 때는 현금을 많이 찍어내면서 부동산뿐 아니라 주식 등 다양한 자산의 가치가 올랐다. 코로나로 경기 침체가 나오다 보니 각국 경제가 돈을 찍어내면서 상대적으로 현금 가치가 떨어지고 있다. 한국의 기준금리, 가중평균 금리, 예금금리도 낮아지면서 예·적금만 해서는 경제적 자유를 누리기 쉽지 않다.

장기적인 투자를 가져가야 한다. 미래를 예측하는 것은 어렵다. 뭘 사야 할지 모르겠다. 1~2년 단타를 치는 게 아니라 장기간에 걸

▎ 주요 국가별 가계의 자산 구성 ▎

구분	한국	호주	독일	네덜란드	영국	미국
금융자산	23.6	36.5	47.9	41.7	33.9	30.2
부동산(거주 주택)	42.5	50.4	36.6	45.5	37.4	43.8
부동산(거주 주택 외)	29.2	7.9	6.7	2.2	2.8	3.2
기타 실물자산	4.6	13.1	15.5	12.8	28.7	26

(단위: %)

자료 : 한국은행 가계금융복지조사

쳐 투자해야 한다. 오를 때 사고 내릴 때 파는 것이 아니다. 예 · 적금 하듯 투자해야 한다.

이제 저축은 안 된다. 저축하면 큰일 나는 시대가 되었다. 급할 때 필요하게 쓸 수 있는 일부 현금성 자산만 남기고 투자해야 한다. 예 · 적금 비중을 3퍼센트 미만으로 극단적으로 줄여야 한다. 금리가 연 2퍼센트가 안 되면 당장 투자금을 빼야 한다. 원금 잃는 것을 감수하더라도 확정적으로 벼락거지가 되는 게 위험하기 때문이다. 만약 본인의 소득이 높거나 초고소득층에 해당한다면 저축만으로 살아갈 수 있지만, 그게 아니라면 예 · 적금을 경계하고 투자해야 한다.

다른 국가와 비교해보면 한국은 금융자산 비율이 너무 적다. 전문가들은 부동산과 금융자산이 5 대 5를 이뤄야 한다고 말한다. 부동산은 처지가 어려울 경우 유동화하기 힘들다는 단점이 있다. 인생 전체를 설계할 때 돈이 필요한 상황을 대비한 현금화 측면에서 금융자산의 비중을 크게 가져가야 한다. 부동산에 묶어놨다가 코로나 같은 위기 상황이 오면 자산 설계가 꼬이게 된다.

우리나라에서 부동산을 선호하는 이유는 두 가지다. 강제적으로 장기 투자를 할 수 있고, 레버리지를 활용하기 때문에 벌어들이는 돈이 많게 된다. 부동산 연평균 수익률이 6.8퍼센트 정도다. 10년 정도면 두 배가 된다. 그 사이 지수가 훨씬 많이 올랐다. 부동산은 정답이 아니다. 세금을 감안하면 수익률은 더 떨어진다. 금융자산 투자가 수익률이 훨씬 좋다. 문제는 우리의 경우 금융자산에서 예금의 비중이 크다는 것이다. 600조 원이 넘는 연금자산 중 50퍼센트가량이 예금에 들어가 있다. 그런데 예금 3년간 연평균 수익률이 2퍼센트가 안 된다. 본인의 연금과 퇴직금을 적극적으로 운용해야 한다.

부동산 구매를 위해서라도 투자로 종잣돈을 만들어야 한다. 평생에 걸쳐 투자해야 한다. 잃지 않는 투자를 해야 한다. 따라서 장기적으로 오르는 것을 사야 한다. 가격이 떨어져서 불안하다? 그러면 투기라고 볼 수 있다. 떨어지면 더 사는 게 맞다. 미국의 성장을 믿는다면 S&P 500에 투자하면 된다. 10~20년이면 부동산보다 수익률이 더 좋다. S&P 수익률은 11퍼센트에 육박해 10년이면 네 배가 된다. 장기간에 걸쳐 투기가 아닌 투자를 해, 장기간에 상승하는 것에 돈을 넣어야 한다.

삼성전자도 30년 후엔 어떻게 될지 모른다. 망할 가능성이 0이 아니기 때문이다. 우리는 하나의 기업에 집중 매수하면 안 된다. 다양한 포트폴리오를 구성해야 하고, 채권도 반드시 담아야 한다. 인플레

구분	초기 자본금	최종 자본금	평균 수익률	최대 수익률	최저 수익률
올웨더 포트폴리오	10,000달러	27,640달러	7.82%	18.28%	-3.25%
주식 100% 포트폴리오	10,000달러	29,131달러	8.24%	33.45%	-36.98%

*1985년부터 2021년까지 기간을 설정해 시뮬레이션 진행

자료 : 포트폴리오 비주얼라이저

이션 헤지 요소로 금이나 대체 투자 상품도 고려해야 한다. 대표적인 것이 올웨더 포트폴리오다. 이 포트폴리오는 과거 고금리 시절에는 잘 맞았다. 장기채가 수익의 절반 이상이었다. 지금도 이게 베스트 솔루션인지는 확신할 수 없다. 그래도 예금에 넣는 것보다는 이게 더 좋다고 할 수 있다. 그냥 따라 해도 절대 후회할 일 없을 것이다.

본인의 성향을 잘 알아야 한다. 투자는 리스크를 동반한 활동이다. 리스크 없는 투자는 없다. 내 기대 수익률을 낮추고 불안해 말고 가격이 떨어지면 돈을 더 넣을 수 있는 그런 적정한 성향의 투자처를 찾아야 한다. 삶의 사이클에 따른 상황 대처도 고려해야 한다. 결혼이나 은퇴 같은 중요한 시기를 앞두고서는 채권 비중을 늘려야 한다. 돈을 꺼내 쓰는 시점에 맞는 포트폴리오 관리가 필요하다.

올웨더 포트폴리오와 주식 투자만 한 것을 비교해보면 올웨더로 구성한 게 최대 수익률은 낮음을 알 수 있다. 주식으로만 하는 게 수익률이 높다. 대신 그만큼 리스크도 크다. 만약 10억 원을 주식에 투

자했다고 가정해보자. 최저 수익률을 기록해 4억 원을 잃었다고 한다면 리스크가 매우 큰 것이다. 투자가 가장 두려울 때 포트폴리오를 구성해놓으면 도움이 된다.

자산 간의 상관관계도 알고 있어야 한다. 채권이 방어 역할, 주식이 성장 역할을 한다. 국내 주식에 절대 집중 매수하면 안 된다. 국내 주식만으로 계속 비중을 늘려 장기 투자를 하는 것은 현명하지 않다. 지역적으로 상관관계가 낮은 테마형 ETF를 하게 되면 기술이나 성장하는 섹터를 포함해 리스크를 분배해야 한다. 한 국가에 투자하지 말고 상관관계가 낮은 국가에 투자하는 것이 좋다.

기업의 주가지수는 잘하는 기업을 편입시키고, 못하는 기업을 퇴출시킨다. 기업의 흥망성쇠를 걱정할 필요 없이 코스피 200, S&P 500 등과 같은 국가 종합주가지수에 투자해 채권을 보호해주면 조합을 통해 장기 성장률을 높일 수 있다. 그렇게 되면 지구에 투자하는 것이다. 지구에 투자할 경우 인플레이션과 GDP 등을 감안해 연 7퍼센트 이상 수익률을 기대할 수 있다.

투자에 쓰는 본인의 노동 생산성도 고려해봐야 한다. 에너지 부족과 부정확한 정보, 때로는 감정에 휘둘려 잘못된 선택을 할 수 있다. 그런 것들을 간접 투자를 통해 상쇄할 수 있다. 로보 어드바이저의 경우 저렴한 수수료로 자산과 리스크 관리를 해주는 혁신적 프로그램이다. 실제 인공지능이 주식 종목을 찍어주지는 않을 것이다. AI 기술을 활용해 리스크 관리를 해서 장기 수익률을 만들어내고 있다고 보는 편이 맞을 것이다. 이런 기술에 대한 지나친 환상을 갖기보다는 꾸준하고 안정적인 수익에 주목해야 한다. 누구에게 맡기든 직접 하든 투자하는 것 자체가 중요하다.

일하지 않고도 돈 벌고
일찍 은퇴하는 방법

대파 신현정 K-FIRE_더나은삶연구소 연구원
좌마 신영주 K-FIRE_더나은삶연구소 연구원

최근 MZ세대가 가장 원하는 삶 중 하나가 바로 '파이어FIRE' 족이 되는 것일 테다. 파이어는 'Financial Independence, Retire Early(경제적 자립, 조기 은퇴)'의 앞글자를 딴 말이다. 경제적 자립을 이루어 일찍 은퇴하는 것을 뜻한다.

우리 자매는 2015년에 은퇴한 파이어족이다. 우리 둘은 옷 장사를 했는데, 당시만 해도 파이어족은 낯선 용어였다. 사람들을 만날 때마다 파이어족이 무엇인지 설명해야 했다.

하지만 지금은 다르다. 많은 사람이 먹고살 만큼 돈을 벌어놓고 회사를 떠나 하고 싶은 일을 하면서 사는 삶을 꿈꾼다. NH투자증권 100세시대연구소가 2021년 3월 말 만 25~39세 투자자 2536명을 대상으로 설문조사를 한 결과에 따르면, 응답자의 65.9퍼센트가 '조기 은퇴를 꿈꾼다'고 답했다. 이들은 집값을 제외하고 13억 7000만 원을 모아 평균 51세에 은퇴하는 게 꿈이라고 말했다.

파이어족은 1990년대 미국에서 생겨난 말이다. 2008년 글로벌 금융위기를 지나면서 불황이 밀레니얼 세대에 트라우마로 남았다. 파이어족은 불안한 미래를 노동 소득이 아닌 자본 소득으로 대체한다.

미국에서 파이어족이 되기 위해 필요한 목표 자산을 정할 때는 흔히 '25배 법칙'을 사용한다. 조기 은퇴를 하기 위해서는 1년 생활비의 25배가 필요하다는 뜻이다. 1년 생활비가 3000만 원이면 7억을 모으면 되는 것이다. 이 법칙은 미국 트리니티대학 연구팀이 만든 것으로, 목돈을 모으면 '4퍼센트 룰'에 따라 포트폴리오를 짠다. 이후 매년 자산에서 원금의 4퍼센트씩을 꺼내 쓴다. 보통 주식에 100퍼센트 투자하거나 주식 75퍼센트, 채권 25퍼센트로 나눠 투자한다. 채권의 경우 보통 장기채권 투자를 주로 한다.

하지만 4퍼센트 룰도 몇 가지 문제가 있다. 우선 연구기간이 30년이다. 31년째에 1달러만 남아도 성공이다. 하지만 요즘은 수명이 길어져서 40대에 은퇴해 30년이 흐르면 70대가 된다. 두 번째는 비용 문제다. 4퍼센트 룰은 인플레이션은 방어해주지만, 세금 증가분은 반영하지 못한다. 그래도 해결책은 있다. 원금의 3퍼센트만 꺼내 쓰면 된다. 자산이 적다면 아껴 써야 한다.

한국의 파이어족은 기준이 다르다. 우리가 제시하는 기준은 미국과는 달리 최소 생계비의 25배를 목표 자산으로 정하는 것이다. 미국 파이어족의 목표 금액의 절반 정도에 불과하다. 미국에선 자산을 모으기 쉬운 고학력·고소득자들이 파이어족을 선택하지만, 우리나라 상황에 맞게 투자 포트폴리오를 짜면 적은 돈으로도 조기 은퇴가 가능하다.

미국의 파이어족과 한국의 파이어족의 가장 큰 다른 점은 한국 사람들은 조기 은퇴를 하더라도 유유자적 삶을 보내지 않는다는 것이다. 목표 자산을 모으는 건 안전장치를 마련해두고 하고 싶은 일을 하면서 '제2의 삶'을 빨리 시작한다는 의미다.

우리 자매는 30대 후반이던 2015년에 5억 원을 모아서 회사를 그만두었다. 은퇴한 첫 해는 해외여행을 많이 다녔다. 1년 생활비 5000만 원 중 2000만 원을 여행비로 책정했다. 은퇴한 지 2년째에 들어선 2017년에 실거주할 집을 마련했다. 2018년부터는 안정적인 포트폴리오를 짜놓고 2019년부터 매년 4000만 원을 꺼내 연초에 CMA 통장에 넣어 두고 사용한다.

2015년 당시 포트폴리오를 보면 부동산과 주식, 현금에 각각 1억 5000만 원씩 투자했다. 당시에는 분양권 규제가 없어서 분양권에 많이 투자했다. 분양권 투자를 들여다보면 소형 아파트 두 채(5000만 원)와 오피스텔(2600만 원), 원룸형 오피스텔 두 채(2800만 원) 등이다. 2018년 하반기까지 지지부진했지만 2020년이 되니 총 자산이 약 네 배 이상 늘어났다.

2020년 기준 총 자산은 대출과 전세금을 포함해 19억 6500만 원이다. 순자산도 은퇴자금의 두 배 이상 늘어났다. 자기만의 포트폴리오를 완성할 때까지 끊임없는 공부가 중요하다. 포트폴리오를 완성한 다음에 글로벌 경제 흐름을 보면서 운용하면 된다.

은퇴 자금으로 얼마가 필요할지는 사람마다 다르다. 우린 5억 원으로 가능했지만 누군가는 20억 원으로도 불가능할 수 있다. 집값을 포함할지 말지도 본인 선택이다. 우리는 은퇴하고 2년 차에 집을 구매했다. 그래서 2~3년 차인 2017년과 2018년에는 주택담보대출을 갚으려 검소한 생활을 했다. 이후에는 포트폴리오가 안정적으로 운용되고 있다.

본인 소비 습관과 투자 성향에 맞게 목표 자금을 짜야 한다. 그리고 열심히 모아야 한다. 우선 영수증과 카드 내역서 3개월 치를 모아 봐라. 그걸 카테고리별로 나눠서 상위 카테고리 네 개를 확 줄여야 한다. 우리는 1년치 생활비를 적은 뒤 지출이 가장 많은 순서대로 줄였다. 집과 차, 취미, 해외여행의 순이었다. 차를 팔고 취미생활과 여행을 멈췄다. 커피값을 아끼고 걸어 다니는 등 푼돈을 아껴서는 정작 지치기만 하고 돈이 안 모일 수 있다. 소비를 가장 많이 하는 분야를 대폭 줄여야 한다.

포트폴리오를 완성한 다음에 할 일은 바로 '콘텐츠 투자'다. 콘텐츠 투자란 자신을 온라인 세상에 알리는 모든 일을 의미한다. 1년 반 동안 해외여행을 하고 많은 것을 배웠다. 은퇴 3년 차가 되니 일상에 무기력함이 배었다. 명확한 방향성이 없는데 시간이 많으면 독이 될 수 있다.

어느 순간 친구들과 가족들에게 파이어족을 설명하는 일이 힘이 들었다. 어느 날 어머니한테 생활비를 드렸더니 "나는 필요 없으니 너희 먼저 써라" 하는 말이 돌아왔다. 3년 동안 좋아하던 자동차 한 대 사지 않은 걸 보고 어머니가 '돈이 다 떨어졌구나'라고 생각한 것이었다. 친구들은 경력 단절을 걱정했다.

우리는 세상에 파이어족을 알려야겠다고 생각했다. 그래서 선택한 일이 바로 SNS 활동이다. 우리에게 시간은 많았고 SNS 활동은 비용이 들지 않았다. 2019년부터 SNS에 꾸준히 글을 올렸다. 하고 싶은 일을 하나씩 기획하고 실행했다. 결과와 상관없이 과정을 기록하고 공유하는 과정을 반복했다.

우선 SNS에 콘텐츠를 올려라. 여행가, 작가, 강연자 등 원했던 일을 모두 다 하면서 살 수 있다. 플랫폼 채널 기회가 굉장히 많아졌다. 나만의 콘텐츠를 1년 이상 올리면 개인 브랜드가 생긴다. 브랜드가 생기면 수입이 생기고 사업으로 확장된다. 우리 자매는 방송 출연을 하고 책을 쓴다. 여러 플랫폼 채널에서 협업 요청이 꾸준히 들어온다. 유튜브 채널 '파이어족-대파마TV'도 운영한다. 《파이어족의 재테크》라는 책도 썼다.

코로나를 겪으면서 온라인의 힘을 더 많이 느꼈다. 파이어족이 된 이후 처음 맞이하는 위기 상황이었다. 팬데믹으로 모든 게 멈췄지만 온라인 소통은 계속되었다. 앞으로 SNS 영향력이 더욱 커지겠구나

하는 생각이 들었다.

조기 은퇴한 것을 단 한 번도 후회한 적은 없다. 특히 코로나 시기에 마음대로 외출하지 않아도 되는 점이 좋았다. 내 삶을 위험으로부터 차단하고 주체적으로 행동할 수 있었다. 다만 파이어족에 어울리는 사람이 있고, 그렇지 않은 사람이 있다고 생각한다. 나는 자유 시간을 원하지만, 누군가는 넘치는 시간이 부담스러울 수 있다.

회사에 다닐 땐 일주일에 5일을 일한다. 쉬는 이틀은 아무것도 안하고 소파에 누워 있어도 된다. 월요일이 돌아오면 또 5일을 나가서 일해야 하니 이틀을 쉬면서 보내는 것이다. 회사에서는 시키는 것만 잘해도 경력이 만들어지기도 한다.

조기 은퇴는 회사라는 울타리가 사라진다는 의미다. 남는 건 시간뿐이다. 만약 40세에 은퇴했다면, 길게는 향후 60년이란 시간이 남아 있다. 남은 60년간 아무것도 안 하고 회사 다닐 때처럼 주말에 소파에 늘어져 살고 싶은지를 생각해봐야 한다. 그렇게 해서는 만족할 수 없다. 100억 원으로 경제적 자유를 이루고 조기 은퇴한 사람이 있었다. 그 사람은 남은 시간이 지루해서 결국 다시 직장으로 돌아갔다. 직장인으로 살아온 사람들은 돈과 시간이 아무리 많아도 할 게 없다고 생각한다.

결국 내게 주어진 시간을 어떻게 채울지가 중요하다. 하고 싶은 일을 찾아야 한다. 작은 텃밭에서 채소를 키워보고 미술을 배워볼 수도 있다. 그리고 자신이 하는 일을 SNS에 올려 사람들과 공감해라.

파이어족이 되면 고립된 섬처럼 느껴진다. 그동안 자신이 만나던 직장 동료가 사라지기 때문에 갑자기 외로워진다. 하지만 SNS를 하면 자신을 응원해주는 사람과 생각을 공유할 사람들이 생긴다. 자신의 영역이 조금씩 넓어지는 것이다.

우리가 회사를 다니면서 고민할 부분이 있다. 바로 회사도 나를 좋아하는지 여부다. 내가 사업하는 업종이 코로나 등 위기를 피해갈 수 있을지 따져봐야 한다. 미국에서도 2008년 글로벌 금융위기 이후 파이어족이 퍼졌다. 회사가 갑자기 부도가 나면서 동료와 선배들이 길거리로 쫓겨난 것을 보았기 때문이다. 회사가 자신의 미래를 책임져주지 않는다는 것을 모두 깨달은 것이다. 글로벌 금융위기는 사람들이 하루라도 빨리 경제적으로 회사에서 자립해야겠다고 마음먹게 된 계기가 되었다.

누군가는 코인으로, 누군가는 주식으로 수백억씩 벌었다고 한다. 풀 죽어 있을 필요 없다. 지금 할 수 있는 일을 하나씩 하면 된다. 파이어족도 절약하면서 수익률을 계속 높여야 지속 가능하다. 가상화폐에 투자해서 100배, 1000배 수익이 나는 건 우리 이야기가 아니다. 슈퍼 개미가 아니라 그냥 개미가 되면 된다. 단기적으로 빨리 돈을 모으려고 무리한 투자를 하면 위험할 수 있다. 절약하고 투자 공부를 하고 소비 습관을 조절할 수 있다면 누구나 경제적 독립을 이룰 수 있다.

부자가 되기 전에 경제적 자립을 먼저 이루고 자신만의 포트폴리

▎은퇴 시점과 은퇴 5년 후의 자산 변화 ▎

(단위: 만 원)

구분	계획	실제 투자 상황(2015~)		
부동산	15,000	빌라 월세(보증금/월세)-거주		2,000/90
		부동산 투자 (분양권)	소형 아파트 투자(2채)	5,000
			오피스텔	2,600
			원룸형 오피스텔(2채)	2,800
		여유 자금		2,600
주식	15,000	국내 주식	대형 우량 배당주: P**CO	6,300
			소형 가치주: *롱	2,500
			성장주: F**A	2,700
			기타	2,500
		해외 주식	중국 주식(후강퉁)	2,500
보험	5,000	종신 & 실비		3,500
현금	10,000	CMA 및 현금 보유		10,000
생활비 (첫해)	5,000	생활비		3,000
		여행 비용		2,000
합계	50,000			50,000

2015년 실제 투자 상황

구분	실제 투자 상황		
부동산	실거주		52,000 (대출 19,000)
	전세 임대		5,000*2 (전세 61,000)
주식	국내 주식	P**CO	4,000
		삼****	3,000
		*롱	4,500
		F**A	3,000
	해외 주식	기타	3,500
		중국 주식	4,500
		미국 주식	6,500
보험	종신 & 실비		3,500
현금	현금(₩+$)		8,000
생활비	생활비(1년)		4,000
합계			약 196,500

2020년 시세 및 포트폴리오

오를 완성하자. 그리고 하고 싶은 일을 하면서 살면 시간이 지나면서 자산가로 살 수 있다. 5년 전에 은퇴한 우리 자매는 지나고 보니 지금은 우리가 원하는 한 죽을 때까지 일할 수 있는 사람이 되었다. 남이 일을 주지 않으면 우리가 만들어서 하면 된다.

지금 내게 필요한
노후 설계

강창희 트러스톤자산운용 연금포럼 대표

사실 가장 확실한 노후 대비는 평생 현역으로 일하는 것이다. 현재 퇴직 연령이 빨라지고 있다. 우리나라 체감 퇴직 연령은 51세다. 공기업이 55세, 중소기업이 51세, 대기업이 49세다. 현재 고용 상태에 불안감을 느끼는 직장인의 비율이 66퍼센트에 이른다. 60세까지 일하는 직장인 비율은 8퍼센트에 불과하다. 전국경제인연합회와 잡코리아 자료를 토대로 트러스톤연금포럼이 작성한 자료에 의하면 그렇다.

52세에 퇴직한다고 가정해보자. 평균 수명인 82세까지 산다면 퇴직하고 남은 인생은 30년이다. 하루 여유시간을 11시간으로 가정하면 30년간 12만 450시간이 있다. 12만 450시간을 연평균 근로시간인 2092시간으로 나누면 약 58년이다. 퇴직 후의 30년이 느낌상 현역 시절의 58년에 해당한다는 의미다. 그렇다면 우리는 노후를 잘 대비하고 있을까?

2019년 통계청의 가계금융복지조사를 보면 50대 가구의 총자산은 4억 9000만 원 수준이다. 이 중 부채가 9300만 원으로 순자산은 3억 9700만 원이다. 문제는 부동산이 3억 8000만 원에 이른다는 점이다. 따지고 보면 가용자산은 5900만 원에 불과하다.

연금 수령 현황을 보자. 2019년 12월 말 기준 65세 이상 803만 명 중 국민연금 수급 대상자는 42.5퍼센트다. 같은 기준으로 노령연금 수령액을 보면 60만 원 미만이 80퍼센트다. 100만 원 이상 받는 사람은 6.6퍼센트에 불과하다.

한국에서 4년 동안 특파원으로 근무했던 한 일본 언론인이 말하길, 한국 사람들은 '입구 관리'에 쌍불을 켠다고 한다. 나이 60세에 운 좋게 부자가 되었다고 치자. 그럼 아름답게 사는 방법, '출구 관리'를 해야 한다. 한국 사람들은 입구 관리는 잘하는데 출구 관리를 못한다는 것이 그의 말이었다. 출구 관리를 아무도 가르쳐주지 않는다.

1975년 일본 도쿄증권거래소에서 연수를 받은 경험이 있다. 지금 우리나라 65세 이상 노인 인구는 전체의 15퍼센트에 해당하는데, 당시 일본의 65세 노인 인구 비율은 8퍼센트 수준이었다. 당시에 놀랐던 기억이 두 가지가 있다.

도쿄증권거래소에는 주식과 채권을 보관하는 창고가 있었는데, 거기서 노인들이 주식을 세고 있었다. 회사 임원, 공무원 등으로 일했던 사람들이 퇴직한 후 당시 시간당 500엔을 받고 일하고 있었다. 내가 묵었던 비즈니스 호텔은 오후 5시가 되면 젊은 직원들은 퇴근했다. 대신 노인들이 그 자리를 채웠다. 나이 들어서 일을 하려면 폼나는 일은 젊은 사람들에게 주고 허드렛일을 해야 한다는 사실을 그때 배웠다. 일본 노인들은 이미 체면을 버리고 일할 준비가 되어 있었다.

그로부터 40년이 지난 2015년, 일본의 퇴직자들이 하는 일은 다양하다. 아파트 관리인, 생협지역위원, 회사 고문, 컴퓨터 강사, 가사 대행 서비스, 노인 및 영유아 돌봄 등이다. 우리는 남의 눈치를 보느라 일하기를 어려워 한다. 하지만 눈치를 볼 필요도 없고, 일하는 사람을 무시해서도 안 된다.

퇴직하고 할 일은 젊은 사람이 할 수 없거나 하지 않는 일이다. 제일 바람직한 건 젊을 때부터 미리미리 무슨 일을 할지 고민하는 것이다. 환경의 변화 속에서 자신의 특기를 살릴 수 있는 일을 찾으려 끊임없이 노력해야 한다. 새로운 직업들이 계속 생겨난다. 1969년 3260개에 불과했던 직업 수는 2019년 기준 1만 6891개로 늘었다. 일본은 2만 5000개, 미국은 3만 650개에 달한다.

일하는 것만큼이나 노후 대비 자산관리도 중요하다. 경제적으로 자립하지 못하면 누군가에게 얹혀살 수밖에 없다. 특히 진정한 경제적 자립이란 주어진 경제 상황에 자기 자신을 맞추는 능력이다. 주어진 환경에 맞게 살아야 한다는 의미다.

선진국 국민들은 노후 자금을 몇 억 원씩 들고 있을까? 아니다. 중요한 건 공적 연금과 사적 연금을 확보하는 것이다. 그게 바로 선진국의 특징이다. 1980년대 우리나라 노인들의 수입원 중 72퍼센트가 자녀의 도움이었다. 하지만 2019년 기준 자녀의 도움이 수입원에서 차지하는 비중은 20퍼센트로 줄어들었다. 10년 뒤에 이 비율은 더욱 줄어들 것이다. 미국은 현재 자녀 도움 비중이 0.7퍼센트이고, 일본도 1~2퍼센트에 불과하다.

이제 어느 국가에서도 자식이 부모의 주 생활비를 도와주지 않는다. 도와줄 수도 없다. 50대였던 평균 연령이 80대로 늘어났다. 노인이 노인을 부양해야 하는 시대가 되었다. 제일 바람직한 건 국민연금, 퇴직연금, 개인연금 등 3층 연금으로 최저 생계비를 확보하는 것이다.

한국은행에 따르면 구매력 환율 기준 가구당 순자산은 우리나라가 53만 8000달러로 프랑스의 52만 1000달러, 일본의 48만 6000달러보다 높다. 왜 이런 결과가 나왔을까? 부동산 값이 올라서 우리나라 사람이 부자처럼 보이는 것이다. 선진국의 부동산 비중은 30퍼센트 정도 된다. 나머지 70퍼센트는 금융자산이다.

그렇다면 부동산 가격이 계속 오를지를 한번 생각해봐야 한다. 이웃나라 일본의 집값은 떨어졌다. 일본 국토교통성에 따르면 도쿄와 오사카, 나고야 등 일본 3대 도시의 택지지가지수는 1982년을 100으로 계산했을 때 1991년 290으로 올랐다. 일본 도쿄 주택가에 왕궁이 하나 있었는데, 그걸 당시 시세로 팔면 캐나다 땅을 모두 살 수 있을 정도였다고 한다. 1991년 정점을 찍은 일본 집값은 그 뒤로 추락하기 시작했다.

우리나라는 땅이 좁다. 더더욱 비싸게 팔리고, 사서 기다리면 오를 거라고 생각한다. 실제로 지금까지 그랬다. 하지만 글로벌 시대에 땅도 얼마든지 간접적으로 수입할 수 있다. 농산물을 수입해서 먹으면 간접적으로 땅을 싸게 사는 효과가 있다. 한국에 있는 기업들이 베트남 등 외국으로 가면 부동산 가격은 떨어질 수밖에 없다.

요즘 일본에선 부부만 남거나 배우자와 사별하면 시내에 있는 18~20평짜리 소형 평수 아파트에 산다. 병원과 문화센터, 쇼핑몰이 가까운 곳이 인기다. 고령화 시대에 노인들이 도시를 빠져나가서 시골에서 유유자적하며 살 거라고 생각하지만 실상은 아니다. 역세권 조그만 평수에 살고 싶어 한다.

또 생각할 부분은 집을 누가 살 것인지다. 집은 젊은 사람들이 산다. 통계청에 따르면 20년간 20~30대가 100만 가구 줄었다. 집을 늘리는 건 40~50대다. 노인들은 20년간 400만 가구가 늘었고, 향후 2040년까지 530만 가구가 또 늘어난다. 문제는 노인들은 이미 집이 있거나, 집이 없더라도 살 능력이 없다는 것이다.

원칙을 지켜야 하우스푸어를 피할 수 있다. 재산이 한곳에 집중되어 있으면 안 된다. 우선 10퍼센트라도 금융자산을 갖고, 나이가 들수록 이 비중을 높여야 한다. 50~60대의 부동산과 금융자산의 적정

비율은 50 대 50이다. 그래야 집값이 떨어지더라도 하우스푸어가 되지 않는다. 주택은 재테크 수단이 아니다. 주거의 수단이다.

재테크를 하려면 저축과 투자 상품의 차이를 알아야 한다. 저축은 돈이 불어나는 속도가 느리지만 원금이 사라질 염려는 없다. 대표적 저축 상품이 예금이다. 반면 투자 상품은 원금을 잃을 수 있다. 대표적 상품이 주식과 채권, 선물, 옵션, 펀드, 변액보험, 변액연금 등이다.

투자를 할 땐 리스크를 이해해야 한다. 리스크를 위험이라고 번역해서는 안 된다. 리스크의 정확한 번역은 '불확실성'이다. 잘될 수도 있고 잘못될 수도 있다. 몇 년 전만 해도 예금만으로도 충분히 돈을 모을 수 있었지만, 이제는 리스크를 감수하지 않고는 풍요로운 인생을 살기란 요원한 일이 되었다. 리스크엔 시장 리스크와 개별 종목 리스크가 있다. 금융위기 등 주식시장 전체가 하락하는 리스크가 시장 리스크다. 이땐 위기가 지나가길 기다리며 장기 투자를 하면 된다. 불량 종목을 고른 개별 종목 리스크의 경우 분산 투자로 줄일 수 있다.

저금리 시대엔 금융 사기꾼이 판친다. 모르는 상품에 투자하지 마라. 변액보험과 펀드 등 간접 상품은 판매사보단 상품을 운용하는 운용사를 봐야 한다. 실력 있는 운용사가 하는지를 살펴보라는 의미다. 믿을 수 있고 신뢰할 만한 실력 있는 전문가를 알아두는 것도 필요하다. 상품을 구매할 때 단서 조항도 꼭 확인해야 한다. 중수익 중위험 상품이라고 홍보하지만, 원금을 전액 잃을 가능성도 있다.

자신에게 맞는 상품을 찾는 일도 중요하다. 예를 들어 직장인이 옵션 상품에 투자한다면 잘릴 각오를 해야 한다. 직장인은 직업에서 성공해야 하고, 원칙대로 투자하는 게 최고다. 최근엔 세금도 신경 써야 한다. 서민들도 절세 상품을 잘 활용해 투자할 수 있다. 마지막으로 금융 상품에 가입할 때 수수료를 꼼꼼히 따져봐야 한다.

연금과 투자로 편안한 노후를 설계하라

김경록 미래에셋투자와연금센터 대표

우리는 연금과 투자자산을 적절히 배분해 노후를 지켜가야 한다. 국민연금은 물가가 올라도 구매력을 유지시켜준다는 장점이 있다. 그래서 노후에 안전한 자산은 공적 연금이다. 나중에 받을 수 있을지에 대한 우려가 있지만, 가장 사람의 수명과 일치시켜줄 수 있다.

한 손에는 연금이라는 것을 들고 있고, 다른 한 손에는 투자자산을 가지고 있어야 한다. 제로 금리라고 하지만 세금 떼고 연 1퍼센트 준다고 가정해보면, 3억 원 자산에서 매년 생활비로 2000만 원을 사용한다고 했을 때 자산을 운용하면서 생활비를 인출해야 한다. 3억 원에서 2000만 원을 빼고 2억 8000만 원으로 자산 운용을 하는 것이다. 이렇게 계속 2000만 원을 인출하고 하는 식이다. 이러면 약 16년 정도 되면 다 소진되고 없어진다. 자산을 연 5퍼센트 수익으로 운영하게 된다면 없어지는 기간이 27년이다. 11년이 더 길어지는 것이다.

10~15년 전만 해도 예금만으로도 연 5퍼센트씩 충분히 수익을 올릴 수 있었는데, 현재는 그렇지 못해 자산 수명이 16년으로 확 짧아졌다. 금리가 오르기만을 기다릴 것이 아니라 수익률이 높은 곳으로 자산을 옮겨가야 한다. 투자와 자산관리를 잘해 자산의 수명을 길게 가져 가야한다. 사람의 수명이 늘어난 만큼 돈의 수명도 늘려야 한다. 부동산과 예금이라는 과거의 생각을 떨쳐내야 한다. 이런 상황에서 생각할 것은 연금과 투자자산이다. 일단 시각을 바꾸는 것이 중요하다.

노후 자산이라는 집을 지을 때 연금은 주춧돌과 마찬가지다. 그런 만큼 주춧돌을 잘 놓아야 한다. 60~70대에 투자자산을 먼저 쓰고 난 다음 나중에 연금자산을 쓸 수 있다. 연금자산을 처음에 많이 받고 난 다음에 투자자산을 받는다면 어떻게 될까? 연금을 80세까지 받는다면 100세 시대에 남은 20년은 어떻게 보낼 것인가? 물론 우리의 수명이 어떻게 될지 모르는 일이지만 지금과 같은 시대에 연금을 더 많이 받는 것이 전략이 될 수 있다.

연금의 중요성을 보여주는 한 사례가 있다. 프랑스 배우 잔 루이즈 칼망은 나이 구십에 남자 변호사와 계약을 맺었다. 당시 변호사의 나이는 마흔일곱이었다. 계약의 내용은 "내가 죽으면 집을 줄 테니까 당신은 내게 죽을 때까지 연금을 달라"고 한 것이다. 당시 나이 구십은 당장 내일 죽어도 별로 이상하지 않았다. 거기에 변호사가 먼저 죽으면 그 가족이 지불하라는 조항을 추가시켰다. 30년이 흘렀다. 칼망은 120살인데도 계속 살아 있고, 변호사는 죽고 말았다. 변호사가 죽은 후 가족이 2년 동안 연금을 대리 지급했다.

이게 바로 연금의 중요성이다. 연금에는 종신연금, 국민연금, 민간 종신연금 등이 있다. 국민연금은 죽을 때까지 물가에 연동해 지급해준다. 주택을 담보로 잡아 죽을 때까지 연금을 지급해주는 주택연금도 있다. 오래오래 살게 되었을 때 굶어죽지는 않게 해주는 것이 연금의 역할이다. 그래서 중요하다. 이런 연금을 갖추는 것이 노후를 대비하는 좋은 방법이다.

10억 원의 자산을 갖고 있는 사람이 있고, 5억 원의 자산과 200만 원의 종신연금을 가지고 있는 사람이 있다. 둘 중 누가 더 나을까? 후자가 돈은 더 편안하게 쓸 것이다. 10억 원의 자산은 투자라도 잘못되면 먹고살 것이 사라질 수 있다. 후자의 경우 연금을 받으면서 수익률에 따라 자산 운용을 달리 할 수 있다. 일종의 가드레일 효과다. 주행하는 데 훨씬 편안하게 할 수 있다.

국민연금 홈페이지에 가면 얼마든지 연금받는 시기를 조정할 수 있다. 수령 시기가 63세라면 5년 후인 68세로 늦출 수 있다. 공적 연금을 많이 받을 수 있는 방법으로 활용할 수 있다. 주부 등 국민연금에 가입하지 않았던 사람도 임의로 추가 가입할 수 있다.

자신이 언제 죽을지 모르는데 나이 따져봤자 의미 없다. 연금을 손해볼 수 있을지도 모른다는 마음으로 우직하게 연금 시기를 정하는 것이 좋다. 퇴직연금이나 연금저축을 일시금으로 찾아가는 사람도 많다. 목돈을 가지고 있으면 잘 굴릴 것 같은 생각에서다. 하지만 목돈을 그냥 써버리는 경우가 더 많다. 금융사기를 당하기도 하고, 누굴 도와주는 데 쓴다는 등 이유도 많다. 사적 연금을 수령할 때는 일시금보다 연금 방식으로 수령하는 것이 좋다. 그 또한 연금을 늘릴 수 있는 방법이다.

금융자산뿐 아니라 주택자산도 있다. 우리나라 사람이라면 주택 자산을 하나쯤은 갖길 꿈꾼다. 실제로 평생 열심히 모은 자산으로 주택 한 채 정도는 갖고 있는 사람도 많다. 문제는 주택자산은 벽돌을 하나씩 빼는 것처럼 당장 쓸 수 있는 소득을 마련하지 못한다는 것이다. 이에 착안해 주택금융공사에서는 주택연금제도를 만들었다. 주택 하나만 있어도 연금을 받을 수 있는 것이다. 단 주택연금은 일찍 받을 필요가 없다. 55~60세인데 지금부터 받는다? 그럴 필요는 없다. 70세가 넘어가서 활용하는 편이 좋다.

주택연금은 세 가지 특징이 있다. 역모기지, 종신, 비소구권이다. 주택담보대출과는 반대로 연금 형태로 먼저 분할해서 돈을 받고 나중에 주택을 처분하는 것(역모기지)이다. 그리고 대출 기한이 있는 게 아니라 죽을 때까지 적용(종신)된다. 집값이 하락하거나 너무 오래 살아서 '순자산 < 0'이면 국가가 부담(비소구권)한다. 내가 오래 살아서 주택연금을 많이 받았는데 주택의 가치가 떨어졌을 때 유리하다.

주택금융공사는 연 보증료로 0.75퍼센트와 이자를 받는다. 이게

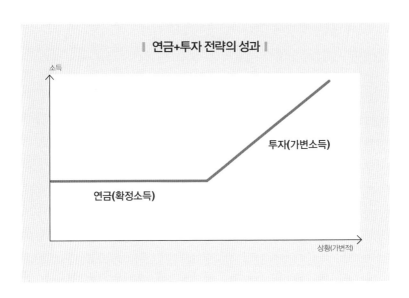

┃ 연금+투자 전략의 성과 ┃

계속 쌓이면 역복리로 계산되어 시간이 흐를수록 부채가 크게 증가
한다. 일찍 가입하면 역복리 효과로 부채가 크게 증가하니 유의해야
한다.

"나하고 성격이 다른 친구가 좋은 친구다. 연금이란 가장 안전한
자산과 수익을 추구하는 투자자산을 같이 가지고 있는 것이 좋다."

연금은 가장 안전한 자산이다. 연금 덕에 자신이 가진 자산을 적
극적으로 투자, 운용할 수 있다. 연금을 많이 받는 공무원의 경우 은
행에 예치해둔 금융자산이 많은데, 이건 전혀 성격이 맞지 않다. 안
전한 자산이 있는데 왜 굳이 또 안전한 길을 걸으려 하는가? 연금
과 궁합이 맞는 것은 리스크가 있어도 수익을 추구하는 것이다. 이를

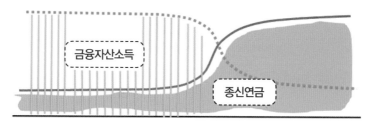

| 자산 배치 전략 |

금융자산소득

종신연금

'바벨 전략'이라고 한다.

연금은 확정 소득이므로 정해진 금액을 얻는다. 이때 투자자산의 수익이 얼마나 되느냐에 따라 자산 규모가 달라진다. 물론 불확실성의 위험은 있다. 불어날 수도 있지만 잃을 수도 있다. 하지만 자산의 불어날 수 있는 잠재력이 있는 것만큼은 분명하다.

자기 자산이 충분히 많다면 연금은 필요 없을 수도 있다. 자산이 100억, 200억 원이 넘는다면 굳이 연금이 필요할까? 하지만 그 정도 부자인 사람은 드물 것이다. 우리 대부분은 집 한두 채를 가지고 있거나 기껏해야 가용 자금이 억대일 것이다. 자산이 5억 원 정도 된다면 연금이 필요하다. 자산이 적을수록 연금자산 비중을 높여야 한다. 노후의 필요한 지출액을 고려해 연금과 투자자산의 비중을 정해야 한다.

일본의 경우 인지장애가 있는 사람이 보유한 금융자산이 2030년경에 한화로 약 2000조에 이를 것이라고 한다. 자기 자산을 관리하지 못하는 사람의 자산 규모가 이 정도인 것이다. 나이 들수록 금융 자산을 투자자산으로 관리하는 게 쉽지 않다. 통상 75세 이상을 후기 고령기라고 보는데, 이 시기에 들어선 이후에는 자산이 자동적으로 운용될 수 있게 하는 게 좋다. 그렇기에 자산을 알아서 받을 수 있는 연금의 비중을 높이는 게 중요하다.

전기 고령기(65~74세)에는 유동자금이 필요하고 자기 판단에 의해 자산 운용이 가능하므로 금융자산을 적극적으로 운용하고 탄력적으로 인출할 수 있다. 후기 고령기에는 장수 대비 종신형 연금이 필요하고, 관여를 적게 해도 되는 자동적 자산 인출 형태인 연금의 필요성이 커진다. 따라서 금융자산은 전기에 배치하고, 종신연금은 후반에 배치하는 전략이 필요하다.

연 5퍼센트의 수익률을 어떻게 올릴 것인지도 중요하다. 혁신 기술이 100년, 200년에 하나씩 튀어나온다. 중수익 상품(DLS, ELS, 키코 등)은 이익은 제한적이지만 가끔 큰 손실을 볼 수 있다. 따라서 정기적 소득을 얻을 수 있는 인컴형 자산(리츠, 배당주, 채권)이나 혁신 ETF에 투자하는 형태의 바벨 포트폴리오를 구성할 것을 추천한다. 주식에도 관심이 있다면, ETF 대 종목을 7 대 3 비율로 가져가면 좋다. 혁신 ETF를 담아놓고 장기적으로 보는 방법도 있다. 혁신 ETF라는 야생마를 갖고 있으면서 현금 흐름을 쉽게 가져갈 수 있는 상품을 구성하면 좋다.

ETF를 주식처럼 거래하는 방법도 중요하다. ETF는 주식의 특징

┃ 미국 테크 톱 10 수익률 ┃

구분	2021년 3월 말 지수 종가 (2016. 3. 18 1000pt 기준)	연율화 수익률	연율화 변동률	위험 대비 성과	전 고점 대비 최대 낙폭(MDD)
미국 톱 10	3052	28.2%	24.4%	1.16	-26.9%
미국 나스닥 100	2968	24.1%	22.3%	1.08	-28%

*2016년 3월 18일~2021년 3월 31일 기준   자료 : 블룸버그

과 인덱스 펀드를 합친 것이다. 장중 거래 시간에 실시간 매매할 수 있고, 전화 주문이나 HTS, MTS로도 매매할 수 있다. 현금화 기간도 짧다. 소액으로 분산 투자가 가능하며 특정 지수 또는 가격의 변동률을 추종한다. 일반 펀드보다 저렴한 보수가 장점이다.

예를 들어 'TIGER 미국 테크 톱 10 INDXX' 상품을 보겠다. 이는 미국 나스닥에 상장된 기술 관련 기업 중 시가총액 상위 10개 기업에 투자하는 것이다. 종목별 편입 한도는 20퍼센트로 편입 종목은 애플, 마이크로소프트, 아마존, 알파벳, 페이스북, 테슬라, 앤비디아, 페이팔, 인텔, 넷플릭스 등이다. 이는 자율주행, 전기 차, 게임, 헬스케어, 이커머스와 같은 혁신 테마에서 클라우드, 인공지능, 반도체와 같은 원천 기술 기업이다.

06

이색 재테크

재테크 범위를 확대해 새로운 수단에 눈을 돌려라

리얼 짠순이의
돈에 맞추는 액션 플랜

김짠부 김지은 조이컴퍼니 대표

'김짠부 재테크'라는 유튜브를 운영하는 나는 원래 극강의 욜로족이었다. 네일아트 회원권을 끊어 일주일에 한 번씩 다녔다. 향수도 힙해 보이는 건 다 사서 모았다. 하늘 아래 같은 색조가 없다는 생각으로 '코덕(코스메틱 덕후)'의 삶을 살았다.

그러다 보니 매달 적자에 시달렸다. 바로 직전에 방송국에서 프리랜서 PD로 일했다. 방송국 월급이 좀 짜다. 한 달에 180만 원 정도 받았다. 그런데 지출이 250만 원이었다. 카드 리볼빙으로 한 달에 250만 원을 썼다. 이렇게 살다 보니 스물여섯 살 때 통장 잔고가 0원이었다. 스무 살 때부터 일을 시작했는데 6년간 모은 돈이 한 푼도 없었던 것이다.

갑자기 무서워졌다. 서른이란 나이는 내게 '어른'이 되는 나이였다. 재테크엔 관심이 없었고 통장은 비어 있었다. '돈을 쓰기만 했지 잘 쓰지는 못했구나' 하는 생각이 들었다. 그래서 다시 시작하기로 다짐했다.

목표는 1억 원. 어떻게 돈을 모을지 고민하다가 다른 사람한테 기대지 않고 나만의 방법을 찾고 싶다는 생각이 들었다. 맞춤옷을 제작하듯이 맞춤형 재테크 방법을 찾고 싶었다. 지금 생각해봐도 대견하다. 만약 다른 사람한테 상담을 받았다면 포트폴리오를 따라가는 데 급급했을 것이다. 하지만 스스로 찾으니 나만의 스토리가 만들어졌다. '내 돈의 전문가는 나'라고 생각했다. 내 상황과 꿈은 내가 제일 잘 알았다.

보통의 사람들은 좋은 대학, 좋은 회사를 목표로 한다. 사회인으로서 이게 다가 아니라는 사실을 깨달았다. 자본주의 사회에서 돈을 향한 목표를 어떻게 한 번도 안 세워봤을까, 반성했다. 돈을 금기시여기는 말을 많이 들었는데, 그럴수록 돈과 멀어진다고 생각한다. 재무 목표를 세웠고, 연도마다 저축액을 적었다.

디테일엔 약하지만 크게 꿈을 잡고 상상하는 스타일이다. 이게 돈을 모을 때 큰 도움이 된다. 매달 받는 적은 월급만 생각했다면 포기했을 것이다. 하지만 '재무 목표'라는 큰 숲을 보니, 1년에 2000만 원 모으는 것도 힘들었는데 서른 살 1억 원을 바라보며 달려갈 힘이 생겼다.

우선 액션 플랜을 정했다. 계획을 세워 실행한 지 3개월 차에 친한 친구가 부모한테 물려받은 집이 있다는 이야기를 했다. 당시 나는 1000원도 아끼던 때였다. 5억 원 상당의 아파트가 친구 명의로 되어 있다는 이야기를 듣고 집에 와서 울었다. 세상이 불공평하게 느껴졌다. 친구는 자기 삶을 열심히 사는 사람이었다. 그런데도 그렇게 느껴졌다. 너무 억울했다.

고민하다가 이런 식으로 매번 나와 다른 사람을 비교하며 우울한 감정에 휘둘렸다간 돈을 못 모으지 싶었다. 액수가 아닌 행동 목표를 정해야겠다고 생각했다. 돈을 목표로 하면 '현타(현자타임)'가 자주 온다. 예를 들어 스무 살 연예인이 람보르기니 차를 끈다고 생각해봐라. 그래서 금액이 아닌 돈에 맞는 액션 플랜을 세웠다. 스물여덟에 전세 보증금 마련, 서른 살에 집 마련, 이런 식이다.

우선 통장 쪼개기를 했다. 다른 사람들도 해볼 것을 권한다. 통장 쪼개기는 미래를 위한 자물쇠다. 20대 초반에는 월급이 들어오면 옷이랑 화장품 살 생각만 했다. 20대 중반에는 돈이 남으면 청약에 2만 원씩 넣었다. 돈 남으면 청약 넣고 비상금 만들자고 생각했던 것이다. 그때는 몰랐다, 쓰고 남은 돈은 없다는 것을. 돈은 써도 써도 부족하다. 200만 원 벌어서 150만 원을 쓴다면, 300만 원을 벌면 250만 원을 쓴다.

씀씀이를 고치는 게 제일 어렵다. 나는 모든 걸 수입으로 봤다. 회사 다닐 당시 용인에 살았는데, 회식 때 직장 상사가 주는 택시비 3만 원도 수입으로 쳤다. 버스를 타고 가고 대신에 3만 원을 모았다.

통장 쪼개기는 크게 두 가지 통장으로만 했다. 절대 깨지 않을 통장과 작은 통장 하나다. 2만 원을 넣던 청약통장에는 10만 원을 넣었다. 큰 적금은 주거래은행을 이용했고, 작은 적금은 저축은행이나 신협 등 제2금융권 특판 상품을 이용했다. 제2금융권은 고객을 끌어모으기 위해 가끔 고이율의 적금 상품을 내놓는다. 납입 가능액은 월 10만~20만 원 정도다.

짠테크와 재태크 관련 카페에 가면 이에 관한 다양한 정보가 나오니 검색해 찾아보면 된다. 카카오뱅크 등 인터넷 전문 은행 상품도 활용했다. 매주 내가 정한 금액을 넣으면 카카오 이모티콘 스티커를 붙여주는 상품이다. 보는 재미도 있고 카페에 올려 인증하는 재미도 있다.

비상금은 2년째 꾸준히 모으고 있다. CMA 계좌에 넣는다. 하루만 넣어도 이자를 주는 상품이다. 수입의 세 배, 생활비의 다섯 배 정도가 비상금으로 있어야 한다. 나만의 비상 상황을 정하는 게 중요하다. 예전에 성형외과에서 파격 할인을 하기에 적금을 모두 깨서 쌍꺼풀 수술을 했다. 내게는 성형외과의 파격 할인이 비상 상황이었다. 지금 정한 비상 사유는 수입이 0원이거나 부모님이 아플 때 등이다. 만약 위급 상황이 아닌데 비상금을 깨려면 스스로 이유를 서술하도록 정했다.

지금까지 꾸준히 하고 있으면서 추천하는 방법은 '가계부 쓰기'다. 지출을 쪼개면 고정 지출과 변동 지출, 누수 지출로 나뉜다. 고정 지출엔 월세와 교통비, 통신비 등이 포함된다. 그런데 고정 지출처럼 보이는 변동 지출도 있다. 예를 들면 넷플릭스와 멜론, 지니, 식비, 모임 등이다. 사치도 안 하고 명품도 사지 않는데 소비가 많다면 누수 지출일 확률이 100퍼센트다. 지금 후회하는 일이 당시 보세 옷을 30만~40만 원어치씩 산 것이다. 이것만 줄여도 수입의 약 20퍼센트 이상을 저축할 수 있다. 누수 지출을 먼저 줄이고 다음엔 변동 지출, 고정 지출의 순으로 줄였다.

누수 지출은 '소비는 곧 감정이다'라고 생각하면 된다. 실제 내가 좋아하는 다큐멘터리 중에 EBS 〈자본주의〉가 있다. 감정이 소비를 결정한다는 내용이다.

사람들을 여럿 모아 놓고 토론을 시킨다. 토론이 끝난 후 한 명씩 불러다가 토론하기 싫은 사람을 고르라고 한다. 이후 무작위로 다섯 명을 뽑아 그들에게 토론하기 싫은 사람으로 꼽혔다고 설명한다. 이들에게 동전을 그려보라고 하면 상대적으로 크게 그린다. 사회적 스트레스가 금전적 욕구를 일으킨 탓이다. 쇼핑 중독의 이유가 낮은 자존감 때문이라고 한다.

또 다른 실험으로 두 집단에게 서로 다른 영상을 보여준다. 하나는 우울한 영상, 하나는 평온한 영상. 그다음에 물병을 보여주면서 가격을 물어보니, 평온한 영상을 본 사람은 평균 2달러를, 우울한 영상을 본 사람은 평균 10달러라고 말했다. 상실감과 공허함을 느낄수록 내 앞에 있는 물건으로 채우려는 욕구가 강해진다는 의미다.

쇼핑할 때 중요한 건 감정 상태다. 누수 지출을 줄일 때 내가 한 질문도 '왜 샀어?'다. 나는 내 안에 통장을 지켜주고 싶은 '통장 요정'이 있다고 생각하고, 얘가 나한테 질문한다고 생각했다.

변동 지출을 줄이려면 안 사는 게 중요하다. 못 사는 게 아니다. 생필품의 경우 기준을 높여 그 기준을 모두 충족해야만 구매했다. 기준은 총 네 가지다. 첫째, 정말 필요한 물건일까? 둘째, 삶의 질이 높아질까? 셋째, 질리지 않고 쓸 수 있을까? 넷째, 1평 값을 할 수 있을까?

캘린더로 예산 짜는 방법도 있다. 친구를 만나기 전에는 항상 예산 금액을 먼저 정했다. 저렴한 맛집을 알아보거나 기프티콘, 쿠폰 등을 확인하고 약속 장소에 갔다. 중요한 건 상대방에게 티를 내면 안 된다. 최대한 하루 3만 원 안에서 쓰려고 했다. 중고 기프티콘을 잘 활용했다. 내가 활용한 앱은 세 가지다. 팔라고, 기프티스타, 니콘내콘. 가끔 유효기간이 얼마 남지 않은 스타벅스 쿠폰은 20퍼센트 할인하고, 하루 남은 것은 50퍼센트까지 할인해준다. 4000원짜리를 2000원에 사도 4000원 현금 공제를 받을 수 있다. 웬만한 식비는 기프티콘으로 감당한다.

고정 지출을 줄이는 건 참 힘든 일이다. 이것까지 줄이면 '뭔 짓이지' 하는 생각이 든다. 긍정적인 마인드를 잃지 않으려고 노력했다. 긍정의 힘을 지키는 게 부자가 되는 지름길이라고 생각했다. 목표를 위한 한 걸음이라고 생각하면 편하다. 과분한 편리함과 내가 누려도 될 편리함 사이를 고민했다. 지니 스트리밍이 6000원 정도인데, 한 달 정도 고민하다가 해지했다.

가계부 쓰기의 핵심은 반성과 다짐이다. 예를 들어 가까운 거리인데 택시를 탔다면 교통비를 줄여야겠다고 반성한다. 참고로 일주일에 옷을 30만 원씩 사도 매일 입을 옷이 없었다. 재테크를 시작하고 1년 반 정도 옷을 사지 않았다. 그런데 옷을 잘 입고 있다는 만족도가 있었다. 나랑 한 약속을 지키는 기쁨이 있다. 최근에 만난 사람이 자기와의 약속을 지키는 사람은 실패할 일이 없다고 했다. 나와의 약속을 지키는 사람은 성공할 수밖에 없다는 의미다.

가계부 작성 땐 카테고리를 구체화하는 게 중요하다. 예를 들어 점심으로 1만 5000원을 썼을 때 이렇게 금액만 적을 수 있다. 하지만 김밥 4000원, 커피 5000원, 케이크 6000원으로 적으면 케이크 가격을 아낄 수 있었을지 생각할 수 있다. 품목을 쪼개서 꼼꼼히 적어주면 반성의 폭이 넓어진다.

따라서 직접 가계부를 쓰는 걸 추천한다. 가계부 앱이 많지만 카테고리가 부족하다. 예를 들어 편의점에서 햇반과 머리끈을 사면 모두 편의점 소비로 잡힌다. 머리끈을 안 샀을 수도 있는데, 그런 반성의 기회를 놓칠 수 있는 것이다.

가계부는 당일에 써야 한다. 카드를 긁는 순간 바로 휴대폰을 켜서 지출 목록을 적는다. 한 달에 7일만 돈을 쓴 적이 있다. 일종의 도장 깨기다. 가계부를 쓰면서 알게 된 사실은 생각보다 많은 물건이 필요하지 않고, 돈은 쓸 때보다 모일 때 행복하다는 것이다.

투자는 1년 전에 시작했다. 다시 스물여섯 살로 돌아간다면 수입의 1퍼센트는 투자했을 것 같다. 직접 투자를 해야 공부를 한다. 지금은 큰 금액을 투자하기도 하지만, 적게는 1000원짜리 주식을 사기도 한다. 미니스탁이란 앱을 이용하면 주식 1주를 쪼개서 살 수 있다. 금이랑 은을 100원 단위로 살 수 있는 앱도 있다.

투자는 세상을 보는 새로운 안경이다. 예전 욜로적 시절에 구찌가 한창 유행이었다. 나만 구찌 가방이 없다는 생각이 들었다. 그땐 3개월 월급을 모아 구찌 가방을 살 생각만 했다. 최근에는 루이비통과 불가리 등을 보유한 기업의 주식을 샀다. 이젠 루이비통 가방을 든 사람을 보면 '우리 회사 일 잘한다'라는 생각이 든다. 내가 산 기업의 물건이 잘 팔리는 게 뿌듯하다. 부러움을 뿌듯함으로 바꾸는 게 바로 투자 같다. 아이폰을 갖고 싶다면 애플 주식을 산다.

예전엔 소비자였다면 이젠 생산자가 되었다. 쇼핑을 하는 대신 봄날에 입기 좋은 코디를 SNS에 올린다. 강남역 카페에 가는 대신에 강남역 카페를 추천하는 블로그 글을 쓴다. 퇴사 고민을 친구들과 나누는 대신에 퇴사 일기를 올리는 식이다. 내겐 당연한 이야기일 수 있지만, 내가 살아온 삶이 콘텐츠가 될 수 있다.

주식에 지친 당신을 위한 그림 투자

한혜미 갤러리K 아트노믹스 아트딜러

과거에는 그림을 산다는 것은 엄청난 자금을 가진 부자들의 고급스러운 취미생활이라고 여겨졌다. 하지만 최근의 '아트테크' 시장은 누구나 쉽게 접근할 수 있는 재테크 통로의 하나로 주목받으며 급격히 성장하고 있다. 그야말로 그림을 집에서 즐기고 모바일로 사고파는 시대가 열린 것이다.

아트테크란 '아트ART'와 '재테크財tech'의 합성어로 미술품에 투자하는 재테크 방법을 말한다. 그림 투자, 미술품 재테크, 아트 재테크란 말을 사용하기도 한다. 지금까지 그림 투자는 일반적으로 미술품을 구매한 후 재판매를 통해 발생하는 시세 차익을 거두는 것이라고 생각했다. 그러나 최근 다양한 연령층이 미술 시장에 진입하며 새로운 투자 방법이 등장했다.

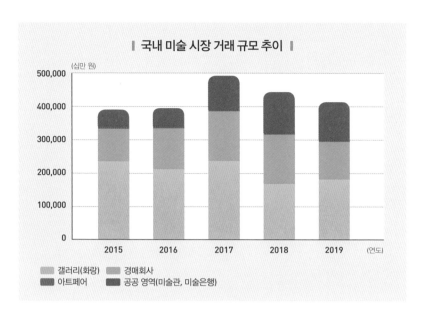

국내 미술 시장 거래 규모 추이

(십만 원)

갤러리(화랑)　　경매회사
아트페어　　공공 영역(미술관, 미술은행)

　　이러한 변화를 가져온 요인 중에 하나가 코로나19다. 2020년 코로나로 침체된 미술 시장을 살리기 위해 갤러리, 아트페어, 경매회사 등에서 활발한 온라인 서비스를 시행했다. 이는 결과적으로 MZ세대의 미술품 시장 진입을 도왔으며 미술 시장에 새로운 바람을 불러일으켰다. 미술품 경매회사 서울옥션과 케이옥션은 2021년 각 메이저 경매에서 신기록을 달성했다. 화랑미술제와 국제부산화랑아트페어는 2021년 역대급 관람객을 모으며 기록을 달성했다.

　　예술경영지원센터가 매년 발간하는 《2020 미술시장 실태조사》에 따르면, 2019년 미술 시장 작품 거래 규모는 475개 화랑에서 총

1852억 원, 9개 경매회사에서 1158억 원, 49개 아트페어에서 803억 원, 건축 미술 작품·미술은행·미술관 등 공공 영역에서 1234억 원으로 총 5046억 원을 기록했다. 이 중에서 중복 금액 900억 원을 제외하면 2019년 국내에서 판매된 미술품의 총액은 4147억 원, 거래 작품 수 3만 7930점으로 추정되고 있다. 같은 해 스타벅스코리아 1년 매출액이 약 1조 8696억 원인 점을 감안하면 4분의 1 수준에 불과하다.

2019년 전 세계 미술 시장 규모는 약 75조 원 규모로 추정되고 있다. 이는 2018년보다 5퍼센트 하락했으나 거래량이 4050만 건으로 최근 10년 중 역대 최고치를 기록했다. 미국, 영국, 중국이 거래 총액의 82퍼센트를 점유하고 있다. 국내 미술 시장 규모는 GDP 대비 0.02퍼센트 수준으로 선진국의 약 10분의 1 수준이다. 많은 전문가가 GDP 대비 평균 0.1퍼센트 수준인 선진국과 비교해 국내 시장의 성장 가능성을 높게 보고 있다.

미술 거래에서 가장 큰 변화는 MZ세대의 등장이다. 스위스 아트바젤과 금융그룹 USB가 발표한 〈2021 미술 시장 보고서The Art Market 2021〉에 따르면, 전 세계 온라인 미술 거래 규모는 2020년 약 124억 달러로 2019년 60억 달러 대비 약 두 배 상승했다. 그중에서 100만 달러 이상을 수집한 10개국 고액 자산가 콜렉터 2569명 중 52퍼센트가 M세대, Z세대가 4퍼센트로 MZ세대의 비중이 56퍼센트에 달했다. 특히 M세대는 2020년 평균 22만 8000달러, 한화로 약 2억

5800만 원을 미술품 구매에 사용했다. 이외에도 국내외 미술 시장은 블록체인 기술을 활용한 NFT_{Non-Fungible Token}(대체 불가 토큰) 미술 시장에 뛰어들었으며, 공동 구매와 같은 새로운 아트테크가 2030의 주목을 받고 있다.

미술품을 통해 재테크를 하려면 먼저 미술품 시장 구조에 대해서 파악할 필요가 있다.

현재 미술 시장은 작품을 생산하는 '창작', 갤러리·아트페어·경매회사 등이 매매 및 전시를 담당하는 '유통', 구매를 통한 '소비' 3단계로 이루어진다. 미술품의 매매 단계에 따라 미술 시장을 1차, 2차로 분류하기도 한다. 1차 시장_{Primary Market}은 작가의 신작 또는 처음 유통되는 작품을 거래하는 시장을 의미하고, 2차 시장_{Secondary Market}은 이미 거래가 일어난 작품을 재거래하는 시장을 뜻한다. 최근에는 갤러리, 아트페어, 경매회사 외에도 온라인 플랫폼이나 모바일 앱 등을 통한 거래도 등장하면서 미술품 거래 시장이 다양화되고 있다.

아트테크에는 여러 가지 장단점이 있다. 첫 번째로 꼽을 수 있는 단점은 위험성이다. 구매 경로에 따라 위작일 경우 작품의 원가를 보장받지 못할 수도 있다. 그다음으로는 지속적으로 미술 시장의 흐름을 파악해야 한다는 것이다. 추가 비용의 문제도 있다. 구매와 판매 시 유통 경로에 따라 15퍼센트 이상의 높은 수수료를 부담해야 할 수도 있으며, 운반 및 관리 방법에 따라 별도의 추가 비용이 들기도 한다. 마지막으로 수익 창출의 어려움이다. 판매처를 직접 찾아야 하

며, 경우에 따라서는 평생 소장해야 하는 일이 생기기도 한다. 최근
에는 공동 구매, 위탁 렌털 같은 다양한 아트테크가 등장하면서 이와
같은 단점들을 보완하기 위해 노력 중이다.

장점으로는 먼저 예술품이 주는 정서적 만족감이 있다. 미적 감
상, 인테리어, 아트 테파리 효과 등을 누릴 수 있다. 그다음으로는 미
술사에 동참한다는 역사적 의의가 있다. 오늘날 우리가 알고 있는 많
은 예술가들은 특정 딜러들과 함께하며 성장해왔다. 예술품의 구매
자가 없었더라면 미술사는 발전하지 않았을 것이다. 마지막으로 다
양한 세제 혜택을 들 수 있다.

살 때는 취득세, 보유할 때는 재산세와 종합부동산세, 팔 때는 양
도세를 내야 하는 부동산과는 달리 미술품은 양도세만 내면 된다.
게다가 국내 생존 작가의 작품이거나 양도가액이 6000만 원 미만이
면 비과세 대상이다. 양도가액이 6000만 원 이상이어서 과세 대상이
되더라도 혜택을 주고 있다. 1억 원 이하인 경우는 받은 금액의 100분
의 90, 1억 원을 초과하는 경우는 9000만 원과 함께 거주자가 받은
금액에서 1억 원을 뺀 금액의 100분의 80(서화·골동품의 보유 기간이 10년
이상인 경우에는 100분의 90)까지 '필요 경비'를 인정해주고 있다. 이를
실제 거래에 대입해보면 그림 한 점을 1억 원에 양도할 경우 결국
10퍼센트에 해당하는 1000만 원에 대해서만 과세표로 잡히고, 여기
에 22퍼센트(지방소득세 2퍼센트 포함)의 세율을 적용해 220만 원의 세
금만 내면 된다.

	거래세		양도세	
	취득세	양도세	재산세	종합부동산세
부동산	O	O	O	O
미술품	X	조건별	X	X

*2021년 2월 기준

'국내 생존 작가의 작품' 혹은
'6000만 원 미만의 작품'
거래 시 과세 제외 대상(비과세)

　최근 거론되고 있는 물납제도 콜렉터들에게는 희소식이다. 모든 세금은 현금으로 납부하는 것이 원칙이지만, 문화재, 미술품 등을 세금 대신 납부할 수 있게 만든 것이 물납제다. 우리나라에서는 부동산과 유가증권으로 물납이 한정되어 있지만, 영국이나 프랑스, 네덜란드와 일본 등에서는 상속세 대신 문화재, 미술품의 물납을 허용하고 있다.

　아트테크를 하기 위해서는 미술품 가격 결정 요소에 대해 알 필요가 있다. 우선 작품의 제작비용을 들 수 있다. 캔버스, 물감, 액자 등의 재료비와 제작 기간에 따른 비용, 전시관 대관비, 홍보비 등이 여기에 해당한다.

　다음으로는 작가에 따른 비용이다. 작가의 인지도, 전시 경력, 작품 활동의 지속성 등이 여기에 해당된다. 투자 변수를 줄이기 위해서는 일반적으로 10년 이상 작품 활동을 해온 작가를 추천하는 경우가 많다.

마지막으로 작품 자체의 가치다. 작품의 크기, 진품 여부, 보존 상태, 사회 및 예술적 가치 등이다. 특히 중요하게 언급되는 것이 진품 여부다. 위작은 저작권자의 승낙을 얻지 않고 똑같이 만들어서 수익을 내는 일로 생존한 작가보다는 작고한 작가들에게서 논란이 있는 편이다. 이에 경매회사에서는 낙찰된 작품에 한해 소장자에게 진품 확인서를 발급하고 위작으로 판명될 경우 모두 돌려준다. 갤러리의 경우는 규모에 따라 따르다. 대부분이 진품확인서를 발급해주고, 위작일 경우 구매 금액을 돌려준다. 더해서 진품확인서는 경매회사나 갤러리가 발급하는 것으로, 폐업하면 효력이 없어지기 때문에 구매 시 구매처의 규모를 확인하는 것이 중요하다.

중요하게 알아야 되는 것이 '호'다. 한국 미술 시장에서 거래되는 미술품들의 가격은 호를 기준으로 매겨진다. 호란 캔버스 크기를 나타내는 단위로 국내에서 사용하는 일반적인 작품 책정 기준이다. 일반적으로 가로 세로 크기가 22×16센티미터 정도로 엽서 크기인 1호를 기준으로 크기에 비례해 미술품 가격을 산출한다. 호당 가격 책정은 작가 스스로 하는 경우도 있지만, 작품의 신빙성과 안정성을 위해 공신력 있는 기관에서 받는 경우가 많다. 호당 가격은 작가, 화풍, 분야 등에 따라 차이가 있을 수 있어서 주의를 기울여야 한다.

미술품 구매에서 중요한 것은 '나의 취향'과 '시장의 취향'이 일치하는 지점을 고려해야 한다는 점이다. 본인이 평생 소장해도 괜찮을 작품을 구매해야 하며, 취향과 관계없이 타인의 추천으로 구매하는 행위는 지양해야 한다. 또한 재테크의 수단으로써 시장의 취향을 반영할 필요도 있다.

아트테크를 하는 방법으로는 크게 세 가지를 들 수 있다. 공동 구매, 위탁 렌털, 리세일이다.

공동 구매는 분할소유권 등으로 불리며 작품의 소유권을 나눠 갖는 방식이다. 주로 온라인 플랫폼을 통해 진행되며 해당 관계자가 작품을 선정 후 모집한다. 플랫폼별로 상이하지만 평균 100만 원 아래로 투자 금액이 결정된다. 작품 관리 및 판매를 플랫폼으로 통해서 진행하며 별도의 전시관에서 감상할 수 있다. 평균 10~20퍼센트의 수익이 발생하며, 구입과 판매에 따른 수수료가 발생한다. 다만 업체 도산 시 원금을 보상받기 어려우니 업체 선정에 주의를 기울일 필요가 있다.

위탁 렌털은 렌털 저작권료 등으로 불리는데, 갤러리에서 작품을 구매한 후 해당 갤러리에 위탁 렌털을 해 저작권료를 받는 방식이다. 평균 투자 금액선은 500만 원부터 2억 원까지 작품에 따라 상이하다. 갤러리 작품 중 담당자 추천 또는 고객이 직접 골라 투자 대상을 선정하게 된다. 연 평균 약 8퍼센트 정도의 고정 수익이 발생한다. 작품 구매 시 별도의 수수료는 없으나 판매 기간에 따른 수수료가 발생할 수 있다.

리세일은 작품을 구매한 후 재판매를 통해 시세 차익을 남기는 것이다. 금액선은 작품에 따라 매우 다양하다. 작가, 갤러리, 미술경매 등 유통 경로에 따라서 콜렉터가 직접 작품을 선정하면 된다. 작품을 구매 후 소장하게 되므로 원하는 곳에서 관람할 수 있다. 재판매를 통해 발생되는 차익과 수수료는 판매 방식과 경로에 따라서 천차만별이다. 믿을 만한 경로를 통해서 작품을 선택해야 하고, 구매까지 직접 해야 하는 특징이 있다.

금 투자와 은 투자의
모든 것

염명훈 키움증권 이사

전래동화를 보면 도깨비가 방망이를 치며 하는 말이 있다.

"금 나와라, 뚝딱! 은 나와라, 뚝딱!"

도깨비도 금이 은보다 더 가치 있음을 아는 것이다. 올림픽 시상도 금은동 순이다. 우리는 이렇듯 금과 은의 가치 차이를 자연스럽게 익혀왔다.

금이 특별한 점은 단일 원소로 이뤄졌다는 것이다. 한국에서의 금은 미국에서도 금이고 아프리카에서도 금이다. 미국의 금이나 한국의 금이나 구성은 같다. 하지만 원유는 다르다. 브렌트유, 두바이유, 경유 등으로 나뉘어 있다. 쌀도 마찬가지다. 아시아에서 나는 쌀과 미국에서 나는 쌀이 다르다. 다른 재화와 달리 금은 언제 어디서나 일정한 품질을 유지할 수 있기 때문에 재산으로써 가치가 높다.

금의 가치는 단순히 예쁜 것에만 있는 게 아니다. 다른 원소들을 비교해서 보면 헬륨과 네온 등은 기체라는 단점이, 수은과 브롬은 액체라는 단점이 있다. 독성이 있는 바소, 물과 접촉 시 폭발 또는 용해가 일어나는 마그네슘이나 칼슘은 활용이 쉽지 않다. 반면에 금은 독성이 없고 무해하다. 쇠와 비교하자면 쇠는 중금속 중독의 위험이 있다. 금은 귀금속으로 반지, 목걸이를 만든다. 금은 오랜 세월이 지나도 변함이 없다. 금은 잘 늘어나고 잘 퍼진다. 1그램의 금을 3킬로미터까지 늘릴 수 있을 정도로 연성이 높다. 또한 열, 전기 전도율이 높아 산업적 활용도도 높다.

금과 비교되는 광물이 은이다. 은도 금과 같이 하나의 원소로 되어 있다. 은 또한 전 세계 어디에서도 은이다. 다만 금과 다른 점이 있다면, 시간이 지나면 변색이 된다는 것이다. 또한 은은 금보다 산업 경기를 많이 타는 특징이 있다. 산업화 이후 은은 산업재 기능이 강화되었기 때문이다. 은과 금의 차이점으로는 은은 전 세계에 광범위하게 분포되어 있다. 금은 그렇지 않다. 금의 편재성은 은보다 금의 가치를 올려주는 요소 중 하나다.

2021년 5월 14일 기준 금값이 1그램당 6만 6300원을 기록했다. 돌반지가 3.75그램이니 돌반지 하나가 30만 원 조금 넘는 것이다. 1킬로그램 골드바의 경우 금값만으로 6630만 원이다. 금은 실물로 갖는 순간 부가가치세 10퍼센트가 붙는다. 따라서 7290만 원이 되는 셈이다.

국제 금값은 1온스당 1822달러이다. 1온스는 28.35그램 정도다. 국제 은값은 27달러다. 금과 은의 가격 차이가 67배나 난다. 쉽게 말해서 실버바 67개 가격이 골드바 1개 가격과 맞먹는 셈이다. 금값이 다른 금속 대비 높은 가격을 형성하고 있는 것이다.

원유와 금속 등 원자재 투자에서 주의할 점이 선물 투자 만기에 따른 재투자 발생 비용인 롤오버roll-over, 세금, 환헤지 등이다. 2020년에 원유 레버리지, ETN, 펀드 등으로 큰 손실을 입은 사람들이 있다. 손실 금액만 4000억 원에 이를 것으로 추산하고 있다. 유가가 하락했다가 올랐는데도 투자자들이 가진 실질 자산 가치가 하락하는 경우가 있었다. 유가보다 ETN, 펀드 등의 가치는 고평가되어 있다. 개인 투자자가 본질가치를 인지하지 못하고 높은 가격에 사니 펀드의 가격이 본질가치보다 높게 평가되는 경우가 있다. 본질가치와 투자하는 펀드의 괴리율이 얼마나 발생하는지 원자재 투자 시 잘 판단해야 한다.

또한 2020년에는 원유 펀드나 ETN 가격은 올랐는데 투자자 수익은 하락한 경우가 있었다. 원자재 투자 펀드나 ETN 등은 대부분 파생상품에 투자한다. 현물이 올라도 다른 파생상품을 갈아탈 때 롤오버 비용이 발생한다. 이로 인해 수익이 하락하는 경우도 생긴다.

금 투자 중 가장 손쉬운 방법은 금은방을 통해서 장외도매로 금을 실물 거래하는 것이다. 금은방에 가서 금을 산 이후 10퍼센트가 올랐다고 해도 수익률이 -12퍼센트가 될 수 있다. 금은 실물 거래를 하는 순간 10퍼센트의 부가가치세가 부여되기 때문이다. 또한 금은 방 거래를 통해 발생되는 매입, 매도 마진이 있기 때문에 금 가격이 상승했음에도 도리어 손해를 보는 경우가 발생한다. 은행에서 골드바 거래를 하는 경우도 실물 거래로 발생되는 부가가치세와 거래 수수료 등으로 인해 가격 상승과 무관하게 손해를 보는 경우가 발생되기도 한다.

은행에서 금에 투자하는 방법 중에는 골드바 말고도 골드뱅킹이 있다. 금 계좌를 개설하고, 여기로 투자 수익을 받는 방식이다. 금을 실물로 만진 게 아니라서 부가가치세는 붙지 않는다. 대신 양도 소득세가 15.4퍼센트가 붙는다. 배당의 경우 배당 소득세가 10퍼센트가 붙는다.

증권사에는 독특한 시장이 있다. 바로 KRX금시장이다. 금융 당국에서 만든 금시장을 한국거래소에서 운영하는 것으로 증권사가 중계한다. 한국조폐공사에서 인증하기 때문에 투명하며, 주식처럼 편리하게 거래할 수 있다. 거래된 금이 한국예탁결제원에서 안전하게 보관되는 장점도 있다.

KRX금시장은 타 시장 대비 세금이 절약된다. 양도, 배당, 이자에 대한 소득세가 부과되지 않는다. 금융소득종합과세에도 합산되지 않는 세제 혜택도 누릴 수 있다. 또한 금을 현물 출고하지 않는 경우 부가가치세도 부여되지 않는다. 10퍼센트 올랐다고 가정하고 팔았을 때, 매수 수수료를 제외한 약 9.34퍼센트 정도가 수익이 된다. 수수

▌금값 10퍼센트 상승 시 금 투자 수익률 비교 ▌

구분	매입 가격	매수 수수료	매도 가격	매도 수수료	배당 소득세	부가 가치세	수익률
KRX금시장	45,540	137	50,094	150	–	–	9.34%
골드뱅킹 (계좌 거래)	45,484	매입가에 수수료 포함	49,042	매도가에 수수료 포함	548	–	6.62%
골드뱅킹 (실물 거래)	47,285	매입가에 수수료 포함	47,060	매도가에 수수료 포함	–	4,728	-10.47%
장외도매 (금은방 등)	45,600	매입가에 마진 포함	44,240	매도가에 마진 포함	–	4,560	-12.98%

*매입 가격은 2017년 2월 가 기준

자료: 한국거래소

료가 증권사마다 차이가 있는데, 그 수수료를 제외한 것이 투자 수익이다. 증권사마다 HTS, MTS 시스템을 구축해놓아서 비대면 계좌개설을 통한 거래도 할 수 있다.

장외도매, 골드뱅킹, KRX금시장은 현물 거래라서 롤오버에 따른 비용이 들지 않는다. 하지만 ETF와 ETN은 롤오버 비용이 든다.

ETF는 일반 펀드보다 자금 회수를 빨리할 수 있다는 장점이 있다. 주식시장을 통해 즉시 매도가 가능하다. 또한 개별 종목과 동일한 결제 주기를 가지고 있다. 보수도 연 1퍼센트 미만으로 1~2.5퍼센트인 일반 주식형 펀드 대비 저렴하다. 주식 개별 종목과 달리 매도 시 거래세 0.3퍼센트도 부과되지 않는다. 그날그날의 ETF 구성종목 내역도 확인할 수 있다. 또한 국내 주식뿐 아니라 원자재, 채권, 해외 주가지수, 환율 등 다양한 자산에 국내 주식처럼 쉽게 투자할 수 있는 장점도 있다.

산업재로 활용성이 높은 은은 금에 비해 가격 변동성이 커서 거래 비용도 상대적으로 비싸다. 골드바를 사고 팔 때 수수료가 5퍼센트라고 가정하면, 실버바는 살 때는 18퍼센트, 팔 때는 7퍼센트 정도다. 실버바는 가격 변동성이 커서 수익률을 높게 낼 수도 있지만, 거래 수수료만 금에 비해 다섯 배 이상 많기 때문에 주의가 요구된다.

금값 역시 금리의 영향을 크게 받는다. 코로나로 인한 제로 금리로 대출이 쉬워지면서 유동성이 증가했다. 이에 금값도 상승한 상황이다. 2020년 8월 기준 금 1트로이온스(약 31그램)당 2000달러 선을 돌파했다. 2008년 리먼 브라더스 파산 이후 기준금리를 빠르게 0퍼센트 대까지 내린 2012년에도 1900달러를 넘었다. 금은 한정적이니 달러가 풀리면 값이 오르는 게 당연하다. 2012년 9월 이후 양적 완화를 축소하면서 금값이 1100달러 선까지 하락했다. 이후 미국은 금리를 아홉 번 인상했다. 2015년 12월에서 2019년 사이, 금리를 첫 번째로 인상했던 2015년 12월도 아이러니하게 금값이 저점이었다. 이후 금리를 올려도 금값은 내려오지 않았다. 금리 인상이 선반영되었기 때문이다.

금 투자에서 중요한 요소 중 하나가 생산 원가다. 건물을 지어도 인건비, 기계 설치 비용 등이 든다. 재화는 아무리 가격이 하락해도 생산 원가 이하로 내려가는 경우가 적다. 금의 경우도 마찬가지다. 금을 채굴하기 위해서는 땅도 파야 하고, 인부도 고용해야 하고, 장비도 투입해야 한다. 금의 생산 원가는 대략 1트로이온스당 1200~1300달러 선이다. 2012년 금 가격이 저점에 도달했을 때도 1100~1200달러였다. 현재 금의 생산 원가는 그보다 올랐다. 장비, 인건비 등이 올랐기 때문이다. 공장에서도 생산 원가 이하면 생산하지 않는다. 따라서 금 시장도 생산 원가가 중요한 요인이 된다.

인플레이션도 금값에 중요한 요소다. 인플레이션에 따른 통화량 팽창은 화폐의 가치를 하락시키고 자연스럽게 금의 가치를 상승시킨다. 달러의 가치도 금값에 결정적 요인으로 작용한다. 달러와 금은 대표적 안전자산으로 미국 달러화의 가치와 금값은 역방향 상관성을 보이는 경우가 많았다. 전쟁 등 사회적 불안도 금 수요 증가를 불러일으켜 금 가격 상승의 요인으로 작용한다.

은은 금보다 산업재 성격이 강한 탓에 산업 경기에 민감하다. 산업 경기 지수와 정방향의 상관성을 보이기 때문에 경기 동향을 주의 깊게 살펴볼 필요가 있다. 중국의 은 수입량도 은 수요를 가늠할 수 있는 주요 변수로 작용한다.

최근에는 투자 수요가 증가하면서 ETF 및 헤지펀드의 움직임도 은 가격의 중요한 요소로 작용하고 있다. 2008년 금융위기 이후 대안 투자수단으로 귀금속이 부각되면서 은 ETF 수요가 급증했다.

2020년 미국 연방준비제도의 유동성 공급으로 인해 미국 통화량이 증가하면서 인플레이션 기대가 촉발했다. 하지만 2021년 백신 보급에 따른 코로나19 안정화 기대로 달러의 강세가 예상되며 금값 약보합세가 전망되기도 한다.

한편 미국의 마이너스 실질 금리 장기화 가능성이 커지면서 저성장, 저물가 시대의 안전자산으로 금과 은이 부각되고 있다. 특히 2021년에는 금값이 은값보다 상대적으로 긍정적일 것으로 예상된다. 2021년 백신 보급 등으로 코로나19 상황이 안정화되면서 실질 금리 변동 가능성이 있으며, 안전자산 선호 상황하에서는 금이 은보다 선호되는 경향이 있기 때문이다. 또한 실질 금리 하락기에는 은이 금보다 상대 성과가 높은 점도 주목된다.

금도 자산 배분 전략으로 접근하면 도움이 된다. 부동산도 주식도 하는데 일정 부분은 금에 투자하는 것도 좋다. 레이 달리오의 올웨더 포트폴리오를 봐도 금 투자와 원자재 투자가 각각 8퍼센트가량을 차지하지 않던가. 레이 달리오는 자산 투자에서 금과 원자재가 투자의 안정성을 높이는 데 도움이 된다고 말했다.

리얼 부자를 꿈꾸는
엄마들의 경제 프로젝트

이지영 리치맘스쿨 대표

　엄마들의 돈 문제는 자존감의 문제와 맞닿아 있다. 그런 만큼 엄마들의 투자는 달라야 한다. 종잣돈을 모아 시작하는 투자법보다는 지금 엄마 본인이 가지고 있는 재능과 강점으로 새로운 소득을 만들어내야 한다. 그렇다면 어떻게 해야 할까? 지금부터 그 방법을 함께 나눠보고자 한다.

　가장 먼저 추천하는 방법은 아바타 소득을 만드는 것이다. 아바타처럼 자기가 꼭 일하지 않아도 자기 대신 일을 해 돈을 벌어줄 수 있는 시스템을 만드는 것이다. 현재 한국의 노인 빈곤율은 OECD 1위인데, 평균 퇴직 연령이 49세다. 당연히 후일을 위해서라도 지금부터 소득의 원천을 다양하게 만들어놓을 필요가 있다.

　나는 과거에 단가가 낮은 통·번역 일을 했다. 단가가 매우 낮다 보니 한꺼번에 몇 백 장을 번역한 적도 있다. 그래서 손목이 나간 적이 있을 정도였다. 그래서 아바타 소득 플랫폼을 만들어야겠다고 생각했다. 번역 에이전시를 만들어서 무역박람회에 영어나 중국어 통역을 필요로 하는 업체에 홍보 팩스를 보내기 시작했다. 번역가들이 구직하는 사이트에 광고를 올려 중개를 해주면서 수수료를 받기 시작했다. 이렇게 일을 시작하면서 아바타 소득이 생기기 시작했다. 내가 특별한 재능이 없다고 생각한다면 중개자의 역할도 괜찮다. 이런 식으로 플랫폼 소득이 발생할 수도 있다.

시스템 소득을 만들어내는 방법도 있다. 부동산 등 다양한 수익형 소득원을 만드는 방법이다. 내 집 마련도 하나의 시스템 소득이라고 할 수 있다. 내 집을 마련해서 1년에 몇 천만 원의 이득을 거두었다면 내 집이 일한 것이라고 볼 수 있다.

퍼스널 브랜딩 소득도 있다. 나는 처음 원고를 쓰고 100군데 이상 투고를 했고, 결국 출판 계약을 이뤄낼 수 있었다. 인세도 받았다. 꿈과 소득을 연결시킬 수 있어서 좋았다. 보통 엄마들의 경우 경력 단절이 가장 큰 고민인데, 퍼스널 브랜딩이 그 답을 찾아줄 수 있다. 요즘은 유튜브 같은 좋은 수단도 많으니 활용하면 좋을 것이다.

물론 이런 소득을 만들어내는 것만큼이나 돈에 대한 공부를 하는 것도 중요하다. 무엇이든 아는 만큼 보이는 법이다. 돈 공부가 더 많은 기회를 열어준다.

나는 내 집을 처음 마련했을 때 레버지리를 활용했다. 더 빠른 속

도로 종잣돈을 모을 수 있겠
단 생각에서였다. 시간은 있었
으나 지식과 자본이 부족했다.
부족한 자본은 대출을 받아 레
버리지로 활용해야겠다는 생
각을 한 것이다. 그때부터 경
제신문을 읽기 시작했다. 하루
10분씩 부동산, 기업, 주식 등
세 개 기사만 스크랩해서 막간
의 시간을 이용해서 읽기 시작
하면 경제 상식을 챙길 수 있다.

┃ 이지영의 돈의 법칙 10가지 ┃	
1	자산을 사라
2	대중과 반대로 투자하라
3	시간과 돈을 분리하라
4	금리를 공부하라
5	레버리지를 이용하라
6	승부수를 던져라
7	자신에게 먼저 투자하라
8	내 편을 만들어라
9	돈은 가속도가 붙는다
10	지금 당장 실행하라

이를 바탕으로 교통망이 이어지는 곳에 처음 내 집을 마련할 수 있었
다. 집값이 샀을 때보다 몇 배로 뛰었다.

정책에 대한 분석도 중요하다. 경기도에 내 집 마련을 하고 싶다
면 GTX 노선도를 참고해야 한다. 서울에 집을 마련하고자 한다면
'2030서울도시기본계획'을 살펴봐야 한다. 도심을 바탕으로 기본 계
획이 짜이기 때문에 이를 참고해야 한다. 도시재생 포털사이트에 들
어가면 도시재생 활성화에 대한 정보도 얻을 수 있다. 분양이나 청약
등은 3기 신도시 관련 정책 정보를 활용하면 좋다. 이런 공부가 먼저
선행되어야만 시스템 소득도 만들어낼 수 있다.

지난 10년간의 투자 경험과 직접 쓴 《엄마의 돈공부》를 바탕으로

엄마들이 하면 좋을 돈 공부 단계를 정리해보면 세 단계로 나눌 수 있다. 첫 번째 단계는 경제경영 분야 서적 읽기, 두 번째 단계는 온·오프라인 정보 검색, 세 번째 단계는 세미나 참여와 모의 투자 및 실전투자 해보기 등이다. 이렇게 하면 절대 실패할 리 없다.

그리고 별도로 엄마들에게는 5·3·2 시크릿 머니 법칙을 추천하고 싶다. 이는 소득의 50퍼센트는 저축하고, 30퍼센트는 지출하되, 20퍼센트는 자신에게 쓰라는 것이다. 물론 생애 주기에 따라 이 비율이 달라질 수는 있다. 아이가 하나 더 생긴다면 50퍼센트 저축이 가능하긴 힘들 것이다.

통장은 세 개로 쪼개 관리할 것을 추천한다. 통장이 하나밖에 없다면 돈이 언제 들어왔다 나갔는지도 모르게 텅텅 빌 수도 있다. 첫 번째는 황금거위 통장으로 자신의 목돈을 마련하는 통장이다. 매월 자동이체가 되도록 해두어야 한다. 두 번째는 지출 통장으로 체크카드를 활용하는 것이 좋다. 세 번째는 예비 통장이다. 예비 통장은 일시적으로 큰돈이 필요한 상황이 생길 때 큰 힘을 발휘할 수 있으므로 중요하다. 3~5개월 정도의 지출 금액을 예비 통장에 넣어두는 것이다. CMA 통장을 이용하면 자유롭게 입출금이 가능하면서도 높은 이율도 챙길 수 있다.

별도로 엄마 자신을 위한 다이아몬드 통장을 하나 갖고 있는 것도 좋다. 자신에게 꾸준히 투자할 수 있는 자금을 모으는 통장으로 미래에 큰 소득이 될 것이다.

아울러 자녀의 경제교육을 당장 시작할 것을 권한다. 엄마들에게 중요한 것 중 하나가 자녀의 경제교육이다. 어릴 때부터 경제에 대한 감을 익혀야 아이들이 독립성도 키우고 부의 감각도 익힐 수 있다. 빌 게이츠도 자녀들이 스스로 재테크할 수 있게끔 용돈을 주어가며 교육시켰다.

아이로 하여금 지출 통장을 만들어주어 용돈 관리하는 법을 먼저 가르치고, 그 돈을 가지고 장차 무엇을 할 것인지 로드맵을 설정할 수 있도록 도와주어야 한다. 아이 자신의 꿈과 장래를 위한 다이아몬드 통장을 만들거나 삶에 감사하는 마음을 갖도록 나눔 통장을 만들어주는 것도 좋다. 자녀의 경제교육은 천 원과 만 원을 구분할 때부터 시작하면 좋다.

가장 중요한 것은 엄마 스스로가 부자 엄마가 되는 습관을 만들어가는 것이다. 매일 아침에 집을 나서기 전에 오늘의 예상 지출, 오늘 꼭 해야 할 일, 오늘 가장 중요한 일, 수입을 늘릴 수 있는 방법, 스스로에게 활기를 불어넣어 주는 문구 작성 등을 통해 하루 삶의 예산을 세워보는 것이다. 그래야 돈이 모이고 삶이 바뀐다.

이를 위해 2주간의 부자 습관 프로젝트를 공개한다.

참고로 풍차 적금이란 '풍차 돌리기'에서 파생한 말로 1년에 12개의 적금 통장을 만드는 것을 말한다. 5만 원으로 1호 적금을 만들었다면, 다음 달에는 10만 원으로 2호 적금을 만드는 것이다. 이런 식으로 하면 적은 금액으로 적금을 시작해도 나중에 목돈을 마련할 수

▌ 2주간의 부자 습관 프로젝트 ▌

1일차	돈 공부를 해야 하는 절박한 이유 적기
2일차	지난 3개월간의 지출 평균 금액을 계산하고 향후 2주간의 예산 정하기
3일차	3종의 경제신문을 읽고 매일 스크랩한 후 한 줄로 요약하기
4일차	무지출 데이를 정하고 표시 후 잘 보이는 곳에 붙이기
5일차	모닝 플랜 7가지 항목을 적어서 나에게 카톡으로 보내기
6일차	신용관리 앱 다운로드 후 나의 신용등급 확인하기
7일차	계좌정보 통합관리 서비스를 통해 휴면계좌 찾기
8일차	나의 부채를 하나의 표로 정리하고 상환 계획 세우기
9일차	불필요한 물건 중고 거래 사이트에 올리기
10일차	경험과 재능을 돈으로 바꿀 세 가지 방법 적어보기
11일차	다이아몬드 통장을 개설하고 재무 버킷리스트 만들기
12일차	감사 일기, 성공 일기, 미래 일기 적기
13일차	아바타 소득을 만들 수 있는 방법 세 가지 적어보기
14일차	맞벌이 효과가 있는 풍차 적금 1호 시작하기

있다.

나는 돈 공부를 하면서 다음과 같은 깨달음을 얻었다. 첫째, 꿈을 확인하는 과정이다. 둘째, 아는 만큼 보인다. 셋째, 최고의 재테크는 나에 대한 믿음으로 완성된다. 굳게 결심하고 약속할 때 모든 것이 새로 시작될 수 있다. 오늘부터라도 당장 작은 실천부터 시작해보자.

빅 블러 시대,
인공지능 농업을 주목하라

    빅 블러_{Big Blur}. 세상이 크게 희미해지고 있다. 한국의 한우를 키우는 축산 농가의 경쟁자는 다른 지역의 축산 농가나 수입산 소고기가 될 수도 있지만, 요즘은 전혀 예상하지 못한 곳에서 경쟁자가 등장하고 있다. 빅 블러 시대는 우리에게 새로운 위기를 안겨주겠지만, 새로운 기회도 많이 나타날 수 있다. 농업에서의 새로운 기회는 무엇일까 고민해야 한다.

    식물성 고기의 습격. 축산 농가 입장에서는 습격으로 볼 수밖에 없다. 기존에는 수입산 소고기와 경쟁했는데, 이제는 식물성 고기와 경쟁해야 하는 새로운 게임의 법칙에 직면해 있다. 식물성 고기의 맛은 진짜 고기 맛과 다르지 않다. 개인적으로 햄버거의 패티는 먹고 나면 속이 안 좋을 때도 있지만 식물성 고기는 그런 게 전혀 없었다.

이색 재테크: 재테크 범위를 확대해 새로운 수단에 눈을 돌려라 **303**

새로운 경쟁이 시작되었다.

작물 재배에서는 사람과 인공지능 간 대결을 하면 누가 이길 것인가? 이런 대결을 펼치는 나라가 있으니, 바로 네덜란드다. 주요 원예 작물에 대해서 20~30년간의 데이터가 축적되어 있다. 네덜란드 대학교와 중국의 텐센트가 손을 잡고 작물 재배 경쟁에 나섰다. 2019년도에 한국도 국내의 인공지능 전문가와 농업 전문가가 팀을 꾸려 나간 적이 있다. 예선을 통과한 21개 나라가 참여했는데, 한국 팀은 3위를 차지할 만큼 좋은 성적을 내었다. 품질은 한국 팀이 가장 좋다는 평가를 받을 정도였다.

농업은 갈수록 첨단화될 것이다. 앞으로 농기계와 장비의 자동화가 가속화될 것이다. 많은 농촌이 인구의 고령화로 어려움을 겪고 있는데, 그런 곳에 혜택을 줄 수 있다. 축산 질병 발생에 대한 빅데이터와 인공지능이 결합되면서 정확한 솔루션을 개발할 수 있다. 시장의 변화와 소비자의 성향까지 분석할 수 있다. 스스로 생각하고 생산 가능한 농업으로 진화 중이다.

농업에 인공지능을 비롯한 4차 산업 기술이 접목되는 것을 스마트팜, 팜테크 등 여러 용어로 표현하고 있다. 우리는 '애그테크AgTech'란 말도 쓴다. 이는 새로운 기술이 접목된 농업을 뜻한다. 농업의 경쟁력이 바뀌고 있다. 과거에는 장비와 기술, 규모 등이 농업의 경쟁력을 가름했지만, 이제 인공지능 시스템, 빅데이터 등 기준이 바뀌고 있다.

세계 농업은 새로운 파워게임이 진행되고 있다. 농업의 역사를 보면 두 번의 혁명적 사건이 있었다. 1800년도에 윤작법이 개발되었다. 과거에는 한 농지에 똑같은 작물을 계속 심었는데, 그렇게 되면 지력이 떨어져 생산성도 떨어졌다. 그러다 일본식 농업 방식이 개발되었는데, 이는 땅을 세 구역으로 나눠 한 구역은 쉬게 만들어 지력을 회복시켜 주는 것이었다. 문제는, 이렇게 되면 30퍼센트의 농지는 놀리게 된다는 것이다. 1800년 영국에서 윤작법이 개발되면서 이런 문제가 해결되어 생산성이 증가되었다.

다음으로는 다수확 품종의 개발이다. 1950년대에 이루어진 다수확 품종 개발은 농산물의 생산량을 획기적으로 증대시켰다. 우리나라는 1960년대에 두 품종을 교배한 끝에 통일벼를 개발해냈고, 1970년대에 쌀 수확량이 급격히 늘어 자급자족이 가능하게 되었다.

윤작법이 개발되었을 때는 영국이, 다수확 품종이 개발되었을 때는 미국이 세계 농업의 가장 큰 힘을 쥐고 있었다. 지금 세계는 3차 농업혁명이 진행 중이다. 4차 산업 기술이 농업에 접목됨으로써 지금까지 경험해보지 못한 규모의 새로운 농업 비즈니스 모델이 만들어지고 있다. 3차 농업혁명은 어느 나라가 주도권을 가져갈지 모른다. 많은 글로벌 기업들이 농업에 지속적으로 투자하고 있어 에그테크와 관련된 투자가 계속해 늘어나고 있다. 2020년도에 137억 달러였던 것이 2025년에는 200억 달러를 넘을 것으로 예상된다.

글로벌 농업 스타트업인 인디고 애그리컬처는 6억 달러 이상의 투자를 받았고, 플랜티라는 기업은 4억 달러를 유치했다. 인디고 애그리컬처는 우리 몸에 미생물이 존재하며, 그것이 사람의 건강을 유지시킨다는 점에 착안했다. 종자를 심으면 바이오 기술을 접목하는 것이다. 미생물을 활용하면 병충해나 기후 변화에 강한 씨앗이 개발되지 않을까? 인디고 애그리컬처는 농업계에서 최초로 시가총액 1조가 넘는 유니콘 기업이 되었다.

플랜티는 다소 엉뚱한 생각을 발전시킨 기업이다. 기존에 농장을 하나하나 쌓는 것보다는 벽면에 세워 작물을 기른다는 아이디어를 내었다. 구글, 아마존이 여기에 투자를 결정하면서 화제가 되었다. 물 사용량은 99퍼센트 줄이고 생산량은 300배 이상 증가시켰다.

세계에서 가장 큰 수직농장(도심 고층 건물을 농경지로 활용하는 것) 중 하나인 에어로팜스는 특수한 천을 사용해서 수경재배를 한다. 130만 개라는 엄청난 양의 빅데이터를 활용하며, 관련 분야의 전문가 40명이 모여서 연구 및 개발을 한다. 앞으로의 농업은 혼자 하는 것이 아니라 각 분야의 핵심 역량을 가진 사람을 찾아내 함께 생각지 못한 새로운 가치를 발굴하는 것이다.

네덜란드의 스타트업 테크네이처 또한 아주 엉뚱한 생각을 했다. 장미꽃은 예쁘긴 하지만 사소한 불편함이 있었는데, 일주일이 지나면 한 송이 두 송이씩 시든 꽃이 나온다는 것이다. 만약 장미꽃 열 송이를 받았는데 한두 송이가 시들었다고 생각해보자. 그러면 그것을 버려야 할지 말아야 할지 사소하긴 해도 고민이 생긴다. 테크네이처는 이 점에 착안해 새로운 장미꽃을 개발했다. 이 회사의 장미꽃은 꽃 크기가 균일하고 시드는 날짜도 같다.

테크네이처의 아이디어는 젊은 대학생이 생각해낸 것으로, 열 개의 기준을 세워 장미 품종을 분류했다. 또한 장미의 꽃 머리 각도와 크기, 원숙도, 색깔, 줄기 곡률, 줄기의 길이와 두께 등 8가지 항목을 카메라로 자동 분석해 꽃이 지는 시기를 정확하게 예측했다. 그러다 보니 시장에서 10퍼센트 이상의 부가가치를 받을 수 있게 되었다. 작은 아이디어가 새로운 부가가치를 창출해낸 것이다.

온실을 운영하는 사람들의 가장 큰 불편한 점은 벌레다. 나방이 너무 많아서 괴롭다는 것이다. 브로콜리만 해도 나방이 있으면 쉽게 알을 까서 먹기가 불편하다. 어떻게 나방 퇴치를 할 수 없을까? 끈끈이나 드론을 써봐도 별 소용 없거나 비용이 많이 들어갔다. 그래서 방법을 생각해냈다. 드론을 아주 싼 걸로 교체하고 중앙 콘트롤 타워에 모든 장비를 집중시킨 것이다. 드론이 나방을 퇴치하면 드론에 여러 가지 나방의 분비물이 묻는데 하나에 2000~3000원 하는 걸로 교체하고, 나방의 궤적은 중앙 콘트롤 타워에서 추적한다. 이러면 0.6초 만에 나방을 퇴치할 수 있다.

골프장의 경우는 잔디 관리가 가장 불편하다. 잔디가 병들거나 죽은 것을 사람이 일일이 찾아야 한다. 이 일을 드론이 하는 것이다. 드론이 골프장 18홀을 촬영한 후 세 시간 만에 병들거나 죽은 잔디를 알려준다. 여기에 적용된 것이 '분당 카메라' 기술이다. 수산 쪽에도 적용할 수 있다. 만약 양식장에 250만 마리의 연어가 있다고 해보자. 수중 카메라로 250만 마리의 개별 ID를 부여해 특성을 찾아낼 수 있다. 과거에는 빅데이터가 있어도 분석할 수 없었지만, 인공지능이 개발되면서 이런 문제도 해결되었다.

한국에도 많은 애그테크 기업이 있다. 팜에이트는 우리나라에서 가장 빨리 수직농장을 시작한 곳으로 그런 만큼 가장 앞선 기술을 자랑한다. 팜에이트는 2003년도 새싹채소 재배를 시작으로 규모를 점점 키워, 현재는 농가 계약을 통해서 샐러드용 야채를 수급받아 샐러드 박스도 판매하고 있다. 편의점이나 마트에 가면 이 회사의 제품을 볼 수 있다. 팜에이트는 경기도 평택에 1만 6600제곱미터(5000여 평)에 새싹채소 생산 공장, 시설 재배 하우스, 식물 공장, 농산물 가공·포장 시설, 첨단 물류센터를 준공해 신선한 농산물을 유통하고 있다.

사실 우리나라는 여름철이면 채소 재배가 매우 힘들어진다. 장마나 높은 기온 때문이다. 그러면 이 문제를 해소할 방법은 없는 것일까? 팜에이트는 2013년에 일본의 식물 농장 기술을 들여다 개발했지만 일본하고 기후나 토양 조건이 다르고, 양 국민이 선호하는 채소도 다르다 보니 실패했다. 그러다 2019년부터 인공지능 기술이 결합된 3세대 스마트팜을 만들었다. 결국 2020년부터 아무런 문제 없이 샐러드 박스를 공급할 수 있었고, 덕분에 빛을 보기 시작했다.

팜에이트와 비슷한 사업을 하는 넥스트온은 이제 막 떠오르기 시작한 기업이다. 새로운 건물이나 기존 건물 안에 식물 농장을 설치하는 팜에이트와는 달리 버려진 터널에 농장을 만든다. 우리나라에 버려진 터널이 굉장히 많은데, 이걸 저렴하게 임대할 수 있는 것에 착안해 출발한 회사다.

넥스트온은 600미터 되는 터널 안에 구간을 셋으로 나누어 다양한 작물을 재배한다. 처음 200미터 구간에는 상추와 같은 엽채류를, 중간 100미터 구간에는 바이오 소재 작물을, 마지막 300미터 구간에는 딸기를 재배한다.

특히 딸기 재배가 핵심인데, 보통 비닐하우스에서 재배하는 딸기는 햇볕과 벌의 활동성이 필요해 실내 농장에서는 재배하기 힘든 품목이다. 딸기를 재배하려면 벌이 필요한데, LED 조명 아래에선 벌의 활동성이 떨어지기 때문이다. 전 세계 어디에서도 실내 농장에서 딸기 재배에 성공하지 못했는데, 넥스트온이 최초로 성공했다. 특히 딸기는 저온성 작물이어서 겨울이 제철인데, 넥스트온의 딸기는 터널 안에서 키우는 만큼 여름철에도 그 맛을 보장한다. 넥스트온의 딸기 생산은 2019년 겨울부터이기 때문에 앞으로 여름에 안정적으로 딸기가 생산, 공급된다면 상당한 관심을 끌 수 있을 것으로 기대된다.

비닐하우스에 스마트팜 솔루션을 적용하는 회사로 시작한 그린랩스는 지금은 농업 플랫폼 회사로 성장했다. 우리가 네이버, 카카오 등을 통해서 많은 정보를 얻듯이 농민들에게도 농업 정보를 종합적으로 제공하는 플랫폼을 만들면 쓰임새가 있겠다고 판단한 것이다. 이에 그린랩스는 '팜모닝'이라는 농업 플랫폼을 만들었다. 가입한 농민들은 플랫폼 내에서 날씨, 비료나 농약 등의 정보를 얻는다. 자신이 생산한 농산물의 판로에 대한 정보도 얻고 판매하기도 한다. 그린랩스 창업자 3인은 IT업계에서 성공적인 창업을 맛본 사람들이다. 이들은 새로운 플랫폼에 도전해 또 한 번 성과를 보이고 있다.

벼락부자 vs 벼락거지

초판 1쇄 2021년 7월 26일

지은이 매일경제 서울머니쇼 팀
펴낸이 서정희
펴낸곳 매경출판㈜
책임편집 김혜연
마케팅 강윤현 이진희 장하라
디자인 김보현 이은설

매경출판㈜
등록 2003년 4월 24일(No. 2-3759)
주소 (04557) 서울시 중구 충무로 2(필동1가) 매일경제 별관 2층 매경출판㈜
홈페이지 www.mkbook.co.kr
전화 02)2000-2630(기획편집) 02)2000-2636(마케팅) 02)2000-2606(구입 문의)
팩스 02)2000-2609 **이메일** publish@mk.co.kr
인쇄 · 제본 ㈜M-print 031)8071-0961
ISBN 979-11-6484-305-3(03320)